에코의 기호학

에코의 기호학

- 미학과 대중문화로 풀어내다 -

연희원 지음

한국학술정보㈜

예술과 미의 보편적 전달가능성

예술이나 미에 대해 관심을 가지게 되면서 내가 부딪힌 가장 큰 첫 번째 의문은 과연 하나의 그림이나 음악이 주관적인 감정이나 주관적인 생각을 보여 주면서도 동시에 다른 모든 사람들에게도 호소할 수 있을까 하는 의문이었다. 과연 어떤 아름다운 꽃이나 그림은 모든 사람이 동일하게 아름답다고 느끼는 것일까? 애초엔 모든 사람에게 호소할 수 있어야 아름다움이나 예술이라 할 수 있지 않을까 생각했다. 그래서 모차르트의 음악이나 레오나르도 다빈치의 그림에서 감탄할 만한 요소를 찾으려는 노력이 시작되었다. 전문가들이나 비평가들이 해 놓은 평들에 귀를 기울이다 못해 그것에 나를 이해시키고자 하거나 거의 외우는 방식 말이다. 그들의 비평이나 평가를 내가 이해하지 못했다면 그것은 나의 무능이나 열등한 혹은 게으른 노력 때문이라 생각했다. 그런 생각으로 헤겔의 미학을 강독하면서 그가 말하는 '미는 이념의 현현'이라는 규정이 매력적이기는 하지만 공허하고 추상적이라는 생각이 들기 시작했고, 예술은 장식을 위한 것이 아니란 입장에 혼란이 오기 시작했다. 아니 공공기관이나 집에 멋지게 걸려 있는 미술품들의 목적이 장식이 아니라고? 그렇다면 그것들이 어떤 이념이나 신적 진리 같은 어떤 보편적이고 위대한 생각을 전달하고 있으므로 우리는 그것을 동일하게 이해해야만 하는 것인가? 뮤지컬 <명성왕후>가 뉴욕 카네기홀에서 커튼콜까지 받았다고 했는데, 그 작품에 어떤 인류 공통적이고 보편적인 것이 있어 미국인들에게 호소했다는 것일까? 우리나라에서 장기 공연하고 있는 <오페라의 유령>은 과연 우리에게 어떻게 호소력을 발휘하고 있는 걸까? 만일 사람들이 서로 다르게 느낀다면, 누구의 감상은 맞고 누구의 감상은 틀린 것인가? 과연 그 기준이라는 것이 있거나 가능한가? 정명훈 씨는 유럽의 클래식 음악은 인류 보편적인 것이라는 말을 한 적이 있다. 과연 그러한가?

　두 번째로 고민이 되었던 것은 오늘날의 대중예술과 문화들을 어떻게 이해할 것인가였다. 과연 그것들은 정말 전통적으로 '예술'이라 불리어 온 것들과 비교해 저급/고급의 위치에 있는 것일까? 그것들은 아예 미학 영역에서는 다룰 만한 가치가 없는 것인가?[1] 오늘날 대중문화들은 분명 예술적 요소들과 겹치는데 그 둘 간의 관계는 어떻게 자리매김할 수 있을까? 그런데 이러한 두 가지 의문들을 해결하기 위한 열쇠를 기존의 철학적 미학 전통에서는 찾을 수가 없었다. 다행히 에코의 대중문화에 관한 논의들은 이러한 의문들에 대해 많은 시사점을 주었다.

　에코의 대중문화와 예술에 관한 연구를 시작하면서 다시 이를 이

---

[1] 1999년 11월 미국에서는 호프스트라(Hofstra) 대학 주최로 프랭크 시내트라에 관한 학술대회가 열리는데 미국 각 대학의 인문 - 사회과학 교수들이 발표를 하게 되고 지난 5월에 이미 논문을 제출한 학자가 1백여 명이라고 한다. 이후 50년 후엔 하버드에서 시내트라를 가르칠 것이라고 어느 역사학자가 지적했다고 한다.

해하기 위해 방법론적으로 그의 기호학을 탐구하지 않을 수 없었는데, 그의 기호학적 방법론은 곧 그의 세계관의 반영이자 표현이기도 했다. 본격적인 기호학 연구를 하면서 에코는 특히 유럽의 구조주의 기호학과 미국의 퍼스 기호학을 통합해 하나의 일반기호학을 세우고자 한다. 그러나 퍼스의 비언어학적 기호학과 유럽의 언어학적 기호학은 전적으로 다르므로, 사실상 에코는 그가 말하고 있는 것과 달리 유럽의 구조주의 기호학보다는 퍼스의 기호학과 논리학을 빌려 와 기호의 철학적, 인식론적인 본성을 밝히고 있다. 대체로 기호학이 언어학 분야에서 융성했던 점을 감안하면 기호학에 대한 이러한 철학적 접근은 대단한 의미를 갖는다고 볼 수 있다. 잘 알다시피 소쉬르는 언어체계의 개념을 바탕으로 일반언어학의 기초개념을 이분법에 의해 langue/parole을 구분하면서 langue를 체계로서의 언어로 보았을 때 사회적 관습 혹은 제약(convention sociale)이자 하나의 사회적 제도이기에 기호란 개인에 의해 변경될 수 없는 공동체의 계약으로서 집단적 타성을 갖는다고 본다. 그런데 에코는 소쉬르가 말하는 이러한 관습성 문제를 퍼스의 기호학과 인공지능의 인식론적 성과들을 빌려 와 사회적, 문화적 문맥에 따라 프레임과 스크립트가 다름으로 설명하고 있다. 이것이 인공지능과 의미론 및 화용론의 성과들을 종합한 백과사전이라는 그만의 고유한 기호학적 개념이다. 이를 통해 에코 기호학은 기호의 생산과 해석에 있어서 그것이 추리적이고 논리적인 성격을 지니고 있음을 보여 주고 있다. 그리고 이것이 예술이나 미 혹은 대중문화를 이해할 수 있는 방법론과 세계관을 제공해 주는 에코 기호학의 가장 독특한 특징이라고 할 수 있을 것이다.

그런데 에코의 박사논문이 「성 토마스 아퀴나스의 미학」이었듯이 애초에 그의 출발점은 사실상 기호학이 아니라 미학이다. 박사논문 후 그는 직접 이탈리아 아방가르드 예술가들과 접촉하면서 논쟁적인 저서 『열린 예술작품』을 저술하게 된다. 에코는 애초에 이 저서를 통해 현대예술, 특히 아방가르드 예술형식이 지닌 열린 특성을 논하고자 했던 것 같다. 그러나 그 자신이 대학 졸업 후 잠시 이탈리아 국영방송인 RAI에서 TV프로그램 제작에 참여했던 경험으로부터 수용자의 해석에 주목하게 되면서 예술작품이 지니고 있는 미학적인 가치보다는 그것이 지니고 있는 의사소통적 특성으로 관심을 옮겼고, 그 후 본격적으로 기호학을 연구하게 된 것이다. 특히 그는 아방가르드 예술뿐만 아니라 20세기의 대중문화를 포괄하는 이론들을 만들고자 했다. 그가 보기에 오늘날의 세계는 미학적 가치의 유통(전달)과정에 있어서 이전과는 전혀 다른 새롭고 복잡한 상황이 나타나고 있다. 그러한 변화의 결정적인 계기가 바로 대중매체의 발달로서, 오늘날의 우주는 이제 매스커뮤니케이션의 우주이다. 우리는 가치에 대해 논하려면 이제 신문, 라디오, 영화, TV, 복제된 음악(음악 통조림) 등의 새로운 오디오-비디오 매체에 의해 미리 조제된 통로를 통하지 않으면 안 된다. 이는 마치 기술이 점차로 완전히 새로운 인간환경을 창조했다는 의미에서 오늘날과 같은 전자시대에는 '매체가 곧 메시지'(맥루한, M. Maluhan)라고 말하고 있는 것과 유사하다. 그리하여 이 새로운 인류학적 상황에서는 공동체의 모든 성원이 정도의 차이는 있을지라도 공업적으로 생산되며, 시장의 수요 공급 법칙에 의해 지배되는 소비의 상업 채널을 통해 매개되는 수신자가 된다. 영화나 라디오, 축음기 등의 이러한 기술혁신이 예술작품의 위치를 바꾸어 놓아 이전에는 특권 엘리트만이 향유했던 전통문화의 아우라(aura: 진본성, authenticity)가 상품생산 시대에는 상실됨으로써 전통의 권위가 무너지고 따라서 텍스트에 대한 다양한 해석이 허용된다고 본 벤야민(W. Benjamin)과 마찬가지로 에코 역시 문화의 기계적 복제가 사회에서 문화의 기능을 변화시켰다고 본다.

이렇듯 에코의 관심사들은 내가 가졌던 예술과 대중문화의 관계에 대한 의문과 폭넓게 맞닿아 있었다. 또 다른 나의 의문점이자 칸트미학과 관련된 예술과 미의 보편성 혹은 보편전달성 문제는 이와 관련되면서도 좀 더 오랜 노력과 시간이 필요했다. 이 책은 바로 이러한 두 가지 의문들을 풀어 가기 위한 긴 여정이라고 할 수 있다.

한편 에코는 문화적 프리즘을 전복시키고 의외의 관점을 발견하거나 언뜻 보기에 서로 너무 다르기에 함께하기에는 불가능할 것 같은 이질적인 것들을 조화시키는 것에 탁월한 능력을 가지고 있다.

이런 면모들 때문에 그의 글들은 읽기가 난해하게 느껴지며, 이러한 면모의 어느 정도까지가 이탈리아적인가는 알 수 없으나 분명 이러한 에코를 영국인이나 미국인이라고 상상할 수는 없게 한다. 오늘날과 같이 문화적 국경이 서로 다투면서 다시 세워지고 지구화의 도전이 학제간의 연구(특히 문화연구와 같은)를 불가피하게 하는 시대에 서로 다른 문화를 뛰어나게 매개할 수 있는 이 같은 에코의 능력이야말로 에코의 장점이자 요즘 에코 번역의 붐을 일으키는 원인이라고 할 수 있을 것이다.[2]

그러므로 Ⅰ장에서는 에코 예술과 대중문화의 관계나 예술과 미의 보편적 전달가능성을 이해할 수 있게 하는 『열린 예술작품』에서 에코 기호학의 단초를 발견하고 이러한 문제들을 해결할 수 있는 실

---

2) R. Lymley, "Introduction", in *Apocalyse Postponed*, Indiana Univ. Press, 1994, 10 - 11쪽.

마리를 엿볼 것이다. 그리고 Ⅱ장에서는 에코의 기호학의 특징이라고 할 수 있는 기호가 지니고 있는 철학적 측면(인식론적이자 추리적인 측면)에 주목할 것이다. 그의 기호학은 특히 본능이나 상상력 혹은 지레짐작(guessing)에 의존하기에 흔히 간과하기 쉬운 문화의 영역 역시 과학과 영역은 다르나 마찬가지로 논리적인 과정을 밟고 있음을 제시하고 있다는 점에서 새롭고 신선한 즐거움을 우리에게 선사한다. 이를 보여 주기 위해 에코는 퍼스의 상정논법적 추리에 많이 기대고 있는데, 에코가 서술한 것만으로는 그 상정논법의 의의를 이해하기에 역부족이다 싶어 나는 좀 더 나아가 상정논법이 지니고 있는 논리적 성격을 밝히고자 했다. 사실 상정논법이 예술과 문화 영역의 인식론에서 차지하는 역할은 에코가 퍼스의 상정논법을 빌려 와서 응용하고 있는 것 이상이기 때문이다. 이와 함께 자신의 기호학 두 번째 면모인 백과사전이라는 개념을 만들기 위해 에코가 어떻게 퍼스의 상정논법 외에도 의미론, 화용론, 인공지능의 성과들과 같은 다양한 이론들을 끌어와 이들을 어우르는지 보여 줄 것이다. 또한 에코 기호학 역시 기호학적 체계를 구성하는 데 치중한 것이 아니라 현실과 관계를 맺고 있음을 여실히 보여 주기 위해 이데올로기에 대한 기호학적 이해를 덧붙이고자 한다.

　마지막 Ⅲ장에서는 이러한 기호학적 방법론과 세계관을 적용해서 애초에 가졌던 의문들을 해결하고자 한다. 은유를 통해 예술(미)기호의 생산과 해석 사례들을 보여 주고, 대중문화와 예술과의 관계, 영화에 대한 에코의 기호학적 연구를, 그리고 마지막으로 예술과 미의 보편적 전달가능성에 대한 기호학적 답변을 담고자 한다.

　에코의 저술들은 기호학과 해석학, 철학, 대중문화, 미학 그리고 소설들 등 다양한 영역을 넘나든다. 이 책은 이러한 다양한 영역을 넘나드는 에코의 문제제기들을 기호학을 통한 대중문화와 예술이라는 입장에서 살펴봄으로써 오늘날의 현대예술과 문화를 이해할 수 있는 하나의 방법을 제시하고자 하였다. 예술철학 강의를 통해 미학에서의 전형적인 문제제기를 다시 한 번 확인하게 해 준 학생들에게 고맙고, 오래전 연구에 조언과 도움을 주신 스승님들께 감사의 말씀을 전하고 싶다. 그리고 무한한 감사의 마음을 한국학술정보(주)에 보낸다.

연희원

CONTENTS

III 에코 기호학의 적용 : 대중문화와 예술의 기호학

에코 기호학과 미학의 단초

1. 현대예술: 에코 기호학의 출발점

1956년 에코는 그의 박사학위논문 「성 토마스 아퀴나스의 미학」을 출간한 이후 많은 미학관련 글들을 발표하였다. 그중에서도 1958년부터 발표한 논문들을 묶어 1962년 발표한 『열린 예술작품』은 이탈리아 아방가르드 선언서라 할 수 있을 만큼 현대문학과 예술 그리고 현대의 새로운 문화 일반에 관한 문제를 다루고 있다. 그가 이 책을 쓰게 된 계기는 그에게 깊은 영향을 끼친 스승 루이지 파레이손(Luigi Pareyson)으로부터 받은 미학 제반에 관한 문제들 때문이기도 하지만, 보다 직접적인 이유는 제임스 조이스의 작품에 대한 연구와 더불어 아방가르드 예술가들과의 접촉 — 특히 그 자신이 회원이었던 63그룹 — 때문이기도 했다.[1]

---

1) 여기서 에코가 말하는 아방가르드 운동은 파시스트 이전의 아방가르드운동(이탈이아에서의 미래파운동)이라기보다는 2차 대전 후 이탈리아에서 결성되었던 네오 아방가르드 운동을 말한다. 미래파 운동이 제국주의적 자본주의를 포용하려 했던 반면에 네오 아방가르드운동은 네오 자본주의를 탈신비화시키고자 했다. 그러나 양자는 공통적으로 사회적, 경제적 조건을 그 예술적 형식으로 반영하고자 한다. 몇 년 전부터 많은 신예작가들이 함께 작업을 해 오고 있다가 1963년 마침내 자신들의 그룹 명칭

『열린 예술작품』에서 중심적으로 다루고 있는 것은 예술의 '열림' 혹은 '개방성(openness)'이라는 개념이다. 이 개념은 60년대 중반부터 현대 문학이론의 주요 주제로 논의되어 온 두 가지 주장, 즉 1) 예술에 있어서 의미의 복수성 또는 다의미성에 대한 주장과 2) 독자의 역할에 대한 강조, 즉 문학의 해석과 반응에 있어서 독자와 텍스트 간의 수용미학적 상호작용에 대한 강조를 이미 예견하고 있다. 특히 이 책에서 중심적으로 다루고 있는 예술과 매스커뮤니케이션 그리고 현대의 문화와 같은 주제들은 그가 이후 기호학으로 완전히 선회한 후에도 줄곧 중요한 문제의식으로서 등장하게 되는 것들이다.

에코는『열린 예술작품』을 쓴 이후 구조주의 사상을 접하게 되는

을 '63그룹'이라 불렀는데, 이 63그룹은 네오 아방가르드 문학운동과도 맞바꿀 수 있는 이름으로서 1956년에서부터 1969년까지 이탈리아에서 활동하였다. 특히 이 그룹은 현상학뿐만 아니라 프랑크푸르트학파의 영향 아래 토대(경제)보다 상부구조에 우선권을 주는 시학을 정교화시켰다. 에코의 미학에 대한 이해를 돕기 위해 이 운동의 결성부터 해체까지의 과정을 간략하게 살펴보자.

1. 잡지『일 레리(Il L'erri)』를 중심으로 해서 처음 결성되어 단순히 인문주의자들의 그룹이 아니라 전문가 팀으로 일함으로써 작가들로 하여금 구조주의, 인종학, 러시아 형식주의, 기호론, 누보로망과 같은 진보운동에 대한 분석을 가하면서 이탈리아 문학계의 지방분권화를 체계적으로 극복하게 된다.

2. 네오 아방가르드운동의 두 번째 두드러진 성과는 1961년 시선집의 간행이다. 그런데 이들 중 몇몇의 작품들은 단지 시어뿐만 아니라 관습어의 전면적인 거부를 하였으며, 이는 광범위한 대중에게 큰 영향을 끼치게 된다. 구문론이 형식적으로 공격을 받은 반면, 내용 면에서 합리성은 꿈을 꾸는 것 혹은 정신착란에 의해 대체된다. 결국 이들 시에서 나타나는 정신분열증은 네오 자본주의 사회의 정신분열증과 소외의 반영이었다.

3. 현대사회에서 지식인의 임무, 문학의 성찰, 작가의 임무 등에 관해 논란이 벌어지면서 대중적인 논의로까지 번지게 되었다. 그리하여 이제 이 그룹은 단지 아방가르드가 아니라 대중 매체에 노출됨으로써 정기간행물, 최상급 출판사, 언론계와 대학에 많은 동지들을 갖게 되면서 상업적 성공을 이룬다. 통상 이러한 그룹은 지극히 비상업적 산물임에도 불구하고 자본시장을 석권한 셈이다.

4. 1967년 6월 창립된 잡지『퀸디치(Quindici)』(15를 의미)에서 종말을 고하게 된다. 1968년 직접적인 정치행동을 낳게 하는 상황이 이탈리아에서 벌어지게 되자, 63그룹은 그 존재이유가 사라지게 된다. 그리하여 1969년 7월『퀸디치』를 마지막으로 출간하고 해체된다.

과정에서 본격적으로 기호학에 대해 관심을 갖게 되고, 1972년 이 작품을 불어로 번역하면서 이 작품의 일부 — '시어 분석', '열림, 정보, 의사소통' — 를 구조주의 노선에 따라 수정을 가하기도 한다.[2] 그러나 앞으로 보겠지만 이 책에서 에코는 예술작품이 지니고 있는 미학적 함의보다는 예술적 의사소통의 복합적 측면에 의존해 예술에 대한 자신의 주장을 끌어가고 있으며 이러한 입장은 후일까지 계속되는 독특한 에코의 예술 읽기라고 할 수 있다. 그리하여 그 스스로도『열린 예술작품』에서의 예술에 대한 연구를 통해 기호학에 대한 관심이 촉발했다고 할 수 있을 만큼, 이 저서는 현대의 문학, 음악, 미술 등 예술의 기호분석에 대한 하나의 가설적인 모델이라고 할 수 있다.[3] 따라서 이 저서에 이미 후일 그의 기호학이론에서 핵심적 의미를 갖는 몇몇 요소들이 맹아적인 형태로 들어 있고 또 그의 기호학 이론을 집대성해 놓은『기호학 이론』(1976) 역시 미학적 의사소통과정의 일반적 모델과 예술작품의 구조를 제안하고 있다는 면에서 비록『열린 예술작품』이래 에코의 사고는 다양하게 발전해 가고 있지만 기호학적 선회와 그 이전, 즉 후기저술과 초기저술 간에는 뚜렷하고 본질적인 연속성이 존재한다고 볼 수 있다.

앞으로 이 장에서는 그의 예술에 대한 연구가 어떻게 해서 기호학적 테마들과 연관되는가, 이 작품의 중심주제인 '열림'의 시학이 어

---

2) 이 글은 1972년 불어판을 번역하는 과정에서 수정된 제2판을 근거로 해서 영어판 역자가『부재하는 구조』에서의 논문「시리즈적 사유와 구조적 사유」와『이탈리아 문학』에서「루이지 파레이손의 미학에서의 형식과 해석」등 몇몇 논문들을 첨가했는데, 이 논문들이 기본적으로 '열린 예술작품'이라는 개념이 시종일관 계속되는 시기에 쓰인 글들이라는 점에서 일관성을 지니고 있으므로 영역본의『열린 예술작품』을 초기의 에코로 규정하고 논의를 하기로 한다.
3) 소두영, *기호학: 상징의 과학*, 인간사랑, 1991, 414쪽.

떻게 해서 기호학과 해석학으로 옮겨 갈 수밖에 없는가, 특히 훗날 스스로 『기호학 이론』과 『기호학과 언어철학』은 퍼스(C. S. Pierce) 의 무한 기호작용을 정교하게 다듬은 결과라고 말하고 있을 만큼 퍼스의 영향력은 절대적인데, 그의 '열림'의 철학이 어떻게 퍼스의 무한 기호작용(unlimited semiosis) 개념을 이미 선취하고 있는가를 보여 주고자 한다.

2. 세계와 의사소통

『열린 예술작품』은 논쟁적인 저술로 60년대 초 이탈리아 학계를 지배하고 있던 크로체(B. Croce)의 관념론적 미학과 정면으로 맞서 있다. 크로체는 예술을 순수한 정신적인 현상으로 보고 예술가의 순수한 직관이 표현된 것을 예술이라고 본다. 따라서 형식은 단지 예술가의 직관을 독자에게 전달하는 과정에서 일어나는 자극에 불과한 물질적인 매체에 불과하다. 이에 맞서 에코는 예술이 형식임을 내세우고 있다. 형식이란 유기체를 의미하는바, 즉 그 자신의 법칙에 의해 지배되고 조화롭게 균형을 이루며 하나의 생명을 가지고 있는 물질성을 띠고 있는 유기체이다. 따라서 그에게 있어 형식은 예술작품의 내용을 전달하는 데 어쩔 수 없이 뒤따르는 한낱 부수적인 물질이 아니다. 그러면 어떻게 물리적인 형태를 띨 수밖에 없는 형식은 그 부수적인 위치를 벗어나 예술작품에서 중요한 위치를 획득할 수 있는가?

에코가 보기에 중세의 세계는 미뿐만 아니라 모든 것에서 사물의 영원한 본질을 잡으려 했던 시기이다. 우주는 고정되고 사전에 미리 규정된 위계질서를 이루고 있다. 즉 봉건사회로서 군주/봉신(영주인 동시에 기사)/농노라는 게르만적 계급구조를 특징으로 하고 있었으며, 이러한 계급질서를 철학적으로 정당화시켜 주는 개념실재론(realism), 즉 보편자(universal)의 실재에 대한 확고한 믿음이 오래도록 우세했다. 세계는 신의 창조물이다. 태초에 말씀이 있었으니, 그것이 곧 보편으로서 사회의 계급구조를 포함한 질서 잡힌 세계의 창조이다. 그리하여 세계는 다양성 속에서도 조화와 질서, 통일성이 있는 세계였다. 그리고 이렇게 조화로운 세계는 신성(神性)의 기호인 셈이다.

이렇듯 질서 있는 우주, 정수와 법칙의 위계질서가 자리 잡힌 완결된 세계로서의 중세에는 예술도 마찬가지로 완결되고 단일한 관점을 지니게 된다. 중세 예술에 대한 이러한 평가는 많은 미학사가들도 인정하고 있는바, "중세의 문화, 그 예술과 미학은 당대의 정치, 사회적 구조를 반영한다."[4] 중세뿐만 아니라 사실상 모든 시기 예술적 형태가 형성되는 방식은 과학이나 당대의 문화가 현실을 바라보는 관점을 반영하지 않을 수 없으며, 결국 이 시기 예술작품의 질서는 제국과 신정일치 사회의 거울인 셈이다.

한편 이러한 질서 잡힌 중세와 달리 바로크시대와 낭만주의를 거쳐 온 현대의 세계를 에코는 불확정적이고 질서가 없는 세계라고 본다. 우리의 우주는 위기로 가득 차 있다. 말의 질서는 더 이상 사물의 질서와 조응하지 않는다. 말의 질서는 전통적인 체계를 따르기를 고집하는 반면 후자는 대부분 무질서와 불연속에 의해 특징지어진

---

4) W. Tartarkiewiez, *History of Aesthetics*, Vol.2, 110쪽.

다. 우리 세계는 언어가 제시하는 질서 정연하고 수미일관된 세계와는 전혀 다르며, 오히려 기성체제와 단호하게 결별한 아방가르드 예술가들이 제시하는 무질서하고 파편화된 영상에 훨씬 가깝다.[5]

세계를 불확실성과 불연속성으로 보는 이러한 태도는 에코가 후기까지 견지하고 있는 입장으로서 1980년에 쓴『장미의 이름』에서도 마찬가지로 우주에는 질서가 없다고 본다. 우리 정신이 상상하는 질서란 단지 하나의 그물 혹은 어떤 곳에 도달하기 위한 사다리 같은 것[6]일 뿐이라는 것이다.[7]

그리하여 에코가 보기에 이제 현대의 인간에 대해 이야기하려면 기존의 질서 정연한 우주를 설명하는 데 이용되던 형식적 용어로는 더이상 이 세계를 설명할 수 없다. "현상의 불연속성이 통일적, 확정적인 세계상의 가능성을 의문시하고 있는 이 세계에서 예술은 우리가 살고 있는 세상을 보고 인식하고 우리의 감수성을 통합시킬 수 있는 방법을 제시"하고자 한다. 즉 드뷔시(Debussy), 쇤베르크(Schonberg), 스트라빈스키(Stravinsky)와 같은 현대의 음악가들은 기존의 르네상스로부터 확정되어 온 음조체계를 거부하고,[8] 상귀네티(E. Sanguineti: 63그룹

---

5) U. Eco, *O. W.* 227쪽.

6) U. Eco, *The Name of the Rose,* 599 - 600쪽.

7) 이러한 태도는 에코가 1960년대 당시 63그룹에서 지지를 표명했던 아방가르드(누보로망) 작가인 로브 그리예(Robbe Griellet)에게서도 마찬가지로 엿볼 수 있다. "발자크의 리얼리즘적 세계는 모든 것이 확실하고 확신에 차 있는 세계로서 그의 기교 역시 그러한 세계를 독자에게 확인시켜 준다. 그러나 삶은 불안정하고 변할 수 있으며 모호하고 불연속적이다. 따라서 나는 나의 소설에서 이러한 불안정한 세계를 표현하고자 했다." R. Griellet, 지난해(1997) 한국을 방문해서 The Korea Times 10월 15일자와의 인터뷰에서, 13쪽.

8) 드뷔시는 음조체계의 문법이 원하지 않는 내용을 이야기하도록 강요한다고 느꼈기에 이 체계에서 벗어 나오기로 결심, 전(6) 음계(hexatonal)를 사용했으며, 쇤베르크는 단호하게 낡은 체계와 결별하고 새로운 체계를 고안해 냈다. 이와 반대로 스트라빈

의 멤버였음)와 같은 시인들은 각운의 규칙에 대해 거부하며, 현대 회화(비구상 예술을 비롯하여)는 조형미술의 관계가 요구하는 과잉된 요소(눈이 두 개란 사실 때문에 언제나 두 개를 그려 넣는)를 제거하는 방식(눈 하나만으로도 얼굴 전체를 표현)으로 기존의 형식을 거부한다. 왜냐하면 이들의 기존의 고전적인 음조체계에 대한 거부는 단지 새로운 고안과 매너리즘 간의 변증법 이상의 것으로서, 이러한 유형의 고전예술의 "형식적 습관들은 불변의 질서를 높이 평가하는 사회에 기반을 두고 있기 때문이다."[9]

결국 아방가르드 음악가들이 고전음악의 음조체계를 거부하는 이유는 그것의 구조가 현재가 아닌 지나간 세계의 세계관을 반영하고 구체화시키고 있기 때문이다. 여기서 에코는 현대의 불확정적인 세계를 반영할 수 있는 새로운 형식개념을 내세울 수 있는 근거를 마련하게 된다. 즉 그가 보기에 작품의 형식이란 그 작품의 진정한 내용이다. 예술은 인간과 세계에 대해 의미 있게 말하기 위해 형식을 빌려 발언하는 것이라기보다는 이러저러한 방식으로 형식을 조직하는 방법이요, 이것이 곧 미학적 원리이다. 형식은 사상을 전달하는 매체가 아니라 사유방식이어야 한다. 여기서 에코는 예술작품의 형식과 같은 물질적인 실체에 커다란 중요성을 부여하고 있으며, 이러한 소재적 측면이 기호학적으로 흥미로워짐을 인식하고 있다. 즉 기호학은 어떤 면에서 예술작품의 형식과 같이 인간의 도구적이고 물질적인 차원은 아무런 의미도, 특히 어떠한 상징적인 의미도 지니지

스키는 이 체계를 받아들이기는 하지만 단지 특정한 작곡 단계에서만 그리고 그것이 가능할 때만 받아들인다. 즉 그 체계를 패러디하든 찬미하는 경우든 그 체계를 의문시하고 있다.

9) U. Eco, O, W 139 – 140쪽.

않는다는 사고에 대한 도전이라고 할 수 있으며, 러시아 형식주의로부터 구조주의 기호학에 이르는 과정을 볼 때도 이러한 외적, 물리적 형식에 대한 주목은 기호학의 탄생에서 중요한 의미를 지닌다고 볼 수 있다. 따라서 에코가 일찍부터 이렇게 현대예술과 시대의 변화를 담아낼 수 있는 새로운 예술형식에 주목하는 것은 바로 그의 기호학으로의 정향을 낳는 주요 계기가 된다.

다시 말해서 에코는 여기서 예술에 있어서 물리적 실체를 지닌 형식을 하나의 의사소통 형식으로 보며, 예술가가 자신이 사용할 수 있는 의사소통체계가 묘사하려는 역사적 상황과 전혀 무관하다는 사실을 깨닫게 될 경우 문제의 해결은 그러한 상황을 반영하며 그러한 상황의 모델이 될 수 있는 새로운 형식적 구조를 고안해 내는 것이라고 본다. 결국 예술은 형식적 구조를 통해 세계를 인식하는 것으로서 이때 형식적 구조는 순전히 형식주의적인 것이 아니라 오히려 진정한 내용이며,[10] 예술적 실재는 곧 형식이자 구조이다. 이러한 형식에 대한 에코의 생각은 그의 스승 루이지 파레이손으로부터 온 것이지만, 그 뿌리는 사실주의를 하나의 관습의 문제로 보고 형식과 내용의 구분을 버리고 형식에 완전히 새로운 기능을 부여함으로써 내용은 형식에 의해 결정된다고 보는 러시아 형식주의의 형식 개념에 가깝다.[11] 이 형식 개념은 앞으로 4절에서 보게 될 파레이손

---

10) U. Eco, *OW*, 143 – 144쪽.

11) 형식주의자들에 의하면 예술은 습관적 또는 익숙하게 되어 버린 사물을 낯선 것으로 만드는데, 이러한 소원화(defamiliarization)를 현실로 드러나게 해 주는 수단이 바로 형식적 장치들이다. 그리하여 시적 말하기는 일상언어에서 찾을 수 없는 구조나 어휘들을 가지고 있어서가 아니라 시의 형식적 장치들(압운, 리듬과 같은)이 일상단어들의 지각과 특히 음성짜임의 인식을 새롭게 하는 데 이바지하기 때문이다. 즉 형식 그 자체는 하나의 낯설게 하기를 맡은 행위자이다.

의 형식형성 방식으로서의 형식 개념이라는 더욱 정교한 이론으로 나아가게 되며, 그럼으로써 형식의 개념은 해석의 개념과 만나게 된다. 필자는 에코에게 있어서 해석의 문제는 그의 긴 학문의 변천 과정 속에서도 그의 가장 두드러진 면모라고 보기에 여기서의 형식 개념과 분리시켜 5절에서 해석의 무한성과 함께 다루고자 한다.

그리하여 형식적 혁신과 기존형식의 거부를 통해 예술가는 두 가지 차원에서 움직인다. 그는 형식체계를 거부하지만 망각하지는 않는다. 오히려 그는 형식 안에서 스스로를 소외시키고 형식의 자기파괴적인 경향을 철저하게 이용함으로써 내부로부터 형식을 변형시킨다. 다른 한편 그는 질서 정연한 조직이 아니라 무질서한 가설 위에 기반을 둔 새로운 문법을 정식화시킴으로써 세계를 있는 그대로, 즉 위기에 가득 찬 모습을 그대로 보여 준다.[12]

이와 같은 형식 개념은 루카치(G. Lukacs)와 같은 리얼리즘예술 옹호자들이 주장하듯이 에코가 옹호하고 있는 아방가르드 예술작품들은 우리가 살고 있는 세계의 부정적인 측면만을 반영하고 있는 것처럼 보인다. 그러면 대체 이러한 예술형식을 통해서 무엇을 얻어낼 수 있는가? 에코는 여기서 보듯이 헤겔(G. W. F Hegel)과 마르크스(K. Marx)의 소외 개념을 빌려 이에 답하며, 이를 통해 예술의 사회적 참여를 강력하게 촉구하고 있다.

헤겔에 의하면 인간은 노동을 통해 자신을 대상화시킴으로써 그자신 스스로를 소외시킨다. 다시 말해 그는 사물의 세계와 사회적 관계 속에 스스로를 소외시킨다. 왜냐하면 그는 생존과 발전의 법칙

---

12) U. Eco, *OW*, 141쪽.

에 따라 그러한 것들을 만들었고 또 거기에 따라야 하기 때문이다. 마르크스는 여기서 헤겔이 외화(外化 혹은 대상화)와 소외를 분명하게 구분하지 못했다고 헤겔을 비판한다. 즉 인간은 노동을 통해 자연 속에서 자신을 표현하면서 하나의 세계를 창조한다. 이러한 대상화와 달리 인간은 스스로 창조한 세계의 메커니즘이 인간에 대해 지배력을 갖게 됨으로써 인간이 스스로 창조해 낸 사물들 혹은 세계를 인간 자신의 창조물임을 인식하지 못하고 사물들의 노예가 된다. 즉 "상품형식의 신비는 상품형식이 인간들 자신의 노동의 사회적 성격을 노동생산물 자체의 대상적 성격으로서, 이 사물들의 사회적 본성으로서 뒤집어 반영한다……. 따라서 이러한 전도를 통해 인간들 자신의 특정한 사회적 관계가 사물들의 관계형식을 취하게 된다."[13] 따라서 인간 특유의 활동인 노동이 인간에게 대립되는 객관적인 어떤 것이 됨으로써 인간은 스스로의 생산물로부터 소외되는 것이다.

그러나 에코는 현대의 문화는 마르크스가 살던 당시와는 완연히 다른 산업발전 단계에 있기에 마르크스를 매개로 한 헤겔의 재독해를 얼마든지 가능하게 해 주는 장점을 가지고 있다고 말하면서, 마르크스가 취했던 방식보다 더 구체적인 헤겔 읽기를 택한다. 우선 헤겔이 두 종류의 소외를 구분하지 못한 것은 사실상 인간이 창조해 온 사물들 속에서 그리고 그가 변형시켜 온 자연 속에서 스스로를 대상화시키는 그 순간 불가피하게 긴장, 즉 대상에 대한 지배와 동시에 대상 속으로 용해되어 버려 대상에의 전적인 자기 양도라는 양극단의 긴장을 하나로 보았기 때문이다. 이 경우 마르크스가 대상화

---

13) K. Marx, 『자본론』 제1권, 1-1, 91쪽.

는 본질적으로 불가피한 과정인 데 반해 소외는 극복되어야 할 상황으로서 역사적으로 공산주의를 통해 궁극적으로 해결되어야 한다고 보는 데 반해, 에코는 사랑을 할 때이든 사회에서든 혹은 산업구조 내에서든 소외는 인간이 타자나 사물들과 관계를 맺을 때마다 생겨나는 본질적인 부분이라고 본다. 그렇다고 소외가 인간의 기본조건인 실존적인 상황이라는 것은 아니다. 오히려 타자 속에서 자신을 재발견하는 이러한 대상화는 언제나 많든 적든 일종의 소외를 함축하므로 대상화는 스스로를 잃어버리는 동시에 되찾는 과정이라는 것이다.[14]

이러한 맥락에서 보면 소외는 이제 더 이상 특정한 사회구조에 한정되는 것이 아니라 인간과 인간, 인간과 대상, 인간과 사회, 인간과 신화, 인간과 언어 등 모든 관계에로 확대되며, 특히 현대 산업사회에서 두드러지게 되었다. 그렇다면 해결책은 없는가? 현대인에게 소외는 마치 우주 비행사들이 느끼는 무중력 상태와 같은 것이다. 따라서 우리는 이러한 상황 속에서 살아가면서 새로운 자율성을, 새로운 형태의 자유를 획득할 수 있는 방법을 찾아야 한다. 그런데 소외 속에서 산다는 것은 그저 묵묵히 소외를 받아들인다는 것을 말하는 것이 아니다. 오히려 그것은 살아가면서 일어나는 일련의 관계를 받아들이며, 이러한 관계를 명료하게 드러내 주고, 이러한 관계 속에 들어 있는 마비효과를 파괴해 버리도록 관계들을 분석해 나아감으로써 그러한 관계들을 끊임없이 탈신비화시켜 나가는 것이다.

에코는 이러한 소외문제가 예술의 차원 혹은 준예술적 영역에서도 나타난다고 진단한다. 시에 있어서 각운의 규칙은 하나의 관습으

---

14) U. Eco, *OW*, 124 – 126쪽.

로 다듬어져 내려오는 것인데 에코에 의하면 이 각운체계는 한편으로 붕대가 달리는 사람으로 하여금 발을 뻴 걱정 없게 해 주는 반면, 발목이나 무릎의 움직임을 규제하듯이 시인을 해방시켜 주는 동시에 규제한다. 따라서 시인은 그러한 관습을 받아들이자마자 소외에 처하게 된다. 예를 들어 '추억'이라는 단어가 나오면 관습(약호)에 따라 거의 9월의 이미지를 떠올리게 하는 감상적인 대중가요 작사가야말로 이러한 소외의 전형이라는 것이다. 그리하여 그 작사가는 음성학적 화음의 체계인 각운뿐만 아니라 소비자가 바라는 요구를 충족시켜 줄 수 있는 수단으로서의 각운에 대해서도 소외된다. 반면 비관습적인 언어 — 비록 이 또한 그의 주제와 관념의 결합방식을 규정하게 되기는 하지만 — 는 역으로 소외당한 상황에 대한 각성을 통해 이러한 상황을 유리한 조건으로 역전시켜 자유를 획득할 수 있는 수단으로 전화시킬 수 있게 해 준다. 에코에 의하면 예술에 있어서 잘 알려진 해결책의 하나가 바로 브레히트(Brecht)의 소격(疏隔) 효과와 같은 '낯설게 하기(Verfremdung)' 기법이다. 즉 관객이 연극 속의 사건들에 최면화되지 못하게끔 공연 내내 불을 환히 켜서 관객들로 하여금 생각하게 하는 효과를 주고, 담배 피우는 것도 허용함으로써 관객으로 하여금 낯설게 만들고 그럼으로써 소외(Entfremdung)를 탈피할 수 있다는 것이다.[15] 그리하여 세계를 이해하기 위하여 아방가르드 예술은 세계 속으로 파고 들어가 내부에서 핵심적인 조건을 취해 선별한 다음 그러한 상황이 스스로를 드러내는 언어와 마찬가지로 철저하게 소외되어 있는 현실을 묘사한다. 그럼으로써 예

---

15) U. Eco, *OW*, 135쪽.

술은 현실의 소외시키는 측면을 제거할 수 있고 따라서 현실을 탈신비화시킬 수 있도록 해 준다. 즉 이 세계에 대해 이야기하기 시작하자마자 인간은 자신을 양도한 이 세계를 재소유하게 된다는 것이다. 따라서 에코가 볼 때 모든 예술가의 희망은 소외를 생산하는 형식 속에서 소외를 객관화함으로써 소외를 밝히는 일이다.[16)

그런데 현 아방가르드 예술들이 바로 이러한 역할을 하고 있으므로 에코는 아방가르드 예술가들이 인간공동체와 접촉하지 않고 있다는 비판에 대해 반박을 가하며, 오히려 이러한 형식개념을 통해 아방가르드 예술가들이 그들이 살고 있는 세계와 의미심장한 관계를 맺어 갈 수 있다고 본다.

3. 예술적 의사소통

에코는 이렇게 예술적 형식의 혁신을 주장하면서 예술을 통해 현대의 세계관이 현대문화의 양상 전체와 맺고 있는 관계를 제대로 표현하려면 미학이라고 알려진 특수한 의사소통형태의 요구사항을 부분적으로 충족시켜야 한다고 본다. 다시 말해서 그는 예술적 형식을 관습(약호)과 인과율에 기초한 기본적 의사소통형태로서 간주하면서, 그것이 지니고 있는 미학적 가치에 대한 관심보다는 의사소통형식에 더 관심을 기울이고 있는 것이다. 그리고 이러한 주목이 에코로 하여금 정보이론에 대한 관심 나아가 기호학에로 관심을 틀게 한

---

16) U. Eco, *OW*, 150 – 154쪽. 결국 에코는 이상을 통해 아방가르드 예술이 지니고 있는 형식, 특히 러시아 형식주의의 형식적 장치인 소원화 개념을 철학적으로 근거지어 주고 있다.

직접적인 계기라고 할 수 있다.

앞에서 보았듯이 에코에게 있어 형식은 작품의 내용으로서, 통상적으로 작가는 사회적, 경제적 체계에 의해서 조장된 이미지들을 무기로 해서 바로 그 체계의 언어를 사용해 비판하고자 하나 단지 그 체계를 재생산하고 그 체계를 신비화시킬 뿐이다. 그러므로 아방가르드 예술가들은 이전과는 달라진 세계를 묘사하기 위해 관습적인 언어의 질서 잡힌 체계를 파괴하고 형식을 혁신하고자 한다. 이때 그는 질서보다는 오늘날의 세계 현상 그대로를 창조하게 되는데, 그럼으로써 현실 속에서의 갈등인 무질서를 솔직하게 표현하고자 한다.

여기서 에코는 무질서를 정보이론과 관련시킨다. 특히 무질서가 예술가의 작업에서 얼마나 중요한 몫을 차지하는가를 설명하기 위해 에코는 정보이론을 끌어들인다. 예를 들어 크리스마스카드는 무슨 내용인지 예측이 가능하며 의미가 있는 반면 정보내용은 적다고 할 수 있다. 그렇지만 만일 그 카드가 적으로부터 왔다면 그 내용은 예측불가능하되 정보내용은 많아지게 된다. 이렇듯 정보이론에 의하면 메시지를 예측할 수 있는 가능성이 희박할 때 — 양적으로 — 하나의 메시지에 의해 정보가 전달된다. 한편 약호가 질서(예측가능성)를 부과함으로써 메시지가 명쾌하게 전달될 수 있으므로, 메시지의 요소와 구조가 질서 잡히고 예측가능하면 할수록 이 메시지는 명쾌하게 파악될 수 있고 의미 있게 된다. 따라서 정보는 예측불가능성과 정비례 관계에 있는 양적인 것이며, 의미는 질적인 것으로서 정보와 구분된다. 결국 정보는 메시지를 예측하는 것에 장애가 끼어듦으로써 생겨나는 셈이므로, 메시지의 무질서, 즉 예측불가능성이 많을수록 그 메시지는 정보를 많이 담고 있는 것이다. 그러나 너무 많은 무질서가 있을 경우는 이해할 수가 없게 되고 (따라서 의미가 없게 되고), 너무 많은 정보는 메시지를 불명료하게 한다.

에코는 예술적 의사소통을 이러한 질서와 무질서라는 저울 위에 올려놓고 있는데 특히 열린 시학의 실천자들인 아방가르드 예술을 질서 잡힌 관습적 예술보다는 무질서란 저울 위에 올려놓고 있다. 예를 들어 현대의 시인은 정보를 전달할 수 있는 능력을 증가시키기 위해 체계 안에 조직화된 무질서(이는 훗날의 에코에게 있어 창조적 상정논법(creative abduction) 혹은 하위약호화된 상정논법(undercoded abduction)에 해당된다)를 끌어들인다. 이는 음악적 차원에서도 마찬가지이다. 고전 소나타는 주제의 연속적인 이어짐과 중첩과정을 쉽게 예견할 수 있도록 해 주는 개연성의 체계를 대변한다. 12음조체계 또한 그러한 개연성의 한 체계이다. 반면 현대적인 시리즈 음악(아방가르드 음악)에서 작곡자는 그저 다양하게 연결시킬 수 있는 음을 배치해 놓고 만다. 그리하여 그는 통속적인 음조적 가능성의 질서로부터 떨어져 나와 원래의 질서와 비교해 볼 때 상당히 커다란 무질서를 새로이 제도화한다. 그렇게 함으로써 그는 새로운 형태의 조직화 방식을 끌어들이게 된다. 이 방식은 이리하여 전통적인 방식보다 훨씬 크게 열려 있게 되며, 담고 있는 정보도 훨씬 많기 때문에 새로운 유형의 담론이 전개될 수 있는 여지를 마련해 주며 그 결과 새로운 의미가 생성된다. 여기서 우리는 정보의 커다란 이용가능성을 지향하면서 바로 이런 가능성을 구성방법으로 이용하는 시학에 직면하게 된다.[17]

열림의 시학이 이렇게 가능한 메시지의 무질서한 소스(source)를 이

---

17) U. Eco, *OW*, 60 – 62쪽.

용하려고 하지만 그렇다고 해서 조직화된 메시지 전달을 완전히 포기하지는 않는다. 그 결과 열림의 시학은 제도화된 개연성의 체계와 단순한 무질서 사이에서 끊임없이 동요하게 된다. 다시 말해서 무질서를 독창적으로 재조직하게 된다. 즉 기호학적으로 말하자면 작가는 새로운 문화적 문맥과 맥락에 따라 새로운 약호를 창조하는 셈이다. 이는 결국 현대 예술이 전통적인 언어체계에 대한 거부와 보존 사이에서 끊임없이 동요한다는 말과 같다.

그런데 에코가 볼 때 원래 정보이론은 질이 아닌 양을 평가하며, 정보량을 단지 사건의 통계적 개연성하고만 관련시킨다. 이에 비해 정보의 가치는 오직 우리가 사건에 기울이는 관심에 의해서만 평가될 수 있다. 즉 우리가 부딪힐지도 모르는 예측할 수 없었던, 전례가 없었던 상황과 이 상황의 독특한 본질을 구명하려면 그 사건의 구조적 사실 자체와 동시에 그 구조적 사실에 대해 기울이고 있는 우리의 관심을 함께 검토해야 한다. 이 지점에서 정보전달과 관련된 문제들은 의사소통문제가 된다. 즉 우리는 메시지 자체에서 가능한 정보의 객관적 구조를 통해서 메시지와 수신자의 관계 — 수신자의 해석이 정보의 효용가치를 구성하는 관계 — 로 옮아가야 한다.

여기서 우리는 훗날 에코의 기호학이 특징적으로 지니고 있는 주제의 하나이자 그가 해석학에로 나아가게 되는 계기인 독자 혹은 수신자의 반응에 대한 에코의 주목을 발견하게 된다.

4. 수신자의 해석

에코는 훗날 자신의 『열린 예술작품』에서 다루고자 했던 주요 주제는 바로 이 부분, 즉 텍스트와 독자와의 관계, 특히 텍스트 해석에 있어서 수용자의 해석이라고 밝히고 있다.[18] 따라서 『열린 예술작품』의 3장의 제목 '열림, 정보, 의사소통'에서도 볼 수 있듯이 독자(수신자)의 반응에 대한 관심은 이 책의 진면목이라고 할 수 있다. 사실상 야우스(Hans Robert Jaus)가 형식적, 심미주의적 입장의 서술미학과 역사적, 사회적 입장의 생산미학이 지닌 방법론을 양쪽 다 비판하면서 수용미학의 계기와 정당성을 내세운 1967년 이후 1970년대에 와서야 수용미학은 괄목할 만한 발전을 이룬다. 그러므로 에코의 수신자 혹은 독자의 역할에 대한 주목은 수용미학의 발전 이전에 그의 스승인 루이 파레이손을 통해 체코 구조주의 학파의 영향을 받기도 하고, 더 깊숙이는 자신이 방송국에서 직접 일했던 경험에서 우러난 관심 때문이라고 할 수 있다.

원래 관습적인 의미에서 '열린 예술작품'이라는 용어는 주로 예술품과 연주자 간에 형성되는 변증법적 관계를 정식화하기 위한 용어의 일부이기는 하지만 에코는 이를 전혀 다른 의미에서 사용하고자 한다. 즉 이 개념은 예술작품을 수용할 때 수용자가 도달할 수 있는 완벽한 상태를 가리킨다. 에코에 의하면 예술작품이란 각 수신자들이 작가가 만든 원래의 구성방식을 새롭게 재구성할 수 있는 방식의 **의사소통적 효과**를 낳게끔 만든 예술가의 노력의 산물이다. 이때 수

---

18) U. Eco, *Interpretation and Overinterpretation*, 23쪽.

신자는 자극과 반응이라는 상호 유희 속으로 들어가며, 이 유희는 각자의 작품에 대한 수용능력에 따라 달라질 수밖에 없다. 작가는 그 자신이 창조한 것과 똑같은 형태로 평가되고 받아들여지기를 바라는 의도로 완결된 작품을 제시한다. 반면 각 수신자들은 작품을 이해할 때 각자의 개성적인 감수성, 특정한 문화, 취향, 성향, 편견(선입견)을 드러내기 마련이다. 이렇게 해서 원래의 작품에 대한 이해와 해석은 각 수신자의 개별적인 전망에 따라 달라진다.[19] 따라서 오직 한 가지 의미로만 해석되는 도로표지판과 달리 예술작품은 유기적 전체가 균형을 이루고 있는 독특한 특징을 갖고 있다는 의미에서 완벽하고, 닫혀 있는 형식인 동시에 무수히 다른 해석에 의해 수용된다는 의미에서 열린 작품이다. 다시 말해서 이렇게 예술작품은 수용될 때마다 작품에 대한 새로운 전망을 얻게 되므로 예술작품을 수용한다는 것은 해석과 연주(실행, performance) 둘 다를 포함한다.

한편, 예술작품이란 그것이 설혹 전위적인 아방가르드 작품이 아니더라도 어차피 수신자의 자유로운 협력을 통해 향유될 수밖에 없다는 반론이 있을 수 있다. 에코는 이에 대해 이러한 논리는 바로 예술의 수용과 해석과정에 대한 진지한 고민 끝의 성과, 즉 현대미학의 이론적 성찰의 성과 덕분이라고 본다. 왜냐하면 중세의 작품인 경우, 엄밀한 약호에 따라 구상되고 관습적인 가치에 기반을 두고 있는 기호의 전달이기에 수용자의 해석이 없이도 충분히 설명될 수 있다. 예를 들어 단테의 13번째 서한[20]을 들여다보면 중세의 독자들이 얼마

---

19) U. Eco, O W, 3쪽.

20) In exitu Israel de egypto, domns jacob de populo barbro, facta est Judea sactificatio eins, Israel potesras eins. 이를 문자적 의미로 보면 모세 시대에 이스라엘 백성들이 이집트를 떠나가는 정경을 묘사하고 있는 것으로 볼 수 있다. 이를 알레고리로 보

나 사전에 미리 확실하게 규정되어 있고 절차까지 정해져 있는 해석 방법을 따라야 했는지를 알 수 있다.

당시 독자들이 마주치게 될 알레고리적인 수사법과 상징의 의미는 이미 당대의 백과사전과 동물 우화집, 그리고 보석 세공술에 의해 규정되어 있었다. 초기 기독교 카타콤브 그림들의 상징들을 보면, 닻은 희망을, 비둘기는 영혼을, 종려나무 가지는 승리를, 포도넝쿨과 배는 예수를, 공작새는 불멸성을 상징하듯[21] 모든 상징들은 객관적으로 규정되어 있었으며, 특정한 체계 속에 통합되어 있다. 에코는 이러한 필연성과 단일한 의미의 시학 기저에는 질서 잡힌 우주, 본질과 법칙들의 위계질서가 자리 잡고 있으므로, 텍스트 해석을 지배하는 법칙은 각 개인의 모든 행동을 규제하며 그의 삶의 목표나 그에 도달하기 위한 수단마저 제공하는 그러한 권위적인 제도의 법칙과 동일하다고 본다.[22]

이러한 중세와 달리 오늘날처럼 높은 비개연성을 갖고 있는 일련의 신호들을 전달하려면 수용자가 자유로운 자기 의지에 따라 메시지를 선택하고, 그러한 메시지에 이미 존재하고 있긴 하지만 수많은 개연성 중 하나를 부과하는 수신자의 태도와 정신구조를 고려해야 한다. 이를 위해 에코는 정보이론과 수행심리학을 빌려 수신자, 수용자의 해석이 다양할 수밖에 없는 이유, 다시 말해서 예술작품이 수신

면 그리스도를 통한 인간의 구원이 그려지고 있으며, 도덕적 의미로 보면 영혼이 고통과 번민에서 벗어나 은총을 입은 상태를 그리고 있으며, 마지막으로 성령적 의미로 보면 영혼이 죄로 가득 찬 이 세상의 끈에서 풀려나와 영원한 자유로 풀려나는 장면을 그리고 있는 것으로 볼 수 있다. U. Eco, *OW*, 6쪽.

21) E. O. Christensen, *The History of Western Art*, 117쪽.

22) U. Eco, *OW*, 6 – 7쪽.

자의 다양한 해석에 열려 있을 수밖에 없는 상황을 설명하고자 한다.

정보이론에서 하나의 메시지가 전달된다는 것은 어떤 정보를 선택해서 의미의 복합체를 조직하는 것을 뜻한다. 만일 정보의 수신자가 기계 — 이 경우 받아들인 신호를 특정한 약호로 정확하게 지시할 수 있는 메시지로 옮기도록 프로그램화되어 있어 모든 신호가 하나의 유일한 것만을 의미하게 된다 — 라면 그 메시지는 하나의 유일한 의미를 지녔거나 아니면 자동적으로 소음과 동일시된다. 그러나 만일 수신자가 사람이어서 사람들 간의 메시지 전달이라면 상황은 이와 달라진다. 이 경우 모든 신호는 단일한 의미로 정확한 약호를 지시하기는커녕 온갖 함의를 갖게 되므로, "모든 기표가 특정한 기의와 조응할 수 있도록 해 주는 단순한 지시적 약호만으로는 더 이상 충분하지 않다."[23] 즉 인간들 간의 정보전달일 경우 여과된 정보나 정보원이 되는 정보전달력 모두 양화(量化)될 수 없기에 이 지점에서 정보이론은 의사소통이론이 된다. 특히 미학적 메시지는 약호의 구성법칙과 규정요소의 체계를 파괴하기 위해 가능하면 의도적으로 메시지를 모호한 방식으로 조직화하려고 한다. 일반적으로 의사소통은 약호화를 필요로 하지만 예술에서는 약호화가 상습화되면 매너리즘에 빠지게 되므로 기존의 약호화를 탈피하고자 한다. 다시 말해서 통상적 기호가 갖는 기표와 기의의 관계를 해체시키고, 기표와 기의의 관계를 새로운 질서 위에서 재조립하고자 한다.[24] 에코는 이러한 '약호의 의도적인 무질서화의 결과'[25]가 바로 미학적

---

23) U. Eco, *OW*, 66쪽. 이 부분은 1968년 에코의 최초 공식적인 기호학 관련 저서인 『부재하는 구조』가 나온 이후 1972년 구조주의 기호학 노선에 따라 수정한 부분으로써 후기로 덧붙여졌다. 에코의 구조주의 기호학적 면모가 잘 드러나 있다.

24) 김경용, *기호학이란 무엇인가*, 민음사, 1994, 93쪽.

메시지의 모호함이라고 본다.

따라서 수신자가 일련의 신호들을 메시지로 전환시키는 기계와 달리 미학적 메시지의 수신자는 의사소통과정의 최종단계가 아니다. 오히려 미학적 의사소통과정에서는 메시지 또한 최초의 무질서에서 막 벗어 나와 여전히 해석되어야 할 정보원으로서 또 다른 가능한 정보의 원천이므로 수신자는 새로운 의사소통 선상에서 첫 번째 단계라고 할 수 있다. 그리고 정보원이 되는 메시지(예를 들어 셰익스피어(Shakespear)의 『햄릿』은 수많은 해석의 원천이다)이든 여과된 메시지(T. S. 엘리엇(Eliot)의 『햄릿』독해)이든 그 메시지의 정보전달력은 정확하게 양화(量化)될 수 있는 성질의 것이 아니다. 에코에 의하면 바로 이 때문에 그리고 바로 이 지점에서 정보이론은 의사소통이론이 된다. 즉 정보이론은 하나의 채널을 따라 분명하게 전달될 수 있는 신호의 수를 양적으로 측정하는 단위로만 이용되기 때문에, 일단 인간이 신호의 수신자가 될 경우 정보이론은 그 연산체계를 잃게 되면서 추가할 내용이 없어지게 된다. 따라서 이후부터 문제는 의미작용(의미론)의 주제로 다루어지게 되며, 정보이론의 통상적인 의미작용(단일한 일대일 대응의)과는 완전히 다른 의미작용의 문제가 되므로 기호학이나 기호론에 자리를 내 주게 된다.[26]

한편 에코는 이러한 예술적 메시지는 다른 형태의 의사소통과 똑같은 방식으로 분석될 수 있다고 믿는다. 따라서 예술작품의 기저에 놓여 있는 메커니즘은 궁극적으로 여타의 의사소통 메커니즘의 전형적인 양태 ─ 미리 주어진 신호와 주어진 기계적, 전기적 움직임

---

25) U. Eco, *OW*, 67쪽.
26) U. Eco, *O. W*, 67 ‒ 68쪽.

간에 단일한 대응관계가 수립되어 있는 약호에 따라 작동되는 기계에 의해 수신되는 단순전달을 포함하는— 를 가지고 있어야 한다. 그렇다면 인간이 수신자가 될 경우의 의사소통, 특히 미학적 의사소통은 어떤 면에서 여타의 의사소통이나 기계적인 의사소통과 다른가? 다시 말해서 미학적 의사소통에 있어서 수신자의 태도와 정신구조는 어떻게, 왜 그토록 다양하고 각각 다를 수밖에 없는가? 에코는 이를 위해 특정한 자극과 수용자의 세계 간에 지적, 감각적 차원에서 이미 확립되는 상호작용관계— 지각과 추론과정 자체를 구성하는 상호작용과정— 를 검토하고자 한다. 그리하여 의사소통에 대한 분석에 수행심리학을 빌려 온다.

게슈탈트 심리학은 지각이란 이미 객관적 구조를 가지고 있는 자극의 형태를 파악함으로써 이루어진다고 보는 데 반해, 수행심리학(Transactional Psychology)은 이에 반발하면서 모든 지각과정과 지적과정이란 기본적으로 열려 있다고 본다. 에코는 바로 이러한 수행심리학에 힘입어 예술작품을 받아들이는 수신자(수용자)의 태도를 이론적으로 뒷받침하고자 한다. "모든 요소의 가능한 상호작용들을 다 경험하기란 불가능하다." 그렇기 때문에 우리는 지각을 형성하는 행위자로서 우리 경험에 의존하게 된다. 즉 "주어진 망막유형과 관련될 수 있는 무한한 가능성들 중 하나를 선택할 수밖에 없는 유기체는 이전의 경험들을 소환해서 과거에 가장 그럴듯했던 것이 현재에도 가장 그럴듯하다고 가정하게 된다……."27) 그리하여 결과적으로 얻게 되는 지각들은 '거기 있었던 것'의 절대적인 드러남이 아니라,

---

35) J. P. Kilpatrick, "The nature of Perception", in *Transactional Psychology*, 41 – 49쪽.

본질적으로 과거 경험에 근거한 개연성들이거나 그러한 경험들로부터 예측할 수 있었던 것들인 셈이다. 결국 인식과정은 열려 있는 과정으로서 경험에 의해 인도되는 주체는 가설과 실험, 시행착오를 통해 앞으로 나아가며, 게슈탈트 심리학에서 주장하는 대로 이미 다 구성되어 있는 정태적인 형태가 아닌 가역적이고 변형가능한 구조를 찾아내게 된다는 것이다.

나아가 에코는 아방가르드 예술이 우연히 모호한 세계와 작품을 받아들이는 수용자의 반응에 열려 있음을 주장하는 것이 아니라 현대문화의 다른 영역들, 예를 들면 위의 현대 심리학 외에도 철학적 현상학, 그리고 현대의 과학적 세계관의 새로운 발견들로부터 영향을 받고 있거나 동일한 발전 선상에 있음을 강조한다. 특히 그는 메를로 퐁띠(Merleau Ponty)의 현상학이 철학자와 심리학자뿐만 아니라 예술가의 창조적 활동을 위한 자극을 주고 있다고 본다.[28] 퐁띠는 심리학자들의 지각에 대한 공정한 연구가 1) 지각된 세계란 대상들— 과학에서 사용하고 있는 의미의 대상들— 의 총체가 아니며, 2) 세계에 대한 우리의 관계는 사유의 대상에 대한 사유하는 자의 관계도 아니며, 3) 지각된 존재가 관념적 존재에 비교될 수 없는 것처럼, 수많은 의식들에 의해 지각될 때의 지각된 사물의 통일은 여러 사상가들에 의해 이해된 바 있는 명제들의 통일에 비교될 수 없음을 밝혀 주고 있음을 인정하고 있다. 따라서 지각에 있어서 전체가 부분들에 선행하기 때문에 지각을 분해해서 그것을 감각들의 집합인 것으로 해 놓을 수 없다. 오히려 지각적 종합은 대상에 있어서

---

28) U. Eco, *O. W*, 17쪽.

원근법[하나의 전망(perspective)]에 의해 주어진 측면들 — 말하자면 실제상 주어지고 있는 유일한 측면들 — 의 범위를 한정시켜 놓음과 동시에 그들 측면들을 넘어서는 어떤 주관에 의해 수행되는 것임에 틀림이 없다(물론 이처럼 어떤 시점을 취하는 주관이란 지각과 행위의 장으로서의 나의 신체를 말한다). 다시 말해서 지각된 사물은 예컨대 기하학적 개념과 같이 지성을 소유하고 있는 관념적인 통일체가 아니라 대상을 한정시켜 놓고 있는 어떤 일정한 양식에 따라 서로 뒤섞여 있는 무수한 전망, 원근법적 시선들의 지평에 대해 열려 있는 하나의 총체성이다.[29] 즉 세계를 바라보는 여러 전망의 속성상 종합은 이루어질 수 없다. 왜냐하면 각각의 전망은 자체의 지평을 통해 서로 다른 지평을 가리키므로 어디까지나 열려 있을 수밖에 없기 때문이다.

따라서 지각 법칙은 천성적이거나 생래적인 것이 아니다. 오히려 지각법칙은 문화유형을 반영하며, 수행심리학자인 캔트릴(H. Cantril)의 말을 빌리면 획득된 형태, 즉 선호도와 관습, 확신과 정서의 체계로써 사람들은 자신을 둘러싸고 있는 자연적 - 사회적 - 역사적 맥락에 따라 이러한 체계를 교육받게 된다.[30] 따라서 음악 — 음악뿐만 아니라 여타의 예술 형식들도 — 은 하나의 보편적 언어가 아니며, 우리가 특정한 해결책을 선호하는 경향은 우리의 감수성이 이제까지 역사적으로 발전해 온 음악문화의 맥락 안에서 훈련되어 왔기 때문이다. 그러므로 특정한 음악문화에서는 전혀 예기치 못한 것으로 간주되는 음도 다른 문화에서는 진부하리만큼 너무나 당연해 보일 수도

---

29) Merleau Ponty, "지각의 기본성과 그 철학적 귀결", *현상학과 예술*, 55 - 61쪽.
30) H. Cantril, *The "Why" of Man's Expeience*, 76쪽.

있다. 결국 하나의 음조체계의 수용은 사회적인 맥락 속에서 학습될 수 밖에 없는 하나의 조직 행위이다.

에코는 위의 논의들을 바탕으로 해서 다음과 같이 '열림'을 두 가지로 규정하고자 한다. 1. 심리학적으로 말해서, 미학적 즐거움은 모든 인식과정의 특징인 통합 메커니즘에 의존하며, 이것이 일차적 열림이다. 2. 현대 시학은 미학적 즐거움을 어떤 형태의 최종적 인식, 완벽한 인식에서 찾기보다는 하나의 형태에서도 끊임없이 변하는 가능성들을 발견할 수 있도록 해 주는 그런 열린 과정에서 찾는다. 이것이 이차적 열림이다.[31]

여기서 에코가 말하고 있는 이차적 열림이란 곧 메시지가 전달하는 일정한 양의 정보가 오직 수용자의 반응과의 관계에서만 가치를 갖게 됨을 의미한다. 결국 지각과정은 일종의 참여로서 대상이 수용자의 위치에 따라 다르게 나타나며, 지각표상은 지각과정에서 수용자가 다양한 자극의 장에서 골라낸 유용한 정보에다 많건 적건 잉여적 성격을 부가해 조직화해 낸 감각적 현상이 일시적으로 고정된 것에 불과하다. 따라서 수용자는 하나의 표준적인 이해의 기준과 판단의 기준을 수동적으로 습득하는 것이 아니다. 여기서 에코의 수용자의 다양한 해석이 나올 수밖에 없는 심리학적, 현상학적 근거들은 훗날의 문화적 문맥에 따른 백과사전적 해석과 다를 바가 없다. 따라서 그의 기호학에서 중요한 개념의 싹이 초기부터 윤곽 지어져 있음을 알 수 있다.

한편 이러한 에코의 분석은 사실상 현대의 매스미디어 문명에 따

---

31) U. Eco, *OW*, 74쪽.

른 문화의 지각변동을 반영하고 있다고 볼 수 있다. 즉 현대 예술들은 예술과 대중 간의 관계에서 일어난 변동들, 예를 들면 벤야민(W. Benjamin)이 지적하듯 기술의 발달에 따라 무한한 기계적 복사가 가능함으로써 생겨난 문화적 향유 수단의 민주화라든가 다양한 시청각 매체의 발달에 따른 수신자의 직접적인 반응들을 뚜렷하게 보여주고 있다. 왜냐하면 이러한 유례없는 매스미디어 문명 속에서 대중은 과거의 전통적인 예술에서보다 훨씬 더 적극적으로 작품의 실현과정에 협력하고 참여할 것을 요구하고 있기 때문이다. 여기서 에코는 현대예술이 우리로 하여금 특정한 유형과 도식을 끊임없이 파괴함으로써 감각과 사고의 차원에서 잃어버린 자율성을 재획득할 수 있는 가능성을 보고자 한다.

5. 해석의 무한성

에코는 反크로체주의자이자 자신의 튜린대학(University of Turin) 지도교수였던 루이지 파레이손의 철학적, 미학적 영향을 상당히 받고 있는데, 특히 예술의 형식에 대한 견해에 있어서는 그 영향력이 뚜렷하다. 1972년 『열린 예술작품』의 제2판 서문에서 에코는 자신이 얼마나 루이지 파레이손의 형식형성 개념에 기대고 있으며, 그의 해석 개념이 없었다면 열린 예술작품이라는 개념마저도 불가능했으리라고 밝히고 있다.

1절에서도 보았듯이 에코는 그의 스승을 따라 예술작품을 형식으로 보고 있다. 그들에 따르면 인간의 모든 행위는 지적 수준에서든 아니면 도덕적 수준에서든 또는 예술적 수준에서든 형식, 즉 그 자신의 논리를 가지며 어엿하게 제 모습을 갖춘 유기적이고 자율적인 창조물로서의 형식을 낳는다. 그가 볼 때 모든 형식이 만들어지는 대상에 따라 요구되는 생산규칙을 발견하는 그런 발명 행위라는 점에서 모든 인간의 작업은 본질적으로 예술적이다.[32] 그런데 이러한 형식을 생산하는 과정에 예술적 요소가 들어가게 되면 예술작품을 그 밖의 다른 형식과 구분해 주는 자율적인 예술 원리가 존재해야 한다. 이 자율적인 원리가 무엇인가? 에코와 파레이손은 모든 사고 행위가 언제나 윤리적 참여와 탐구열 그리고 이 탐구를 이끌어 나가 그 결과를 통합할 수 있는 예술적 감수성을 수반하듯이, 예술적 행위도 도덕 — 일련의 구속력 있는 법칙들이 아니라 예술을 하나의 사명과 임무로 만들어, 형성적인 행위가 작품의 법칙 외에 다른 법칙을 따를 수 없게끔 해 주는 참여로서의 도덕 — 과 감정 — 예술의 배타적인 구성요소가 아니라 예술적 참여과정에서 띠게 되는 정서적 색조로서 — 그리고 지성 — 작품을 조직화하는 것을 통괄하는 계속적이고 의식적인 비판적인 판단으로서 — 을 수반한다고 본다. 이 점에서 에코는 예술을 어떠한 감정에 대한 직관으로 보면서 도덕이나 지식과는 무관한 것으로 보는 크로체의 예술관과 다르다. 그러면 무엇이 예술을 예술이 아닌 활동과 구분하게 해 주는가? 에코는 파레이손을 따라 예술창조과정에서는 개인의 모든 활동이 한결같이 순전히 형식적인 의도를 지닌다는 점에서 예술은 인간의 여타의 창조행위와 구분된다고 주장한다.[33] 이는 문학연구를 독자적인 기반

---

32) 예술(art)은 라틴어 ars를 고대 그리스어에서의 기술(techne)로부터 영역한 것으로서, 생산규칙을 가지고 있는 온갖 종류의 기계(技藝)적 기술을 의미한다. 따라서 에코가 여기서 모든 인간의 작업은 생산 규칙을 포함하는 한 예술적이라는 말은 바로 이러한 의미에서이다.

위에 세우려는 체계를 시도하면서 문학연구를 자율적이고 특수한 분야로 만든 최초의 운동으로서의 러시아 형식주의의 목소리에 가깝다.[34) 그리하여 형식주의자들은 이러한 구분의 분기점으로서 소원화라는 형식을 제시함으로써 형식과 내용이라는 구분을 버리고 형식에 새 기능을 부여한다. 파레이손과 에코 역시 내용, 소재 그리고 형식이라는 용어와 관련된 모든 논쟁이 무용함을 주장하면서 예술은 곧 형식임을 주장한다. 예술은 형식적 구조를 통해 세계를 인식한다. 그러나 이를 순전히 형식주의적인 관점에서 보아서는 안 되며, 오히려 구조[35)는 진정한 내용으로 간주되어야 한다.[36)

이렇게 해서 예술작품은 하나의 형식으로서 이전의 다양한 경험들, 즉 이념, 정서, 행동의 성향 소재, 조직화의 틀, 주제, 주장 등이 융합되어 있는 유기적 전체이다. 따라서 예술가가 '형식을 형성'하려고 애쓰는 과정 자체도 곧 형식이라고 할 수 있다. 이 경우 예술작

---

33) U. Eco, *OW*, 158 – 9쪽.

34) 이 문제, 즉 하나의 접근법에서 다른 접근법을 구분하는 일은 곧 연구되어야 할 대상의 본질을 정의하는 문제가 된다. 이에 대한 형식주의의 해결 방식은 엄격하고 체계적이게 비문학적인 것을 배제하는 것으로서 삶과 예술을 상호 대립시킨다. 그리하여 문학연구의 독립적인 존재를 정당화시키는 일, 다시 말해 문학을 구성하는 것은 사실들의 배열과 다르다는 점이었다. 이 차이라는 특수함의 기능적인 개념이 바로 쉬클로프스키의 소원화 혹은 낯설게 하기이다. Ann Jefferson, "러시아 형식주의", *현대문학이론*, 문예 출판사, 김정신 옮김, 1991, 33 – 37쪽.

35) 에코는 여기서 구조주의적인 면모를 다시금 명확하게 보여 주고 있는데, 그는 구조라는 개념을 여기서와 마찬가지로 이따금씩 형식이라는 개념과 동의어로 쓰고 있다. 이때 구조란 구체적인 대상으로서의 형식이 아니라 다양한 관계, 즉 다양한 차원 (의미론적 차원, 통사론적 차원, 물리적 차원, 정서적 차원, 주제의 차원과 이데올로기적 내용의 차원, 구조적 관계의 차원과 수신자의 구조화된 답변 등)의 관계 체계로서의 형식을 의미한다. 그런데 굳이 형식이라는 말 대신에 구조라는 말을 사용하는 이유는 대상의 구체적이고 개별적인 특성보다는 대상의 분석가능성을 강조하기 위해서이다.

36) U. Eco, *OW*, 144쪽.

품은 작품을 형성하려는 노력에 대한 전체 이야기로서, 작품의 전면모를 드러내는 과정 자체라고 할 수 있다. 즉 형식은 완성되어 총체적인 모습을 띨 때까지 계속 진행되는 과정과 분리될 수 없다.

그런데 에코에 의하면 형상화 과정의 정점인 형식은 동시에 연속적으로 이루어지는 일련의 해석과정 출발점이 된다. 여기서 파레이손을 따른 에코의 형식 개념이 열림의 개념과 만나게 된다. 비록 형상화과정의 산물로서의 형식은 형식형성 과정이 끝나면 완성되지만, 형식 자체는 무수히 많은 다양한 해석에 열리기 때문이다. 다시 말해서 형식이란 정적인 숙고(contemplation)가 아니기에 이 형식형성과정을 재음미하는 것, 다시 말해 운동 중인 형식을 재포착함으로써만 그 형식에 대한 이해와 해석이 가능하다. 그리하여 숙고의 경우에는 단지 하나의 해석이 내리는 결론을 따를 뿐인 데 반해 해석한다는 것은 생산자의 관점을 추정해 보고 그의 작업에서 그가 실마리들을 어떻게 받아들이고 선택하는지, 작품의 내적인 일관성은 무엇을 원하고 있는지를 재음미해 보는 것을 말한다. 그러므로 해석자(수용자)는 단지 작품을 완결된 완성태로서 받아들여 거기에 지배되는 것을 거부하고 작품이 창작되는 출발점에 자신을 위치시키면서 작품의 의미를 재포착하게 된다.

따라서 연기뿐 아니라 번역, 한 작품을 다른 매체로 옮기는 작업, 미완의 작품이나 훼손된 작품을 재구성하는 일, 그리고 심지어 연기하는 도중에 행하는 작품에 대한 개조 등이 모두 해석행위이며, 하나의 작품에 대한 단순한 독해와 비평적인 판단 사이에는 어떤 질적인 차이가 있는 것이 아니라 그 복잡성이나 참여의 정도가 다를 뿐이다. 이와 관련해서 3절에서 이미 각각의 수신자, 곧 해석자의 태도와 정신구조 전망과 관점이 다를 수밖에 없음을 언급한 바 있다. 한편 예술가는 필연적으로 작품 속에 구체적인 자신의 경험과 내적인 삶, 정신세계, 자신이 살고 있는 세계에 대한 반응, 자신의 생각, 습관, 느낌, 이상, 신념과 열망 등에 형식을 부여한다. 그리하여 작품을 통해 예술가의 구체적인 개성과 해석자의 구체적인 개성이라는 양극성이 만남으로써 해석은 무한하게 되며, 바로 이러한 해석의 무한성 속에서 예술작품의 영속성이 가능해진다. 다시 말해 예술가는 형식에 생명을 부여함으로써 무한한 해석의 가능성을 얻게 되어 그 작품은 오직 거기에 주어지는 해석 속에서만 생명을 유지할 수 있으며, 다른 한편 형식이 지니고 있는 특징적인 생산력은 필연적으로 독특한 존재방식을 가지고 서로 다른 관점과 사고방식을 가진 무한한 해석 주체들과 만나게 되므로 그 해석은 무한할 수밖에 없다. 이에 따라 결정적이거나 유일한 해석이란 존재할 수 없다. 결국 해석은 해석자가 작품에 충실하면서 동시에 예술가의 개성에 스스로를 열어 놓는 행위이며, 해석자는 작품에 접근하기 위한 하나의 수단으로서 작품의 본질을 드러냄으로써 자신을 표현하게 된다. 그는 작품이 되는 동시에 작품을 바라보는 방식이기도 하다.[37]

이렇게 해서 이전의 리얼리즘이나 내용미학 측의 관점과 달리 예술작품에서 내용보다 그 물리적 실체로서의 형식의 중요성을 부각시키는 에코의 관점은 그에게 예술작품의 형식을 기호로 볼 수 있는 여지를 마련해 주고 있다. 기호학은 곧 물질적, 도구적인 차원이 어떤 의미를 지니고 있음을 말하고 있기 때문이다. 더불어 5절에서 에

---

37) U. Eco, OW 163 - 166쪽.

코는 해석의 무한성, 예술작품에 대한 해석자의 무한한 열림에 관해 다루고 있는데, 그는 훗날 퍼스에게서 해석체 개념을 빌려 와 무한 기호작용으로 발전시키고 있다. 하지만 4절에서 보듯이 아직은 기표와 기의의 조응으로서 약호라는 개념 혹은 구조라는 개념을 쓰고 있는 것으로 보아 그의 초기 저술은 구조주의 기호학 영향 안에 머물러 있다. 앞으로 그의 본격적인 기호이론이 유럽의 구조주의 기호학 전통보다는 퍼스의 철학적 기호학에 기대면서 구조주의의 약호 개념을 백과사전이라는 자신만의 독특한 개념으로 발전시키고 있는 그의 일반기호학을 살펴볼 것이다.

에코 기호학의 세계와 방법

1. 기호개념

1.1. 문화 기호학

에코는 『기호론』과 『기호학과 언어철학』에서 이 두 권의 저서가 퍼스(Charles Sanders Peirce)의 무한한 기호작용(unlimited semiosis) 개념을 정교하게 다듬은 결과라고 말하고 있다. 두 권의 저서를 통해 에코는 명시적으로는 어떤 '제국주의적 기호학',[38] 즉 일반기호학이론으로서 의미작용의 기호학— 약호이론— 과 커뮤니케이션의 기호학— 기호생산이론— 이 서로 화합될 수 없는 두 이론이 아니라 하나의 통합된 접근이 가능하리라는 가능성을 보이고자 한다. 다시 말해서 그는 유럽의 구조주의 계열 기호학과 미국의 퍼스기호학을 통합한 하나의 거대하고도 만만치 않은 일반기호학을 세우고자 한다. 그러나 이러한 통합은 어디까지나

---

[38] 에코가 자신의 기호학에 관한 연구영역을 문화 전체로 확대시킴으로써 심지어 비인간적인 집단의 의사소통 행위로서 동물의 의사소통까지도 포함시켜 인간의 문화와 사회에 대한 개념이 넓어진다고 보아 문화적 대상과 사건들의 광범위한 영역을 기호로 간주하는 데 대해 쓰고 있는 용어이다. U. Eco, *T.S.G*, 17쪽.

퍼스 쪽에 무게를 싣고서 세워진 야심찬 의도일 뿐 전적으로 퍼스의 해석체 개념과 기호작용, 추리 개념에 기대고 있다는 점에서 지적이 더 타당해 보인다.

그는 일반기호학을 통해 모든 문화현상들에 하나의 통일된 접근 가능성을 제시하고자 한다. 그에 따르면 기호학은 모든 문화적 과정들을 커뮤니케이션 과정으로서 연구하며, 이때 이 과정들은 의미작용이라는 근원적인 체계를 전제로 한다. 따라서 기호론이 할 수 있는 최선의 길은 커뮤니케이션 과정과 의미작용의 체계에 대한 포괄적인 모델을 시험적으로 제안하는 일이다. 특히『기호학 이론』을 통해 에코는 수많은 문화현상들 중 미학적 의사소통과정의 일반적 모델과 예술작품의 구조를 제안하고자 한다.

그에 의하면 기호학은 커뮤니케이션 과정을 다룬다. 왜냐하면 모든 문화는 커뮤니케이션 현상으로서 연구되어야만 하며, 기호학은 하나의 문화이론이어야 한다고 주장할 수 있기 때문이다. 그리하여 논리학, 정보이론, 언어학에서부터 인종학, 사회심리학, 문학이론, 예술형식들 등등까지를 포함하는 가능한 아주 넓은 의미에서의 문화와 관련되는 모든 주제들을 기호학은 포괄하고자 한다.[39] 그럼에도 불구하고 이전에는 문화영역이 학문으로서의 기호학에 포함되지 못했음을 지적하면서 에코는 특히 기호학이 문화의 논리가 되어야 함을 보여 주고자 한다.

우선 기호학 스스로가 자신의 관심사로 인식하지 않을 수 없었던 주제들에 대한 연구를 이미 해 왔거나 현재 연구를 하고 있는 분야들

---

39) D. Robey, "Umberto Eco" in *Writers & Society in Contemporary Italy*, 74쪽.

을 들어 보자. 형식논리학, 철학적 의미론, 자연언어의 논리학은 문장의 진리치 문제와 여러 종류의 발화행위(speech act)를 다룬다. 한편 문화인류학의 많은 조류들은 이를 다른 각도에서 다루고 있다. 그러므로 기호학자들은 이 모든 연구와 학문들이 하나의 가지로 여겨질 수 있는 일반기호학적 학문이기를 희망하며 시험적인 기호학적 접근은 이들 분과들의 업적을 통합하고자 할 것이다. 그 외 언어학이나 정보이론은 '약호'의 개념에 중요한 업적을 남겼으며 몸짓학과 접근학[40]은 의사소통의 비언어적 방법을 풍부하게 개척하였다. 일반기호학적 접근은 바로 이 상호작용 혹은 상호협동을 더욱 효과적으로 이루기 위해 범주들의 통일된 집합을 제의한다.

에코는 이와 같이 학문적인 목적에 의해 결정된 기호학의 소위 정략적 경계선 외에 기호-기능으로 여겨질 수 없는 현상들이 있음으로써 비기호적 영역으로, 즉 기호학적 연관을 지니지 않은 것들로 여겨진 폭넓은 현상들이 있음을 지적한다. 이러한 자연적 경계선 내에 속하는 것이 바로 문화적 영역으로서, 에코가 보기에 사람들은 일반적으로 이 영역에서 약호의 감추어진 존재를 인식하지 못했다. 설혹 인식했다 해도 이들 약호들의 기호학적 성격을 인식하지 못했다. 따라서 에코는 기호-기능의 넓고 포괄적인 정의를 제시함으로써 이러한 현상들도 기호학에 포괄하고자 한다. 그리하여 그는 이 모든 문화적 영역들과 분과들이 모두 의사소통 양식에 대한 연구를 포괄하고 있다는 근거 위에서 이들을 하나의 통일된 범주들로 연구함으로써 하나의 일반 기호론 위에 세워진 각각의 기호분과들로서 기호학의

---

40) proxemics: 인간이 타인과의 사이에 필요로 하는 공간 및 이 공간과 환경이나 문화와의 관계를 연구한다.

경계선 안에 통합시키기를 희망하는 것이다. 다시 말해서 에코는 모든 문화 전체를 연구하고 대상과 사건들의 광범위한 영역을 기호로 봄으로써 '제국주의적' 기호학을 꿈꾸고 있다. 이와 함께 에코는 특히 기호학을 통해 문화를 위한 논리를 마련해 보고자 한다.

더 구체적으로 에코가 자연적인 의사소통의 과정들로부터 복잡한 문화적 체계에 이르기까지 기호학에 속한다고 분류한 분야들을 서술해 보면 다음과 같다. 음악의 약호, 형식화된(formalized) 언어들, 대수학에서 화학에 이르기까지의 기록된 언어, 쓰인 언어, 알려지지 않은 알파벳, 암호, 자연 언어, 언어학, 논리학, 언어 철학, 문화 인류학, 심리학 등과 그 외, 한편으로는 로크나 퍼스에게서 볼 수 있는 논리학과 언어 철학 다른 한편으로는 소쉬르, 야콥슨, 엘름슬레우 등의 구조주의적 언어학에서의 연구들, 시각적 의사소통, 텍스트 이론, 사물의 체계(보드리야르), 줄거리 구조, 미학적 텍스트, 매스커뮤니케이션, 몸짓학과 접근학, 후각적 기호들, 수사학, 접촉 의사소통, 후각적 커뮤니케이션 맛의 약호들이 있다. 이와 같이 잘 알려진 분야들 외에도 에코는 세벅(T. Seboek)이 연구하고 있는 동물기호학을 포함시키고 있는데, 이것은 비인간적 집단의 의사소통적 행위로서 동물의 의사소통을 통해서 인간의 의사소통의 생물학적 성분을 밝히며 혹은 동물적 수준에서도 의미작용의 패턴이 있고 그것이 어느 정도까지는 문화적 혹은 사회적인 것으로 정의될 수 있으므로 문화와 사회에 대한 우리의 개념도 넓힐 수가 있다. 마지막으로 에코는 예의범절, 사회계급, 소위 이차적 체계의 모형화된 신화와 전설, 문화 유형학, 가족체계와 같은 사회적 조직체 등 사회의 의사소통 모형에 이르는 문화적 약호들을 기호학 연구에 포함시키고 있다.[41) 에코가 볼 때 기호학적 관점에서 관찰하면 이러한 문화는 더 철저하게 이해될 수 있다는 것이다. 그 외 임상적인 증상, 범죄의 증거, 일기예보, 예감들, 소변 검사, 할퀸 자국, 상처들 등은 그 전체가 드러나는 것은 아니지만 그것의 일부나 하나의 양상 등을 드러내는 기호들이다. 여기서 보듯이 기호는 의도적으로 혹은 인간 발신자에 의해서만 생산되는 것이 아니다. 따라서 자연적 사건들도 기호가 될 수 있다. 따라서 그가 볼 때 이렇게 광대한 분야를 기호학에 포함시킬 수 있기에 현대 기호학은 우리에게 기호개념에 대한 여러 가지 서로 다른 정의들을 제공한다. 그런데 그 정의들은 서로 보완적인 것이라고 할 수 있다.

1.2. 동치(同値)관계로서의 기호

그러면 이러한 기호들이 지니는 특징을 에코는 어떻게 파악하고 있는가? 그는 기호란 "어떤 것을 어떤 사람에게 어떤 점이나 어떤 능력 면에서 대신하는 것(something which stands to somebody for something in some respect or capacity)"[42]이라는 퍼스의 정의[43]와 기호의 내적 구조를 다루면서 기표와 기의를 말한 소쉬르의 정의를 보다 발전시켜 기호-기능을 두 개의 기능소, 즉 표현국면과 내용국면 사이의 상관관계로 보는 옐름슬레우의 정의를 종합해 보려 하면서, 기호개념에 대한 철학적 분석이나 의미론적 관점에서 재검토되어 본 적이 없음을 지적

---

41) U. Eco, *T.S.G*, 21-24쪽.

42) C. S. Peirce, CP, 2.228.

43) 엄밀히 말하자면 에코는 퍼스를 계승하고 있는 C. Morris의 정의를 채택하고 있다. 모리스에 의하면 어떤 것이 어떤 해석자에 의해 어떤 것의 기호로서 해석되었다는 이유만으로 그 어떤 것은 하나의 기호이다.

한다. 그리하여 그는 5세기에 파르메니데스와 히포크라테스에 의해 하나의 기술적 - 철학적 용어로서 그리스어 'semeion'으로부터 번역한 기호(signuum)개념으로부터 시작해 플라톤, 아리스토텔레스, 스토아학파, 아우구스티누스에 이르기까지의 기호 개념을 살펴보고, 구조주의적 개념과 퍼스의 개념에 이르기까지를 검토해 본다. 이러한 검토는 충분히 중요성을 가지며 음미해 볼 만하나 이는 워낙 방대한 작업을 필요로 하는 일로 논자의 한계를 넘어서기도 하려니와 본 연구의 목적과도 일치하지 않기에, 여기서는 다만 이러한 검토 결과를 토대로 앞으로 전개할 그의 기호이론에서 마주하게 될 그의 기호개념을 추출해 보고자 한다.

그가 기호개념의 역사를 검토하면서 이끌어 내는 기호에 관한 사고는 사실상 기호의 생산과 해석에서 드러나는 특징들이라고 말할 수 있다. 우선 에코에 의하면, 첫 번째 의미의 기호란 일반적으로 언어에서 보듯이 의사소통이라는 의도를 가지고, 즉 우리가 나타내고자 하는 바 혹은 내적인 상태를 다른 존재에게 전달하기 위해 생산해 내는 의사표시(a gesture)이다. 따라서 이러한 전달이 성공적이기 위해서는 발신자와 수신자 모두가 그러한 표현을 이해할 수 있도록 하는 하나의 특정한 규칙을 지닌 약호(code)[44]가 있어야 한다. 이러한 의미에서 해군기, 교통신호들, 게시판, 상표, 문자들 등은 기호로 여겨지며, 사전과 언어들, 구어적 요소들도 역시 모두 기호이다. 이와 같은 기호 범주는 실은 퍼스의 기호개념, 즉 어떤 다른 것과 그것이 대신하는 어떤 것 사이의 관계를 말하는 것

---

44) 약호: 기호의 제약적 규칙의 총체. 전신약호, 신호, 부호, 언어 등을 모두 포괄하여 일반적으로 약속에 의해 그 결합규칙을 이루는 단위와 규칙의 총체로서 일정한 사회, 문화적 체계가 역사적으로 정립되는 순간부터 존재하게 된다.

으로서, 동치관계(p ≡ q)이다. 예를 들어 /여자(Woman)/ ≡[45] femme or donna 혹은 /여자/ ≡동물이고 인간이며 여성이자 성인이 여기에 속하며, 이러한 기호는 주로 자의적인 결정에 의존한다.[46]

1.3. 추리적 관계로서의 기호

그런데 이러한 대체 혹은 동치관계가 기호에 대한 유일한 필요조건은 아니다. 즉 기호를 이해한다는 것은 단순히 하나의 고정된 의미, 동치의 의미를 인식하는 일이 아니다. 기호를 이해한다는 것은 또 다른 행위, 즉 해석하는 일이 필요하다. 여기서 기호의 두 번째 범주가 나온다. 즉 기호를 이해한다는 것은 잠재해 있는 어떤 것을 나타난 징후들로부터 추리(inference)[47]해 내는 일이다. 예를 들어 홈즈가 단서를 통해 범인을 찾아내는 것, 과학자가 관찰을 통해 새로운 사실을 발견해 내는 것, 의사가 증상을 보고 병을 진단하는 것, 점쟁이가 관상을 보는 것, 고생물 학자가 몇 개의 뼈 조각으로 공룡의 모습을 재현하는 것, 낚시꾼이 찌로 물고기의 움직임을 알아내는 것, 핵물리학자가 입자가속기와 감광판을 이용해서 입자의 성질을 알아내는 것, 고고학자가 유물을 통해 과거의 생활상에 대해 이야기

---

45) 에코는 위 논리적 기호를 통해 의사소통적인 것, 즉 내포관계를 드러내고자 하는데 사실상 이 기호는 TF의 진리치 관계, 즉 외연관계를 드러내는 것이기에 오해의 소지가 있다.

46) U. Eco, *PL*, 16쪽.

47) 추리(inference)와 추론(reasoning)은 서로 혼동되어 쓰일 여지가 많은데, 이 연구에서는 퍼스의 입장에 따라 추리를 보다 넓은 의미에서의 사고작용을 말하는 개념으로 사용하고 추론은 이에 비해 대소전제가 있는 형식화된 언어적 표현을 말하는 것으로 사용하기로 한다.

하는 것, 기상청이 미래의 날씨에 대해 이야기하는 것 등등에는 하나의 본질적인 공통점이 있다. 이러한 현상들이 의도하든 않든 기호로 파악되어 읽혔다(추리되었다)는 점이다.[48] 즉 이들의 행위 속에는 공통적으로 짐작하기 혹은 어림짐작(guessing or guesswork)이 들어 있다. 토마스 씨벡(T. Sebeok)의 지적대로 의사들은 겉으로 보기에 귀납과 연역을 통해 진단을 내리는 것처럼 보이지만 사실상은 자신들의 어림짐작에 따라 진단하고 치료하고 있다. 다만 환자들이 이러한 사실을 알게 되면 그들을 신뢰하지 않으려 할 것이므로 가능한 한 그 과정을 감추고자 한다.[49] 이러한 경우들에서 볼 때 기호는 인간 발신자에 의해서만 생산되는 것은 아니고 어떠한 자연적 사건들도 기호가 될 수 있다. 이러한 예들은 모두 기호에 대한 하나의 범주를 이루는데, 에코가 볼 때 기호가 어떤 것의 대체라고 할 때 그 대체 이면에는 바로 추리적인 메커니즘 $p \supset q$[50]가 들어 있다.[51]

---

48) 김주환, 역자서문, 『논리와 추리의 기호학』, 김주환, 한은경 옮김, 움베르토 에코 외 지음, 인간사랑, 1994, 6쪽.

49) T. Sebeok and J. Umiker – Sebeok, "You Know My Method: A Juxtaposition of C. S. Peirce and Sherlock Holmes", in *The Sign of Three*: Dupin, Holmes, Peirce, Indiana Univ. Press, 1988, 39쪽. 셜록 홈즈의 경우 추리 방식은 이러하다. 어느 여자가 입고 있는 옷소매가 닳아 반들반들해진 것을 보고(지각하기: 사실로서의 결과), 홈즈는 거기에 주목, 그 반들반들해진 소매가 무엇인가를 말해 줄 것이라 파악하고(기호화하기: 규칙), 결국 그 여자가 타이피스트라고 추리해 낸다(결과).

50) 이 기호 또한 진리함수적 결합사이므로 여기서 에코의 사용은 오해의 소지가 많다. 다만 이초식 교수에 의하면 추리는 두 명제 이상의 결합이어야 하므로 이 기호가 만일 p이면(전제) q(결론)이다가 된다면, 즉 p라는 것을 전제로 할 때 결론 q를 내릴 수 있다는 것을 의미한다는 점에서는 추리라고 볼 수 있다.

51) 스토아학파도 이미 이러한 범주를 생각하고 있었는데, 기호란 "그것의 결과와 타당하고도 폭로적인 관계로 구성된 하나의 명제"(Sextus Empiricus, Adv, Math, 7.245, Eco, *PL*, 16쪽에서 재인용)라고 말하고 있다. 홈즈 역시 기호란 "유사한 결과들이 이전에 관찰되어 왔을 때 하나의 결과에 대한 선행 혹은 선행에 대한 후행(결과)"(T. Hobbes, *Leviathan*, Pelican Classics, Penguin Books Ltd, 1968, part1, Chap.3 98쪽)이라고 말하고 있으며, 볼프 역시 기호란 "그로부터 다른 존재의 현재 혹은

그렇다면 기호의 이러한 추리적 측면은 과연 어떻게 일어나고 있으며, 우리는 과연 이를 어떻게 알 수 있는가? 기호가 지니는 추리적 본성이야말로 이 글의 핵심적인 과제로서 앞으로 Ⅱ장에서는 바로 이 측면에 초점을 맞추어 서술할 것이다. 기호의 이러한 범주를 설명하기 위해 에코는 퍼스의 기호학과 논리학, 철학에 의존하게 되는데, 앞으로 우리는 3절에서 이에 대해 자세하게 살펴보게 될 것이다.

2. 구조주의와 약호 개념

유럽의 구조주의적 기호학과 미국의 퍼스 기호학을 한데 아우르려는 제국주의적인 야심에도 불구하고 에코는 자신의 기호학에서 결정적인 지지를 퍼스로부터 끌어들이고 있다. 이 글에서는 이 점에 초점을 맞추어 그의 일반기호학에서 양대 주류를 통합하려는 시도에 대한 적절한 설명이나 평가보다는 그의 기호학적 사유의 핵심이라고 할 수 있는 기호 해석과 생산에 있어서의 인식론적 본성을 밝히려는 그의 노력을 구명하게 될 것이다. 따라서 그의 기호학에서 대륙의 기호학이 차지하는 위치나 역할에 대해서는 다음의 과제로 미루고 이 절에서는 초기서부터 계속 이어지는 구조주의에 대한 그의 접근방식을 논의에 필요한 부분에 한정시켜 살펴보고자 한다. 그러기 위해서 논의되어야 할 것은 구조주의가 지니고 있는 철학적 입장으로서, 이에 대한 에코의 비판과 수용은 그가 표현한 규제적 가설(Una Ipotesi Regolativa, regulative hypothesis)[52]이라는 개념을 잘

미래 혹은 과거가 추리되는 하나의 실체"(C. Wolff, *Metaphysik*, 2, Georg Olms Verlag, Hildesheim, Zurich, New York, 952, 588쪽)라고 말하고 있다.

보여 줄 것이다. 구조주의에 대한 비판은 주로 『부재하는 구조』와 원래 자신의 박사논문 「성 토마스 아퀴나스의 미학」에 1970년 덧붙인 결론 부분에 체계적으로 기술되어 있다.

2.1. 시리즈적 사유(la pensee serielle)와 구조적 사유(la pensee structurale)53)

『부재하는 구조』가 나오기까지 에코가 접한 구조주의는 주로 야콥슨(Jacobson)과 레비 – 스트로스(Levi – Strauss)의 것이다. 따라서 특히 에코가 그의 초기 저작활동을 통해 공격하고 있는 구조주의는 주로 레비 – 스트로스를 향해 있다. 레비 – 스트로스는 『날것과 익힌 것』54) 서문에서 자신이 '구조적 사유'와 '시리즈적 사유'55)라고 이름 붙인 두 가지 문화적 태도를 비교하면서 시리즈적 사유를 비판하고 있다. 여기서 시리즈적 사유란 일반적으로 아방가르드 예술과 현대의 실험

---

52) U. Eco, *TSG*, 182쪽.

53) 에코는 63그룹 활동을 하면서 1964년 『묵시론자와 순응론자』와 같은 대중문화와 대중매체에 관한 연구서들을 발표하였으며, 시각 커뮤니케이션에 관심을 갖게 되고 야콥슨과 바르트의 기호론을 접하게 된다. 이러한 접근과정에서 기호학에로 관심이 점점 이동하게 됨에 따라 1968년 이러한 구조주의 사상과의 접촉과정에서 최초의 기호학 저서라고 할 수 있는 『부재하는 구조』를 내놓는다. "시리즈적 사유와 구조적 사유"는 바로 이 저서에 실려 있다. 이를 영역판 역자가 『부재하는 구조』에서 뽑아 『열린 예술작품』에 추가한 것이다.

54) 레비 – 스트로스는 원래 이 책에서 야콥슨이 자음 모음(a – o – u)의 삼각형 구조를 요리(cooking)에서 찾아 날것과 삶거나 익힌 것, 그리고 생채로 부패시킨 것으로 구분한다.

55) 시리즈적 사유는 시리즈 음악(la musique serielle)으로부터 온 사유로서 구상 음악과 달리 주로 쇤베르크의 음악에서처럼 음계(scale)의 음표(note)들 관계를 규정하는 특정한 체계가 객관적으로 존재함을 정당화시켜 줄 수 있는 어떤 당연한, 자연스러운 근거가 있다는 가정을 거부하고 이 음표들은 각 음(sound)들이 오직 서로가 서로에 대해 갖는 전체적인 관계체계에 의해 규정될 뿐이라고 주장한다. U. Eco, *O. W*, 222 – 223쪽.

적인 모든 태도와 경향을 가리키는 실험적 음악 시학의 토대가 되는 철학을 일컫는다. 따라서 에코가 보기에 시리즈적 사유란 단순히 방법론적 태도가 아니라 하나의 세계관을 드러내는 열린 예술작품의 철학인 셈이다. 한편 구조적 사유란 시리즈적 사유와 대립적인 입장으로서 인문과학에서 구조주의적 연구방법의 기저에 있는 철학적 입장을 의미한다. 에코는 레비 – 스트로스가 검토하고 있는 이 두 가지 사유들, 즉 구상음악(la musique concrete)과 아방가르드 음악의 기저에 놓인 사유들을 메타 분석하면서 구조주의에 대한 비판과 더불어 시리즈적 사유, 곧 열린 예술작품의 철학을 보여 주고 있다. 그러면 시리즈적 사유와 구조적 사유 간의 차이는 무엇이며 어떤 면에서 대립되는가? 한편 그 두 사유 간의 공통성은 없는가?

우선 레비 – 스트로스가 비판하고 있는 시리즈적 사유란 新음악뿐만 아니라 아방가르드와 현대의 실험주의적인 모든 태도와 경향을 겨냥하고 있으며, 열린 구조적 실재들을 생산한다. 에코가 보기에 레비 – 스트로스의 비판은 현대의 서구 문화가 중세 이후 원형적이고 자연스러운 것으로 간주해 온 형식체계와 기대체계에 도전하려는 모든 예술 형태를 철저하게 불신하고 있음을 보여 준다. 반면 구조적 사유는 구조적 법칙을 다룬다. 더불어 이 두 가지 사유는 단순히 서로 상이한 방법론적 태도가 아니라 서로 다른 세계관을 대변하고 있다

잘 알려져 있다시피 레비 – 스트로스는 구조주의적 방법의 대표자 중 한 사람으로서 현상들 자체의 본질보다는 현상들 간의 관계들과 이 관계들이 속해 있는 체계를 내세운다. 그에 의하면 문화의 다양한 측면들은 많은 요소들 사이의 관계, 그 구조적 요소들로 환원될 수 있는 구조적 요소들, 즉 요소들 사이의 대립, 상호관계, 교환(치

환), 변형이라는 관계들로 환원될 수 있다.[56] 그는 특히 『날것과 익힌 것』 서문에서 구조적 사유가 인간 공동의 정신적 구조를 인식하고 있으며, 음악과 신화는 그것을 듣는 사람들에게 바로 그 공통적인 정신적 구조를 환기시키는 문화형태라고 주장한다.

> "그럼에도 불구하고 다른 모든 음성학체계처럼 모든 음조체계 (tout systeme tonal)는 다조음이든 무조음이든(polytonal ou atonal) 물리적이고 생리적인 특성들에 기반을 두고 있으며……"[57]

이에 반해 시리즈적 음악은 음계의 음표들 간의 특정한 관계체계를 정당화하는 생리적이고 자연스런 토대가 있다는 이러한 가정과 믿음을 거부한다. 그러므로 음표들은 각각의 음들이 서로가 서로에 대해 갖는 관계들의 총체적인 체계에 의해 규정되며, 따라서 작곡자는 곡의 매개변수를 자유롭게 골라 쓸 수 있다. 에코가 보기에 레비-스트로스의 주장은 다음과 같이 요약할 수 있다. 구조적 사유는 공동의 정신적 구조를 인식하므로 정신에 영향을 미치는 일련의 규정요소를 의식할 수밖에 없으며 따라서 유물론적 사고방식이다. 이에 반해 시리즈적 사유란 공동의 정신적 구조를 드러내 주는 음조체계를 제거하고 스스로를 정신의 의식적 산물로 자임하므로 — 정신의 절대적 자유를 주장하며 — 당연히 관념론이다.

에코가 볼 때 구조주의자들은 언어학자들과 인류학자들이 오래전 미대륙을 발견한 후에 언어나 다른 사회체계가 민족마다 (그리고 시간

---

56) Grundfest Schwepf, "Translator's Preface" in *Structural Anthropology* 8 – 10쪽.

57) Claude Levi – Strauss, *Le Cru et Le Cuit*, Librairie Plon, 1964, 30쪽.

과 공간마다) 다르다는 사실을 인식해 왔음에도 불구하고 항상적인 상수(常數), 즉 항상적인 구조, 모든 다양한 체계들을 발생시킬 수 있는 보편적인 분절체계를 발견하고자 한다. 이렇게 보편성(universals)을 인식하려는 경향을 띠고 있는 구조적 사유와는 달리 시리즈적 사유는 보편적인 것이란 단지 역사적인 현상으로서 거짓 또는 의사(擬似) 보편들이라고 본다. 그러므로 에코가 보기에 인간의 공동의 구조인 음조체계를 주장하는 것은 수 세기 동안 청취자의 감각법칙과 생리학적 구조에 기반을 둔 음조체계가 가장 자연스럽다는 순진한 믿음에 기반을 둔 사고방식에 불과하다는 것이다. 따라서 시공간적으로 서로 다른 문화는 서로 다른 법칙을 갖고 있듯이 하나의 음조체계의 법칙은 실상 특정한 시기의 문화적 관습을 표현하고 있을 뿐이다.

여기서 구조주의에 대한 에코의 비판은 구조주의가 이야기하는 상수적인 구조(constant structure)의 존재론적 특성을 향하고 있다. 그러나 그는 일단 "당분간은 말없이 존재론적 구조주의의 전제를 받아들이기로 한다. 그가 보기에 언어학과 인류학의 연구를 통해 드러나는 의사소통 구조는 실제로 존재한다. 그것들은 인간존재의 항구적이고 변경불가능한 태도 또는 형태상으로는 물리적 실재와 똑같은 구조를 지닌 뇌기관의 기능방식일 수도 있다. 특히 레비-스트로스의 구조주의 방법론은 역사적 생성과정의 기저에 놓인 영원한 횡단축을 찾아내려 한다"[58]는 것이다.

이런 면에서 에코는 레비-스트로스의 구조주의가 중세 토마스 아퀴나스 (T. Aqinas)의 스콜라주의와 유사성을 갖는다고 지적한다.[59]

---

58) U. Eco, *OW*, 227-229쪽.
59) U. Eco, "Preface" in *The Aesthetics of T. Aqinas*, 8쪽.

특히 스콜라 사상은 두 가지 특성 면에서 구조주의 사상과 관련이 있다. 즉 이분법적인 면과 공시적인 특성이다. 에코가 보기에 중세 사상에서 공시성은 방법론적인 어떤 선택이라기보다는 그 형이상학적 특성으로부터 연유한 것이다. 즉 발전도 생성도 있을 수 없는 존재, 모든 학문의 제1대상으로서의 존재의 공시성을 주장한다. 따라서 중세사상은 사물들 내의 가장 일반적인 구조를 공시적으로 분석하는 데 몰두했으며, 이를 극단적으로 추구하였다. 이러한 일반, 보편 구조가 모든 현상들에서 볼 수 있는 궁극적인 공통분모라 여겨졌으며, 이는 자연대상의 구조뿐만 아니라 우리의 사유와 언어적 행위에도 반영되어 있는 그러한 것이었다. 따라서 논리의 법칙이 곧 실체의 법칙이요 형식논리학은 결코 존재론적 기반을 떠날 수 없다.

그런데 에코가 볼 때 이러한 면이 바로 구조주의의 특성이기도 하다. 즉 스콜라 학자들은 문제가 생겼을 때 그 대상에 대한 이론적 모델을 고안해 냄으로써 해결하였는데, 마치 그 모델을 고안해 내면서 그들이 사용하고 있는 지적 절차(과정)들은 오늘날의 구조주의 방법론과 유사하다는 것이다. 그리고 이 구조적 방법론은 바로 구조주의의 이분법적 특성과 언어적 보편성을 탐구하면서 인간의 모든 행위와 그 행위의 산물, 좀 더 구체적으로 말해서 언어와 문학작품을 비롯한 모든 지식과 문화현상에 내재해 있는 구조나 체계를 분석하고자 한다. 다시 말해서 구조적 방법론은 언어적 보편자(universals)를 탐구하면서 어떤 무시간적이고 공시적인 인간 정신의 구조를 발견

구조주의는 적지 않은 면에서 스콜라주의에서 그 조상을 발견할 수 있는데, 예를 들면, 보편적인 것에 대한 것, 모든 학문을 하나의 왕(王)학문에로 (구조주의에선 언어학에로) 환원시키려는 시도들이 스콜라주의와 구조주의 양자에게서 발견할 수 있는 공통점이다.

하고자 하는데, 이는 모든 언어에서 할 수 있는 모든 발화들의 문법성을 규제할 수 있는 어떤 하나의 보편적인 능력에 가깝다.[60] 그리하여 레비-스트로스의 연구는 생성문법 연구자들의 연구처럼 인간 정신에 있어 구조들(구조들의 표현representation)에 대한 연구를 향해 있으며 인간정신에 있어 무의식적인 보편적 특성을 발견할 수 있다는 지점까지 이러한 연구가 나아가기를 바란다.[61]

비록 구조주의가 그들의 인식론적 모델에 대한 존재론적 의미부여를 끝까지 거부했는지 어쨌는지는 불분명하나 에코가 볼 때 결국 중세 스콜라 학파나 현대의 구조주의자들 모두 '보편자'란 개념에 근거하는 탐구에 몰두하고 있는 셈이다. 그리하여 구조주의에서 하나의 구조란 공허한 가치들 간의 관계들로 이루어진 하나의 체계로서 오직 다른 가치들과의 차이에서만 가치가 규정되듯이, 아퀴나스에게서도 이러한 구조주의 모델과 유사하게 가치들의— 그에게 있어 가치들은 공허하지 않고 실체적인 가치로 가득 차 있다— 체계로서의 하나의 복합체를 제시하고 있다. 아퀴나스에게 있어 실체는 시간이 흘러도 변하지 않으며, 어떠한 모순 속에서도 변하지 않는 불변의 영원한 것이다. 이와 유사하게 구조주의 주장대로라면 그리스, 동양 그리고 중세의 음계로부터 조율된 음계(tempered scale), 그리고 다시 현대 아방가르드 음악의 음역들과 음의 배열에 이르기까지의 역사과정을 설명할 수 있어야 한다. 그리하여 모든 음들이 가능할 수 있는 모든 대립 속에 놓여 있는 어떤 생성 메커니즘— 촘스키의 변형 생성 문법처럼— 을 찾아낼 수 있어야 할 것이다. 그런데

---

60) U. Eco, *AA*, 218쪽.

61) L. Jackson, *The Poverty of Structuralism*, 88쪽.

에코가 보기에 구조주의는 이 새로운 음악을 설명하지 못한 채 그저 배제시키려고만 한다.

　이상에서 보듯 에코는 구조주의의 이러한 면모, 즉 구조가 방법론적인 것이 아니라 ― 즉 의사소통의 보편적 구조, 원형약호로서의 구조(레비-스트로스는 이를 정신(L'esprit)라고 부르는데)가 작업가설이 아닌 ― 존재론적 측면을 지니고 있다고 비판을 가하고 있다. 에코 외에 다른 많은 연구자들도 동의하고 있듯이 공시성에 기반을 둔 방법론으로서 구조주의는 ― 스콜라철학도 마찬가지로 ― 변증법적인 생성, 따라서 역사의 동태적인 운동을 설명할 수 없는 채 필연적으로 정태적 속성을 지닐 수밖에 없다. 사건들의 변증법적 과정은 우리가 그 상황을 이해하고 그 과정이 구성하고 있는 관계들의 영역을 이해하기 위한 인식론적 이유에서만 하나의 주어진 순간에 냉동될 수 있다. 즉 에코가 볼 때 비록 과정들의 공시적 환원은 논의를 위해서는 필수적이긴 하나 사실상 사건들의 과정이해의 빈곤화, 즉 우리의 목적을 위해 사건들을 왜곡, 변조한 것에 지나지 않는다.

　그렇다면 에코는 전적으로 구조를 거부하는가? 그렇지는 않다. 공시적 설명과 기술은 더 높은 차원으로 나아가기 위해 그것들을 사용하고 나면 지워 버리고 (파기하고) 다른 것으로 대체할 수 있는 한 유효한 것이다. 이는 훗날까지 이어지는 에코의 기본입장으로서 비트겐슈타인으로부터 인용한 듯한『장미의 이름』(1980)의 끝부분을 보자.

　　"나는 기호들의 진리를 의심해 본 적이 없다. 그것들은 이 세상에서의 인간이 자신의 존재를 적응하기 위해 인간이 갖고 있는 유일한 것들이다. 그러나 나는 기호들의 관계를 이해할 수 없었다……. 우주에는 질서가 없다. (이러한 견해 역시 초기와 다를 바 없다.) ……. 우리 정신이 상상하는 질서란 단지 하나의 그물 혹은 어떤 곳에 도달하기 위한 사다리 같은 것이다. 그러나 일단 도달하고 나면 그 사다리는 치워야 한다. 왜냐하면 그것이 제아무리 유용했을지라도 그것은 무의미한 것임을 알게 될 것이므로……."[62]

다시 말해서 레비-스트로스는 현상들 속에 있는 관계들과 이 관계들이 속해 있는 체계들— 곧 구조— 에 주목하고 있는데, 에코가 볼 때 이 관계들이란 우리 마음이 하나의 실체(entity)와 다른 실체들과의 관계를 감지하는 방식일 뿐 그 어떤 것도 이 관계들이 보편적이며 영속적임을 보증해 줄 수는 없다는 것이다. 결국 에코가 볼 때 우리가 사물 속에서 발견하게 되는 구조는 일시적이고 가설적인 성격을 가진 것이다. 그리하여 일반기호학을 전개하면서도 에코는 기호학이 구조를 일반적인 구조가 존재하는 듯이 따로 떼어 내되 어디까지나 규제적 가설로서 다루어야 함을 강조한다.

2.2. 구조주의의 수용

앞에서 보듯 에코가 구조 자체를 거부하는 것은 아니다. 사물들의 정적인 (static) 형식화로서의 공시성은 방법론적인 계기로서 유효할 뿐만 아니라 필수불가결하다. 그가 반대하는 것은 실체화된 — 모든 영원한 상수를 역사적 현실로 전환시키는— 구조주의이다. 시리즈적 사유에 대해 더 귀담아들어 보자.

---

62) U. Eco, *The Name of the Rose*, 599–600쪽.

"수 세기 동안 청자의 지각법칙과 생리적 구조에 기반을 둔 음
조체계가 당연한 것인 양 믿어져 왔는데 가장 현대적인 예술과
함께 음악은 보다 정교한 역사적·인류학적 지식을 통해, 시간과
공간이 다른 문화가 서로 다른 법칙을 가지고 있으므로, 조성
(tonality)법칙이 단지 문화적 관습의 표현임을 깨닫게 되었다."[63]

따라서 에코는 의사소통의 보편적 구조, 원코드(Ur - code)[64]라는 개
념을 하나의 작업가설로 보고자 한다. 이렇게 인식론적인 입장에서
보면 ― 존재론적인 입장이 아니라 ― 구조의 존재론적이고 형이상
학적인 애매성은 사라지게 되고 의사소통 구조들에 대한 분석이 그
러한 구조의 존재를 발견한다고 해도 문제 될 것이 없다. 또한 시리
즈적 사유도 그러한 구조주의 연구에 의해 위협받지 않게 된다. 오
히려 시리즈적 방법은 구조적 방법의 항구성 측면에 대립되는 생성
의 측면으로서 변증법적 대립항이라고 볼 수 있다.

레비-스트로스의 구조주의 방법론은 역사적 생성과정의 기저에
놓인 영원한 횡단축을 찾으려 하며, 결국 이 모델 ― 이 이론이 설정
해 놓은 구조 ― 에 따라 구체적인 역사과정 속에서의 현재 상황을
설명하려 하고 있다. 이렇게 미리 존재하는 구조를 목표로 하는 구조
적 사유와 달리 시리즈적 사유는 역사가 흐름에 따라 의사소통의 다
양한 변수가 있음을 보려고 한다. 다시 말해 보편성을 인식하려는 구
조주의적 사유와 달리 시리즈적 사유는 보편성이란 단지 역사적 현

---

63) U. Eco, *OW*, 227쪽.

64) 기록언어[文語]는 음성언어에서 도출된다고 생각하고 음성언어에는 urcode라는 명
칭이 부여되었다. 1차 코드와 urcode도 각각 체계로서 언어의 두 가지 현현방식이
다. 예를 들어 'beauty'는 발음의 b, e, a, u, t, y는 원코드이지만 '아름다움', 미는
1차 코드로서 기호목록 안에 포함된다.

상일 뿐이라는 것이다. 이러한 근거로 에코의 레비-스트로스에 대한 비판은 통렬하기까지 하다. "프톨레미의 행성이론이 행성들 간의 의사소통을 위한 유일한 자연적 태도를 구성하기 때문에 혹시 갈릴레오의 망원경으로 들여다보면 자신의 신념들이 흔들릴까 봐 두려워 갈릴레오의 망원경으로 쳐다보기를 거부하는" 것처럼 레비-스트로스가 새로운 의사소통 양식이 그것이 형성되기 전에 완벽한 형태를 갖춘 이론에 의해 설명되지 않는다는 이유만으로 새로운 음악양식을 거부하는 것은 너무도 고지식하다. 이에 반해 시리즈적 사유는 이럴 경우 언어학체계의 이중분절에 관한 엄밀한 해석이나 모든 의사소통의 체계들은 언어학적이라거나 혹은 모든 예술은 의사를 전달하는 것이라거나 하는 가정에 대해 의문을 품는 태도를 취한다.

결국 시리즈는 다음과 같은 면에서 하나의 구조일 수 있다.[65] 즉 시리즈는 스스로가 궁극적 약호의 일시적이고 잠정적이며 가설적인 표현임을 인식하면서 영원한 방법론적 태도로 그 자신 내에서 그 잠정의 표현을 찾는다는 면에서 하나의 구조이다. 따라서 기본적으로 에코는 구조 자체를 전면 반대하는 것이 아니다. 그는 구조주의 틀 안에 있다. 구조주의자들과 마찬가지로 그에게 있어 기호체계들(음악)은 우리가 현실의 실체에 부여하는 격자이고, 이러한 의미에서 이 격자는 각 체계가 사용되기 전에 미리 존재한다.

다른 한편 에코는 구조주의 방법론의 경우 역사의 변화를 설명하지 못하고 있는 데 대해 구조주의 기호학을 맑시즘의 역사주의와 부분적으로 화해시키고자 한다. 즉 모든 의사소통에서 약호들의 변화

---

65) 시리즈적 사유도 하나의 이행(移行)적 구조라고 볼 수 있다.

는 새로운 문화적 맥락의 형성을 가져오게 되며, 따라서 의사소통 양식은 역사적으로 — 의사소통 체계와 그 사회적 맥락 간의 변증법적 상호관계에 따라 — 발전하게 된다. 논자가 보기에 이러한 입장 역시 에코가 기호학으로 완전히 전회한 이후에도 지켜 간 입장으로서 훗날의 백과사전 개념으로 이어진다.

2.3. 약호 code

앞으로 Ⅱ장 4절에서 보겠지만 에코는 구조라는 개념 대신에 퍼스로부터 무한기호작용(unlimited semiosis)이라는 원리를 받아들임으로써 구조라는 개념에 따라다니게 되어 있는 고정성과 조직성을 피할 수 있게 되었다. 특히 무한 기호작용 원리는 변화하고 쉽게 포착되지 않는 성격을 갖고 있는 세계에 대한 지식을 늘려 주는 장점을 갖고 있다. 마찬가지로 에코는 의사소통을 위해 기호를 사용할 수 있도록 해 주는 지식 혹은 능력(competence)을 나타내기 위해 약호라는 구조주의 개념보다는 백과사전이라는 개념을 선호한다. 그럼에도 불구하고 그의 기호학 이론에서 약호라는 개념이 그대로 사용되고 있기는 하다. 대체 약호와 백과사전의 차이는 무엇인가? 그리고 공통점은 없는가? 여기서는 약호 개념의 형성과정이나 발전경로를 서술하기보다는 바로 이 점, 즉 백과사전과 관련 속에서의 약호 개념을 살펴보기로 한다.

수많은 빨간색이 있다. 우선 빨간 신호등을 보았다고 하자. 횡단보도에서 이것을 보게 되면 우리는 걸음을 멈추어야 한다. 왜 멈추어야 하는가? 이때의 빨강은 가지 못함을 약호화하고 있다. 그 다음으로 피를 보았다고 하자. 우리는 놀라움과 섬뜩함을 느낀다. 위험한 이미지가 떠오른다. 이때의 빨강은 생명과 위험을 약호화하고 있다. 또한 냉전 이데올로기로 인해 빨간색은 공산주의와 동일시되고, 공산주의자는 빨갱이로서 정치 이데올로기는 빨간색에 히스테리를 일으키도록 만들어 놓았다. 이러한 예들은 빨간색을 근접해서 좋지 못한 부정과 금지의 약호로 이데올로기화되어 있다고 볼 수 있다. 그러나 다른 한편 공산주의자들에게 붉은 깃발은 금지나 부정의 의미가 아니라 전진을 고취하는 색이다. 또한 스페인 투우사가 빨간 망토를 펴면 투우는 빨간색을 향해 돌진한다. 따라서 신호등의 멈춤과는 정반대의 뜻을 갖게 된다.

약호는 의사소통을 하고자 하는 곳에서 생겨난다. 그런데 이상하게도 약호가 의사소통을 하고자 하는 목적이 있는 곳에서 생겨난다는 사실이 알려지기보다는 은폐되거나 암시되는 경우가 허다하다. 에코가 볼 때 수학이론이나 야콥슨적인 음성학 그리고 특히 약호라는 개념의 유행이 레비-스트로스의 인류학과 더불어 프랑스 구조주의 안에서 사건들을 구조들의 통제하에 두기 위해 시작되었음에도 불구하고,[66] 심지어 레비-스트로스의 초기 사고에서조차 약호 개념에 의사소통

---

66) 최초로 약호 개념을 사용한 사람은 소쉬르이다. 그는 일반언어학 강의(Cours de linguistic generale)에서 랑그의 약호에 대해 언급하고 있으나, 언어가 약호라고 말하고 있는 것은 아니고 단지 그곳에 언어의 약호가 있다고 말하고 있을 뿐이다. 그리고 1956년 정보이론연구에 의해 영향을 받은 야콥슨과 할레(Halle)의 Fundamentals of Language에서 야콥슨은 정보이론으로부터 약호의 개념을 외삽시키고 그것들을 언어학과 기호학에 광범위하게 확대시키고 있다. (예를 들어, 청자는 그가 아는 언어를 통해 하나의 메시지를 받게 되면, 그것을 즉각 약호와 관련시킨다. 이때 약호란 나올 수 있는 뚜렷한 특징들 모두, 음소라고 이름 지어진 특징들에로 결합될 수 있는 모든 것들, 형태소들과 전 단어들을 구별 짓는 데 도움이 되는 뚜렷한 전달수단들을 포함한다. R. Jakobson & M. Halle, Fundamentals of Language, 1956) 이후 약호 개념은 레비-스트로스가 야콥슨을 통해서 정보이론가들과 접촉하면서 정교화된다.

적 특성이 함축되어 있기는 하지만 결코 거기에 초점을 맞추지는 않고 있다. 야콥슨의 음운론에서 약호는 의사소통을 허용하는 메커니즘이라기보다는 두 체계들(언어와 언어가 다루고 있는 대상 혹은 세계)[67] 사이의 변화를 가능하게 하는 메커니즘이다. 따라서 여기서 문제는 이 체계들이 의사소통의 체계냐 아니냐가 아니라 서로들 사이에서 의사소통하는 체계들이라는 점이다. 즉 소통가능성이 확실하지 않은 채 서로 다른 체계들 사이에 구조적 일관성과 접근을 보장할 뿐이다. 그러므로 에코가 볼 때 여기서는 의사소통의 두 가지 의미가 이중적으로 존재하는데, 두 축 사이에서 정보를 전달하는 것으로서의 의사소통 의미와 공간들 사이에서 접근가능성과 수송(운반)으로서의 의사소통 의미이다. 이 두 가지 개념은 서로를 함축하고 있어 두 작용들에는 공통된 규칙들이 존재한다. 이 규칙들을 연산방법에 의해 나타낼 수 있는바, 바로 이들은 약호화된 것이다. 나아가에코가 볼 때 약호들에 대해 말한다는 것은 이전에는 무작위, 맹목적 충동, 설명불가능한 창조성, 변증법적 모순이 인식되는 곳에서 스크립트(script)를 확인하려는 것을 의미한다. 그런 의미에서 약호 개념이 논해지던 시기는 후기 구조주의가 약호 대신 충동들, 욕망들 등으로 대치하기 전의 합리주의적 시기라고 할 수 있다.[68]

그런데 에코가 볼 때 다양한 형태의 약호가 있다. 우선 정보이론 가들이 말하는 약호가 있는데, 이들의 진정한 관심은 신호들(즉 표현)과 그것들과 상호 관련된 내용 사이의 상호관계가 아니다. 이들의 관심은 모호함 없이 하나의 전언을 보내는 가장 경제적인 방법이

---

67) 레비스트로스의 경우는 언어와 친족관계.

68) U. Eco, *PL*, 168쪽.

다. 따라서 하나의 메시지를

A → 00

B → 01

C → 10

D → 11

로 약호화하는 것보다는

A → 0001

B → 1000

C → 0110

D → 1001

과 같은 식으로 풍부한 메시지를 가능케 하는 약호를 창안함으로써 1들과 0들 체계의 내적 구문(syntax)이 성립된다. 따라서 이들이 말하는 바의 약호는 단일국면적, 즉 1 : 1 대응관계이다. 야콥슨의 경우 음운론적 약호는 어떤 의미도 없는 다만 순수하게 다를 뿐인 단위들의 구문적 체계를 지칭하며, 또한 두 번째 항목을 첫 번째 항목들이 대신하고 있을 때 두 항목들의 상호관계를 의미하기도 한다. 그 외 의미론적 약호, 암호, 유전약호 등이 있는데, 예를 들어 이들 중 암호들의 경우는 단일적으로 상호 관련하고 있으므로 어떠한 해석도 함축하지 않는다.

이렇듯 대체로 약호라는 개념은 마치 사전의 경우처럼 표현과 내용, 기표와 기의가 1 : 1 대응관계, 즉 항목 대 항목의 동등관계($p \equiv q$)를 말한다. 이에 반해 뒤에서 보겠지만 백과사전은 기호들이 추리적 모델에 따라 작용하고 있는 방법을 설명하고 어떠한 방식으로 기호들의 의미가 공동텍스트적으로 정향된 일련의 지시들로 해석되는

가를 설명해 준다. 따라서 이는 추리의 형식(p ⊃q)을 취하는 해석과 정을 고려한다. 그리하여 약호라는 개념에 따르면 의사소통은 단지 1 : 1 대응관계를 인식하는 데 그치지만, 백과사전이라는 개념을 사용하게 되면 의사소통은 이보다 훨씬 복잡하고 가변적이어서 뿌리와 덩이줄기가 복잡하게 뒤엉켜 있는 뿌리줄기 또는 무한대로 다양한 관계가 형성되는 의미단위가 대규모로 집적되어 있는 미로라고 할 수 있다. 따라서 의사소통은 그물망과 미로를 따라 나갈 수 있는 다양한 길 중에서 하나를 추적하는 문제가 되므로 추리의 형태를 띠게 되는 것이다.

에코가 보기에 사전에서 제시하는 약호 개념은 다음과 같은 세 가지 뜻을 지닌다.

1) 고문서학적(paleographic) 의미에서의 약호는 다른 어떤 것을 말하는 어떤 것으로서 그 기원에서부터 의사소통 혹은 의미작용과 관계되어 왔다. 2) 상호 관련적 의미에서의 약호는 표현과 표현을 관련시키거나 표현과 내용을 관련시킨다. 이는 보통 동등관계 형태를 띤다. 3) 제도적 의미에서의 약호는 법령들 체계로서 모순이나 중첩이 없도록 정리되어 있다. 여기에는 법령, 예절체계, 기사도법 등이 있다. 이는 실제적으로 이러한 체계들이 사용되는 경우에 따라 해석이 약간씩 달라지므로 추리적인 형태를 띤다. 그러나 위에서 보듯이 추리적 형태의 약호와 동등관계 형태의 약호의 구분은 사실상 그렇게 완전한 것이 아니다.

하나의 약호란 세계를 모형화하는 하나의 방식이다. 구어들은 일차적인 모형화 체계들이며, 신화로부터 시작해서 예술에 이르기까지 언어 외의 다른 문화적 구조들은 이차적 모형화 형식이다.[69] 롤랑 바르뜨가 말하는 유행 약호는 상호 관련적 약호이자 동시에 제도적 약호이다. 즉 예복(혹은 정복) 세트들 사이에는 체계적인 관계가 있으며(장례식이나 결혼 예복의 경우처럼), 동시에 의복들의 형태와 사회적 태도 사이(IMF시대와 회색이나 어둡고 차분한 의복색의 유행처럼) 그리고 단어들과 의복들 사이에는 상호관계들이 있다. 그러므로 그는 하나의 약호가 동등한 것들의 단순한 목록이 아님을 강조한다.

> "약호란 인용들의 전망이며 구조들의 신기루이다. 우리는 오직 그것의 이탈과 복귀만을 안다. 그로부터 결과한 단위들(우리가 목록으로 작성한)은 항상 그 자체가 텍스트, 표시로부터의 모험, 즉 한 목록의 나머지 부분을 향해 사실상의 탈선 기호이다. 이미 읽히고, 보이고, 경험된 어떤 것의 수많은 파편들(나머지)이 있다. 약호는 바로 이 이미지의 깨어남이다. 쓰여 온 것, 즉 삶과 문화와 문화로서의 삶이라는 책을 참고함으로써 약호는 텍스트를 이 책의 내용설명서로 만든다……. 각각의 약호는 텍스트를 얽어 짜고 있는 표현들 중 하나이다."[70]

바르뜨는 여기서 약호를 기호현상의 무한한 과정 혹은 상호 텍스트성이라고 불리는 것으로 보고 있다. 이는 에코가 보기에 비록 약한 의미에서의 약호 개념 입장에서는 틀렸지만, 강한(넓은) 의미에서의 약호 개념에서 볼 때는 옳다. 즉 여기서 바르뜨가 말하고 있는 약호는 이미 알려진 그리고 문화에 의해 이미 체계화된 것의 창고로서 백과사전적 용량 전체를 말한다. 그것은 백과사전이며, 따라서 미로로서의 관습이다. 그리고 관습이란 통제하면서도 동시에 용인하는,

---

69) U. Eco, *PL*, 186쪽.
70) R. Barthes, *S/Z*, 20 – 21쪽.

다시 말해서 그물망 내에서 새로운 통로들, 새로운 결합들을 찾음으로써— 추리함으로써— 그 자신을 넘어서 창안될 가능성을 준다. 그러므로 약호는 상호관계로서 동치관계일 뿐만 아니라 추리의 체계이기도 하다. 따라서 진정한 약호는 사실 하나의 표현을 일련의 문맥적 지시에 상호 관련시키면서 추리적 과정, 즉 해석의 방아쇠를 잡아당긴다. 심지어 약호를 발명하는 것은 추리의 과감한 형식, 즉 상정논법 형식을 띤다. 의심할 여지 없이 백과사전 개념이 약호의 개념보다 더 유연하며 텍스트들을 해석하는 데 필요한 능력들을 더 잘 기술한다. 그러나 결국 뒤에서 보겠지만 사전이 사실상 백과사전적 특질을 지니고 있는 것과 마찬가지로 동등과 추리 사이에 뚜렷한 차이가 없으므로— 동등 역시 준자동적 추리이므로— 약호와 백과사전은 그들의 내적 구조라는 면에서 볼 때 서로 판이하게 다른 것이 아니다. 양자 모두 복잡한 준동치들의 그물망이자 어느 정도 적절하고 구속적인 지시들의 그물망이다. 다만 백과사전은 다른 지시들 중에서 프레임과 스크립트, 토픽들 등을 포괄하고 있다는 면에서 약호 개념과 다르다.

3. 기호의 인식론적 본성

3.1. 해석의 추리적 성격

앞에서 보았듯이 에코는 기호를 퍼스의 정의에 따라 어떤 것을 대신하는 것일 뿐만 아니라 또한 해석되어야만 하는 어떤 것으로 본다. 에코에게 있어서 해석가능성(interpretability)이라는 이 기준은 하나의 주어진 기호로부터 출발해서 한 걸음 한 걸음 나아가 기호작용의 전 우주를 망라하게 해 준다. 나아가 이 해석가능성 원리는 추리적 모델(p ⊃ q)에 기반을 두고 있는 자연기호들뿐만 아니라 전통적으로 동치 모델(model of equivalence, p ≡ q)에 기반을 두고 있는 언어기호들에도 적용된다. 즉 어떤 것(피정의 항)을 정의하고자 할 때 (정의 항)조차 어떤 해석적 과정이 개입할 수밖에 없다. 예를 들어 /사람/을 이성적이나 죽음을 면치 못하는 동물이라고 정의할 때 '이성적', '죽음을 면치 못하는', '동물' 각각은 여러 가지 다른 의미로 해석될 수 있는 여지가 있으므로 /사람/보다 더 많은 것을 말하고 있는 셈이다.

좀 더 해석적인 경향이 강한 자연기호들을 보자. 우리는 연기를 보면 불이 났었다는 사실을 이끌어 내거나 혹은 추리한다(infer). 마찬가지로 땅이 젖어 있는 것을 보면 비가 내렸으리라고, 모래 위에 발자국이 나 있는 것을 보고 어떤 동물이 지나갔을지 모른다고 추리한다. 우리의 일상생활은 바로 이러한 수많은 추리작용 혹은 추리행위로 가득 차 있다.

에코는 모든 추리행위가 기호적 행위라거나 모든 기호행위적 과정이 추리작용을 내포하고 있다고까지 말할 수는 없을지라도 기호작용행위라고 보아야만 하는 추리작용(행위)이 있다고 본다. 따라서 이전의 철학이 곧잘 의미작용과 추리를 서로 관련시켜 온 것은 결코 우연이 아니다. 그 외에도 환자의 얼굴에 빨간 점들이 줄줄이 있는 것을 홍역이라거나 어떤 특정한 병으로 관계 짓는 의학적 증상들, 범죄 증거, 기상예보(고기압, 저기압의 형태로 보고하는) 등등에서 모두 추리가 행해지고 있다. 폐허를 보면 마찬가지로 우리는 고대의 장엄함이나 인간 거주지, 과거의 번영하였던 무역 등을 추리할 수 있다. 여기서 좀 더 나아가 다음과 같은 문장을 가정해 보자.

"그녀는 도장을 찍었다." "그는 김일성을 만났다."

전자의 문장이 가정법원에서 일어난 경우를 묘사하는 문장이라면 이혼을 함축할 수 있고, 후자의 경우엔 그가 정주영이냐 아니면 황석영이냐에 따라 해석이 달라질 수 있다. 여기에는 김일성을 만난 것이 잘한 것인가 범죄적 행위인가 하는 이데올로기적 함축과 의미가 들어 있으며, 이를 파악해야만 문장의 뜻을 명확히 할 수 있다. 이러한 경우 어떤 상황을 알아야만 수신자가 그 메시지를 명확히 알 수 있는데, 이러한 애매함을 명확히 하는 것은 그 약호가 어떤 실마리를 제공하지 않는 한 엄격한 의미에서 해독(decoding) 문제가 아니다. 그렇다면 이런 종류의 '해석'을 어떻게 기호학적으로 규정지을 것인가? 오히려 이 경우 /해석/은 이전의 해독에 근거해서 광대한 담론의 부분에 관한 일반적 의미를 이해하는 것이라고 할 수 있다. 따라서 /해석/은 여기서 해석학적 논의나 문학, 예술 비평에서 사용하는 의미를 갖게 된다. 그리고 인식론적으로, 특히 논리적으로 보면 이런 유의 해석은 추리(inference)에 더 가깝다.

에코의 일반기호학의 과제는 약호화를 하는 현상들(강한 의미에서든 약한 의미에서의 약호화이든)에 내재해 있는 하나의 형식적인 구조,71) 즉 해석을 생산하는 위와 같은 추리를 행하는 구조를 추적

---

71) 에코는 기호학이 분명한 일반적 구조가 존재하는 것처럼 구조들을 따로 추출isolate
해야 한다고 본다. 그러나 이 전체 구조는 어디까지나 규제적 가설로서만 의의가

하는 일이다.72) 통상적으로 약호를 생산 혹은 발명하는 것은 아주 과감한 추리형태를 띠게 마련인데 이것이 바로 퍼스가 상정(想定)논법(abduction)73) 혹은 가설(hypothesis)이라 부른 특수한 유형의 추리이다.

앞으로 논자는 이 절에서 상정논법의 인식론적, 논리적 성격과 위치에 대해 살펴봄으로써 에코가 기울이고 있는 노력, 즉 기호학의 인식론적 해명을 드러내 보고자 한다. 논자가 보기에 특히 상정논법은 에코에게 있어 문화의 논리적 측면을 밝혀 주는 인식론적 근거이다. 퍼스로부터 차용해 온 이 중요한 추리형태로서 이를 이해하기 위해서는 짧지 않은 도정이 가로놓여 있다. 퍼스의 프래그머티즘은 상정논법의 논리라고 부를 만큼 상정논법에 관한 연구는 수학, 논리학, 기호학 등 그의 프래그머티즘 사상 전반의 모든 이론들과 개념들이 생겨나게 하는 작업들을 망라하고 있다.74) 상정논법은 인간의

있다. 이로 미루어 구조주의 '구조'를 받아들이는 초기의 제한적 입장이 계속되고 있음을 알 수 있다.

72) 이에 반해 특수 기호학 specific semiotics의 과제는 크든 작든 추리의 기호학적 필연성에 관한 규칙들(제도화 규칙들)을 세우는 것이다.

73) abduction은 가설발상법 혹은 가추법, 귀추법 등으로 번역되기도 하나 그럴듯하게 떠오른 생각들 중에서 가장 그럴듯한 것을 선택 혹은 정립해 본다는 의미에서 발상정립의 줄인 말로서의 상정(想定)논법이 퍼스의 의미에 가장 적절하다고 판단되어 앞으로 상정논법으로 쓰고자 한다.

74) 퍼스 C. S. Peirce는 여러 가지 다양한 과학에 관심을 기울였지만 특히 화학에 가장 몰두하였다. 그는 화학실험실에서 원인과 결과, 작용과 반작용이 있는 정밀과학과 실제 접하면서 엄밀한 예측력을 기르게 되고 따라서 이 과정을 통해 추론(reasoning)을 무엇보다도 중시하게 되었다. 특히 그는 앞에서 열거한 방법들 속에 들어 있는 어림짐작이 모든 논리적 조작에서 하나의 중요한 부분임을 밝혀 주고 있다. 어림짐작(guessing)이 바로 그가 이름 붙인 상정논법의 핵심으로서, 그는 abduction이 우리의 모든 지식, 사고 심지어 지각과 기억까지도 지배하고 있음을 보여 주고자 하였다. 퍼스는 국내에서 흔히 프래그머티즘, 기껏해야 프래그머티즘과 구별되는 프래그머티시즘의 창시자 정도로만 알려져 있으며, 조금 나아가 그의 탐구이론이나 의미론이 알려져 있을 뿐이다. 사실 그는 논리학자이자 수학자, 기호학자였고 다양한 자

사고에 있어서 그리고 인간의 행동을 설명하는 등의 다양한 곳에서 쓰이고 있으며, 과학적 이론들이 발견될 때도 어떤 유추적인 문제해결 방법으로서 사용되고 있다.[75] 한마디로 말해서 상정논법은 우리가 갖고 있는 과학적, 문화적 지식의 본성과 같은 선입관들을 활동케 하며, 나아가 어떠한 과정을 통해 우리의 지식이 획득되며, 우리가 알고자 하고 알 필요가 있는 것을 알게 되는가에 대해 보여 주는 것이다.[76] 따라서 이 글에서 논자는 과학적 탐구가 추구하는 진리의 오류가능성이라는 전제하에서 상정논법이 우리의 논리와 사고, 추리 과정, 즉 인식과정에 있어 차지하는 위치와 상정논법이 타당성을 갖게 되는 근거, 그리고 상정논법에 대한 수학적, 존재론적 정당화를 헤아려 보고자 한다.

연과학 연구에 몰두했으며, 그의 연구는 현상학적 존재론에 이르기까지 너무도 방대한 체계를 이루고 있으며 다양한 분야가 꼬리에 꼬리를 물고 서로 연결되어 마치 미로처럼 얽혀 있어서 이 미로를 헤매며 9제 길에 오르기란 여간 어렵지가 않다. 초기의 강사시절 외에는 공식적인 학계에서 소외되어 있었기 때문인지 미발표된 저술들이 많은 탓에 그의 사후 편집된 전집과 여러 단행본들에는 그 나름대로 원칙이 있기는 하지만 동일한 분야가 이리저리 흩어져 있고, 또한 그의 연구과정이 거의 40여 년을 거쳐 이루어졌기 때문에 초창기와 후기 사이의 간격이 있기는 하나 예상과는 달리 그 변화의 차이가 그다지 크지는 않다. 오히려 그는 그가 초기에 발전시킨 이론들을 점점 더 확장시키고 명확히 하고 있기 때문에 그의 후기 논문들은 초기에 비해 관점이 달라졌다기보다는 동일한 관점 아래서 다만 세부적인 명확성이 가해졌을 뿐이다. 이 점은 그의 귀납논리와 상정논법에 관한 연구에도 해당된다.

75) Holland, *Induction: Process of Inference, Learning, and Discovery*, 89쪽, 336쪽. 그 외 유추적인 문제 해결방법으로서 개념적인 조합을 들 수 있다. 소리의 움직임으로부터 이끌어 온 규칙들을 사용해서 빛의 움직임을 설명함으로써 빛도 파동으로 이루어져 있다는 Huygen의 주장에서, 또 자연도태에 의해 진화한다는 다윈의 가설에서 바로 상정논법이 쓰이고 있다.

76) N. Harrowitz, in *The Sign of Three*, 197쪽.

3.2. 지식의 오류가능성

10여 년을 화학 연구에 몰두했으며, 물리학과 화학뿐만 아니라 광학, 천문학, 측지학 등을 연구하거나 관련연구소에서 일했던 퍼스는 정확한 과학의 방법에 관심을 기울이면서 40여 년이 넘도록 탐구(inquiry)방법연구에 매달렸다. 그리하여 그는 자신이 아주 철저하게 물리과학의 정신이 배어 있었다고 고백하고 있다.[77] 이러한 그에게 있어 과학이란 잘 조직된 지식체계로서의 확립된 명제들의 학문이 아니다. 진정한 과학이란 오히려 '삶의 양식'으로서 '살아 있는 사람들의 연구'[78]이며, 따라서 과학에서 중요한 것은 새로운 영역에 대한 설명을 확장시켜 나가고 이미 도달한 통찰들을 명확히 하는 것이다. 탐구(inquiry) 역시 우리로 하여금 과학적 지식에 이끌게끔 해주는 과정이므로 탐구의 목적은 새로운 습관들을 발전시키고 진보를 위해 일하는 것이지 이미 도달한 것을 고수하는 것이 아니다. 결국 진리탐구에서 중요한 것은 새로운 습관과 태도의 획득, 이에 따른 인류의 성장이므로 탐구의 목적에 기여하는 것은 바로 이미 확립된 것을 다시 고려하는 것이 아니라 새로운 가설을 세우고 테스트하는 것이다.[79]

이러한 과학에 대한 연구와 수학연구를 통해 철학에 접근한 퍼스의 프래그머티즘의 정수는 그 자신이 프래그머티시즘이라고 밝히고

---

77) Peirce, Preface in *Collected Papers*(이하 *CP*), 1.3.(8권 중 1권을 말하며, 3은 페이지가 아닌 편집자들이 붙인 번호이다.)

78) Peirce, *CP*, 7.55, 1.132.

79) J. Fitzgerald, *Peirce's Theory of Signs as foundation for Pragmatism* 17쪽.

있듯이 진리이론보다는 의미이론에 있다고 할 수 있다. 그러나 한편 그의 의미이론에 접근하기 위해서는 그가 진리를 어떻게 보는가를 알 필요가 있다. 그는 여러 가지 종류의 진리를 나누는데, 우선 초월적 진리(trenscendental truth)가 있다. 이는 사물로서의 사물에 속하는 진리로서 사물들이 가지고 있는지 어떤지를 우리가 알 수 있는 사물들의 성질을 탐구한다. 다음엔 명제들의 진리를 말하는 복합진리(complex truth)가 있으며, 여기엔 명제들의 진위를 가늠할 수 있는 것과 진위를 확신할 수 없는 명제들이 있다. 전자엔 그가 윤리적 진리 혹은 진실이라고 부르는 것과 논리적 진리가 있다. 윤리적 진리는 명제와 화자(話者)의 그에 대한 신념 간의 일치를 따지는 진리이며, 논리적 진리는 명제와 실재 ─ 퍼스에게서 실재(reality)란 실제로 존재하는 것뿐만 아니라 존재할 가능성이 있는 영역도 포함한다 ─ 간의 일치에 따른 진리이다. 이때 진위를 말한다 함은 곧 그 명제가 반박될 가능성을 말하는 것으로서 경험적으로 검증가능할 때 명제가 진이라고 말할 수 있기보다는 경험적으로 반박이 불가능할 때 참이다.[80)]

한편 그것의 진위를 확신할 수 없는 후자의 명제들이 있는데, 사실의 진리 ─ 라이프니츠가 이성의 진리와 대비시켜 불렀던 ─ 가 바로 여기에 속하며, 퍼스는 사실의 진리에 과학적 가설들과 실재에

---

80) 어떤 것에 대한 개념(idea)은 그것에 대해 감각할 수 있는 결과들이라는 점에서 논리실증주의를 예견하고 있다. 한편 어떤 명제의 진위를 검증가능성이 아닌 반증가능성을 내세운다는 점에서 포퍼(K. Popper)와도 유사하다. 그러나 한편 수학적 명제들은 반박을 생각할 수가 없다. 그는 수학적 명제들은 실패하는 경우를 결코 발견할 수 없어서라고 말하기도 하고(CP.5.567), 때론 순수수학은 상상력의 산물인 가설을 다루고 있으므로 명확한 의미를 결여하게 되고 ─ 실재 사물에 관해 말하고 있지 않다는 면에서 ─, 따라서 의미가 없는 한 반박될 가능성이 없으므로 필연적으로 진이라고 본다.

대한 형이상학적 이론들을 들고 있다. 즉 과학적 가설들은 사실의 관점에서 볼 때 그것이 사실 혹은 진이라는 것을 확신할 수가 없다. 오히려 경험적인 반박은 하나의 가설이 거짓임을 보여 주는 반면, 우리가 검증이라고 부르는 것으로는 그 가설이 참이라는 것을 증명하지 못하고, 다만 그 검증은 잠정적으로 그것을 받아들일 만한 근거를 제공해 주는 것일 뿐이다. 따라서 과학적 가설들은 그 개연성의 정도가 다양하며, 모두 수정될 가능성이 있다. 따라서 퍼스가 볼 때 인간 지식(인식)이라고 불리는 모든 형식화들은 불확실하며 오류가능성이 있다. 바로 여기서 그의 오류가능성 원리(Principle of Fallibilism)[81]가 나온다.

그의 오류가능성원리가 객관진리를 자동적으로 부정하는 것은 아니다. 과학적 탐구는 객관진리를 사심 없이 연구하는 것이며, 진리란 것이 없다고 믿는다면 어떠한 이론적 물음도 있을 수 없다. 오히려 과학을 추측과 반박에 의한 진보라고 본 포퍼와 너무도 유사하게 오류가능성원리 ― 이에 따르면 독단주의는 진리추구의 적이다 ― 와 객관진리에 대한 사심 없는 탐구를 통해 탐구(inquiry)의 이상적 목적으로서의 절대적이고 최종적인 진리에 도달하기 위해 끊임없이 싸워 나가며, 우리는 오직 거기에 근접할 수 있을 뿐이다.[82] 이러한

---

81) 그의 오류가능성 원리, 즉 모든 주장들이 불확실하다는 그 원리 자체는 틀릴 수 없는 것인가 아닌가 하고 질문을 받았을 때 퍼스는 그의 그 주장은 절대적으로 확실하다는 의미는 아니라고 답하고 있다. 이 점에서 그는 매우 논리적이나 그 대가로 자신의 철학적 주장들을 일면 약화시키는 면이 있다. Copleston, *A History of Philosophy* Vol.8, 307쪽.

82) 퍼스는 진리를 서로 다른 두 각도에서 보는데, 첫 번째 각도에서 볼 때 모든 진리의 우주, 즉 우주들의 우주이자 실재적일 수밖에 없는 진리를 언급하는 명제들이 있고, 인식론적 견지에서 볼 때 진리는 끝없는 탐구가 과학적 신념을 향해 가는 이상적인 한도, 극한(범위)과 추상적 진술 간의 일치를 말한다.

의미에서 그는 결코 모든 인간의 행위양식을 도구적 행위로 환원시키고 있지 않다.[83)]

이러한 탐구를 위해서 그의 프래그머티즘은 개념을 명확히 하는 방법 혹은 개념의 의미를 밝히는 방법이라고 할 수 있는데, 퍼스는 여러 가지로 프래그머티즘의 원리를 말하고 있지만 이와 관련해서 다음의 것이 가장 잘 알려져 있다. 지적 관념의 의미를 명확히 하기 위해서 우리는 그 관념을 나중에 반드시 결과 될 것이라고 볼 수 있는 실제적 효과들이 무엇인지를 고려해야 한다. 왜냐하면 이때 이 결과들의 총합이 바로 그 관념의 전(全) 의미를 이루기 때문이다.

이렇게 의미를 명확히 함으로써 퍼스는 프래그머티즘이 이전의 모든 존재론적 형이상학의 명제들이 무의미한 횡설수설 — 한 단어는 다른 단어들에 의해 규정되고, 그 다른 단어는 또 다른 단어에 의해 규정됨으로써 어떠한 실제적인 관념에도 도달할 수 없다 - 이거

---

83) abduction이 새로운 아이디어를 낳게 하는 독창적인 것이라는 퍼스의 주장에 대해 해석학 일부에서는 퍼스가 두 가지 서로 다른 의미를 지닌 존재 사이에 있는 차이를 구분하지 않는다고 본다. 즉 뭔가 조작할 수 있거나 다룰 수 있다는 의미에서 도구로서의 존재, 과학적 탐구의 논리 대상으로서의 존재와 하이데거적인 의미에서의 존재를 구분하지 않는다는 것이다. 따라서 결과적으로 퍼스의 철학은 초월적인 역할을 저버린 채 객관주의로 전락할 수밖에 없다는 것이다. 또 다른 한편 탐구의 논리는 실재를 파악하는 궁극적인 수단이 될 수 없는데, 그렇게 주장할 경우 탐구의 논리는 그 자체가 존재론화되고, 방법론적인 반성이 실재를 존재론적으로 구성하게 되기 때문이다 (M. Ferrais, "The problem of the logic of scientific research: Charles Sanderson Peirce and Pragmatism" in *Histiry of Hermeunitics*, 101 - 105쪽). 그러나 이러한 주장은 지극히 일면적이다. 퍼스는 물론 하이데거와는 다르지만, 나름대로 존재, 즉 과학적 탐구 논리 대상으로서의 존재가 아닌 형이상학적인 의미에서의 존재를 다루고 있다. 쉘링의 객관 존재론과 유사하게 아주 기계적인 규칙성을 가진 존재(물질)로부터 정신에 이르기까지, 아주 비결정적인 한도로부터 결정적인 한도에 이르기까지 우주는 전개되고 있다. 그리고 탐구의 논리는 이러한 우주에 근접하고 있을 뿐이다. 따라서 그의 방법론적 반성으로서의 탐구의 논리 혹은 상정논법은 결코 실재를 구성할 위험을 가지고 있지 않다. 또한 인간의 모든 행위를 도구적 행위로 환원시키고 있다는 하버마스의 비판 역시 이런 의미에서 부적절하다.

나 아니면 명백한 부조리임을 보여 주게 될 것이라고 믿는다. 그러므로 이러한 잡동사니들을 일소하게 되면 철학은 진정한 과학의 관찰방법을 통해 탐구가능한 문제들만 남게 된다. 이 점에서 그의 프래그머티즘은 일종의 (논리적) 실증주의라고 할 수 있는데, 그렇다고 그가 형이상학을 거부한 것은 아니다. 그는 형이상학이란 규제적으로(regulatively) 타당할 뿐만 아니라 존재의 진리로서의 논리적 원리들을 절대적으로 받아들인 결과들로 이루어진다고 말하고 있기 때문이다.[84]

3.3. C. S. 퍼스(Peirce)의 反데카르트적 인식론

진리추구와 관련해서 퍼스는 두 가지 측면에서 데카르트 전통에 반대하는데, 그의 데카르트 비판은 논리적으로나 역사적으로 볼 때 그 자신이 전개하는 인식론을 이해할 수 있는 가장 훌륭한 길잡이이다.[85] 잘 알다시피 데카르트는 확실성과 정확성을 지닌 수학에 깊이 감명을 받으면서 철학에 수학의 정확성을 도입해 세계에 대한 정확한 지식이 연역가능한 진리체계를 가질 수 있는 분명한 이성적 원리들을 구성하고자 했다. 대륙의 합리론자들과 함께 그의 주요 논점은 인간과 세계에 관한 진리의 원천이라고 생각되는 인간정신의 이성

---

84) Peirce, *CP.* 1.487, 즉 형이상학이란 논리적 원리를 존재의 원리로서 받아들임에 따라 우주에 대해 통합된 설명을 할 수 있다. 다시 말해서 그는 기본적 존재론적 범주들과 일차성, 이차성, 삼차성이라는 논리적 범주들을 결합시킴으로써 형이상학을 구축하고 있다. 그는 논리학자들이 수학을 파생시키는 논리학의 원리들을 찾고자 하듯이, 그의 프래그머티즘 원리들을 이끌어 낼 수 있는 그의 형식논리 속에서 원리들을 찾고자 했다.

85) W. B. Gallie, *Peirce and Pragmatism*, 66쪽.

적인 능력에 관한 것이었다. 그에 의하면 어떠한 명제들은 아주 단순해서 그들의 진리를 한눈에 알 수 있다.[86] 삼각형은 세 변을 지닌다, 2 + 2 = 4, "나는 생각한다. 고로 존재한다."와 같은 의심할 여지 없이 자명한 진리를 우리는 이 같은 방식으로 직관한다. 즉 우리는 직접적으로 알려진 전제의 진리를 직관하는 것이므로, 직관은 아는 정신(knowing mind)과 알려진 사실 혹은 진리(known fact or truth)라는 두 항 간의 관계이다.

그런데 데카르트의 이러한 직관이론은 다음과 같은 직접지(direct knowledge)의 전통적인 견해에 속한다고 볼 수 있다. 만일 추리나 파생적인 지식이 되려면 우선 그 추리가 기대고 있는 어떠한 직접지가 있어야 한다. 즉 지식의 어떤 부분은 그 지식의 다른 부분보다 직접적이고, 단순하며, 파생적이지 않아야 한다. 그런데 데카르트 이후로 근 200여 년 동안 데카르트의 직관 이론은 살아남아 끊임없이 새로운 형태로 되살아나고 있다.[87] 그렇다면 데카르트식의 직관을 설명하기 위해 어떠한 테스트를 해야 하는가? 혹은 어떠한 증거가 그러한 이론에 호의적일 수 있는가? 데카르트적인 의미에서 우리가 직관을 가지고 있다는 사실은 그 자체로 직관적으로 알려지는 것인가?

---

86) 스콜라 철학자들은 때로 ratio와 intellectus를 대조시키고 있는데, 이때 후자는 개념을 파악하고 자명한 진리를 직관하는 것을 의미했으며, 전자는 추론(reasoning)에 의해 결론에 도달하는 것을 의미했다. 이와 유사하게 데카르트는 『정신지도를 위한 규칙』에서 직관과 연역을 구분하고 있다. Anthony Kenny, *Descrtes*, A Random house study in the history of Philosophy, New York, 1968, 174쪽. 그에게 있어 지식은 직관과 연역을 필요로 하는데 제1원리들이 직관에 의해 주어진다면 직접 얻어지지 않는 결론들은 연역에 의해 얻어진다.

87) 흄(Hume)의 산수나 대수학에 관한 우리의 지식에 관한 설명이나, 칸트(Kant)가 기하학에 관한 지식을 설명할 때, 그리고 20세기에 Knowledge by Acqaintance라는 이름하에 새롭게 되살아나고 있다. W. B. Gallie, "Peirce's Theory of Knowledge" in *Peirce and Pragmatism*, Harmonsworth, 1952, 63 - 65쪽.

아니면 만일 직관이 없다면 모든 종류의 지식이 추리에 의해서 알려지는 것인가? 퍼스는 1868년 논문들[88]에서 데카르트를 비판하면서 이러한 질문들을 던지고 있다.

데카르트의 직관이론의 방법론적 결과들을 자세히 살펴보면 다음과 같이 요약할 수 있다. 첫째, 그는 더 이상 의심할 수 없는 무전제의 출발점을 발견할 때까지 모든 것을 의심하고자 한다. 따라서 둘째, 이러한 의심이라는 테스트를 이겨 내고 남은 단순한 신념은 그 자체가 직접적이고 단순하며 자기충족적인 진리지식, 즉 직관의 예임을 증명한다. 이에 대한 퍼스의 비판은 다음과 같다. 첫째, 진정한 의심이란 어떤 외적 혹은 내적 경험이 우리 신념과 충돌할 때 생기는 것으로서, 임의로 단순히 의심할 수 없다. 그리고 이렇게 우리의 외적, 내적 경험이 우리의 신념과 충돌하게 되는 경우 우리는 더 확고한 근거 위에 우리가 가지고 있던 신념을 다시 세워 보거나 더 근거 있는 믿음으로 대치함으로써 의심의 상황을 극복하고자 탐구하게 된다. 따라서 의심은 탐구에 있어 긍정적인 가치를 가지는 하나의 자극제이다. 만일 명제의 진리를 의심하고자 한다면 반드시 이 명제 혹은 이 명제가 기대고 있는 하나의 명제의 진리를 의심할 만한 이유가 있어야 한다. 그 외의 보편적인 의심의 방법을 적용하고자 하는 시도는 허위의 의심이다. 오히려 이 경우 의심은 다른 신념(들)을 전제하고 있음을 발견할 수 있다. 즉 우리는 우리가 철학을 연구하고자 할 때 실제로 갖게 되는 편견들로부터 출발할 수밖에 없으며,[89] 따라서 어떠한 절대적인 무전제의 완전한 출발점이란 있을

---

88) C. S. Peirce, *"Concerning certain faculties Claimed for Man"*, *"Some Conseqences of Four Incapacities"*.

89) Gallie, 위의 책, 74쪽.

수도 없고 또한 필요하지도 않다.

두 번째로 퍼스는 cogito ergo sum에서 사유하는 주체의 존재는 직관적으로 알게 된다는 주장에 대해 다음과 같은 반론을 제기한다. 자라나는 어린아이들과 그들의 말하는 습관을 관찰한 결과 그러한 자기의식 혹은 자신에 대한 지(知)가 없다. 오히려 아이들은 다른 사람들(어른들)이 그들에게 건네는 말을 해석함으로써 그들 스스로가 사유를 지니고 있는 존재라는 생각을 하게 된다(예를 들어, 타미 그건 네가 생각하는 것이지 피터가 생각하는 것이 아냐). 따라서 자기의식 혹은 자기지는 사실상 추리적인 것이되 다만 자기지가 기반을 두고 있는 추리가 대개의 경우 우리에게 아주 습관적인 것이 되어 우리는 곧잘 쉽게 이를 즉각적인 혹은 직관적인 것으로 간주하게 된다. 결과적으로 퍼스는 자아 혹은 자기가 발생적으로 추리된 것임을 보여줌으로써 직관적인 자기의식에 대한 주장을 반박하고 있다.

다시 말해서, 퍼스가 보기에, 어떤 것을 알기 위해서는 우리는 언제나 그것을 분류하거나 다른 것과 관련시켜야만 한다. 즉 하나 혹은 다른 종류의 기호나 상징을 사용하지 않고는 어떤 것에 대해 알수가 없다. 빨간 꽃의 예를 들어 보자. 우리가 어떤 대상의 색이 빨갛다는 것을 안다는 것은 다소간의 정도차이는 있을지라도 다른 유의 대상들(다른 빨간 대상들)과 유사성이 있음을 보여 주고 있음을 아는 것이다. 결국 어떤 주어진 색에 대한 소위 직접적, 직관적인 지식이란 증거를 확인해 보는 어떤 것이요 혹은 퍼스의 프래그머티즘적 의미에서 나중에 행해지는 실제적인 결과에 대한 확인에 의해서이다. 결국 퍼스는 외관상 직접적이고 직관적인 지식은 오히려 그 본성상 하나의 가설이라는 역설적인 주장을 하게 된다. 앞에서 오류가능성 원리에서 보듯 과학은 절대적으로 설명할 수 없는 사실들에 관해 알 수 없다. 과학은 다만 그러한 사실들을 설명하는 법칙들을 발견함으로써 사실들을 알 수 있게 하는 것을 목적으로 하며, 이때 사실들을 설명하는 것에는 그 존재나 특징에 대해 전혀 설명되지 않는 그 이상의 사실들에 관한 가설이 포함된다. 그런데 일정한 특징들이 체계화나 분류화의 특별한 대상(들)에 일정한 방식으로 적용된 것이라는 가정을 포함하고 있는 셈이므로 데카르트가 말하는 직관지는 결국 본성상 가설이라고 할 수 있다. 이때 물론 가설의 진리는 테스트되어야 하는 것으로서 그 결과나 효과에 의해 결정된다.

결과적으로 모든 지식들은 우연히가 아니라 논리적으로 — 모든 지식은 이전의 다른 상황과 관련해서 알게 된 분류화나 체계화의 어떤 방식이 또 다른 특정한 방식으로 주어진 상황에 적용될 수 있다는 가정 위에 서 있으므로 — 이전에 알았던 것에 의해 좌우된다고 할 수 있다. 따라서 모든 지식(인식)상황은 본질적으로 기호상황에 속하며, 이 점에서 퍼스는 확연히 데카르트적 전통과 결별하고 있음을 알 수 있다. 즉 데카르트적 전통이 지식을 본질적으로 직접적이고 이원적인, 즉 아는 주체(정신)와 알려진 사실이라는 두 항 간의 관계로 보는 데 반해 퍼스는 기호(하나의 지식 혹은 인식), 의미된 대상, 그리고 해석체(interpretant: 이전의 지식)라는 세 항들을 포함하는 삼원적인 것으로 본다. 인식상황은 데카르트주의적인 견해보다 훨씬 복잡하다. 직관적 사고는 없다. 다시 말해서 직접적이고 즉각적인 사고라고 진정으로 불릴 수 있는 어떠한 사고도 대상과의 감각적인 접촉하에 즉각적으로 일어나는 것이 아니다. 오히려 모든 사고는 다른 사고로부터 비롯된다.

이를 퍼스의 입장에서 정리해 보면, 인식 혹은 사고(cognition or

thought)[90]는 다음과 같은 두 가지로 분류된다. 첫째, 이전의 인식에 의해 조건 지어지는(determined) 인식과 둘째, 이전의 인식에 의해 조건받지 않는 인식이 있는데 후자의 인식이 바로 직관인식이다. 여기서 '－에 의해 조건받다 또는 결정된다'는 의미의 determined by는 논리적인 관계를 의미하는 '－로부터 추리된다'(inferred from)를 의미한다고 할 수 있다.[91] 이러한 의미에서 직관은 대상에 의해 직접적, 즉각적으로 확정되어야 한다. 그런데 모든 인식(혹은 사고)은 하나의 기호[92]이며, 어떤 의미에서는 하나의 느낌이기도 하며 이 느낌은 인식의 중요한 성질이다. 따라서 사고는 기호로서 다른 어떤 것을 대신하며, 어떤 것에 관한 사고로서 그 다음의 사고 ― 즉 해석체(interpretant) ― 에 의해 해석되거나 번역된다. 그러므로 사유 A는 해석체적 사유로서 B를 갖고 B는 A가 기호인 바의 바로 그 대상의 기호이기도 하며, 또 다른 후속의 사유 C에 의해 해석되며, C 또한 B와 A가 기호들인 바의 대상의 기호이고 또 다른 사유 D에 의해 해석되며……끝없이 나아간다.[93] 그러므로 퍼스에게 있어 인식이 되기 위해서는 해석의 가능성이 필수적이며, 어떠한 사고도 해

---

90) 인식(Cognition)이란 용어는 1868년 논문들에서 가장 두드러지게 나타나는 용어로서 사고(thought)와 동의어로 쓰이며, 때로는 인식하는 행위를 의미하기도 하며, 때로는 지식의 사례를 (a cognition처럼) 의미하기도 한다. 이 두 가지 의미의 인식은 모두 정신작용이나 지식의 종류를 의미하는 일반용어로서 로크의 thinking에 해당된다. 그리하여 추론(reasoning), 추상(abstraction), 신념(belief), 감각(sensation), 개념(conception) 등등이 인식에 포함된다. 이때 신념은 인식과 마찬가지로 정신작용이라는 의미와 이 과정에서 받아들여지는 주장이라는 두 가지 의미로 쓰인다. 퍼스의 용어에서 볼 때 지식(knowledge)과 달리 인식(cognition)은 perceiving, understanding, 확실성이 부족한 주장 등이 포함된다.

91) J. Buchler, *C. Peirce's Empiricism*, Kegan Paul, Trench, Trubner Co. LTD. Broadway House, 1939, 4쪽.

92) Peirce, *CP*, 1.538.

93) Buchler, 위의 책 6쪽.

석체 역할을 하는 (다른) 사고를 지니게 마련이며 또한 다른 어떤 사고의 해석체이다. 결과적으로 퍼스가 볼 때 모든 인식이나 사고 - 기호는 논리적으로 이전의 다른 인식에 의해 조건 지어진다.

3.4. 퍼스의 상정논법(abduction)

　이렇게 모든 인식은 이전의 다른 인식에 의해 조건 지어진다(추리된다). 그리고 그의 인식론[94])에서 전통논리학에 해당되는 추리(inference)는 그에게 있어 '인식하는 마음의 본질적인 기능(essential function of the cognitive mind)'이다[95]). 그런데 여기서 이전의 알고 있던 인식(지식)으로부터 추리된다고 할 때, 대체 어떤 방식으로 추리되는가? 퍼스는 이 조건 지어지는 방식에 따라 세 가지 추리형태로 나눈다. 첫째, 인식이 다른 인식이나 몇몇 인식으로부터 '의식적'으로 추리된다는 의미에서 조건 지어질 때가 있다. 의식적으로 조건 지어진다는 것은 추리의 규칙 혹은 퍼스가 추리의 '주요원리(leading principle)'라고 부른 것에 따라 추리됨을 말한다. 그렇다고 추리를 하면서 정확하게 표현할 만큼 명시화함을 말하는 것은 아니고 추리를 지배하는 그러한 원리를 의식하고 있으면 된다. 즉 결론으로서의 하나의 인식은 전제들로서의 다른 인식에 의해 이런 방식으로 추리되는데 퍼스는 이러한 추리 혹은 조건 지어지는 방식을 추론(reasoning)이라고 부른다. 어떤 주어진 형식의 전 추리를 지배하는 교체법칙과 같이

---

94) 그의 인식론은 다음과 같은 세 부분으로 나눌 수 있다. 1) 탐구(Inquiry)이론, 2) 추리에 관한 이론, 그리고 모든 사유는 기호이므로 3) 기호이론.

95) Peirce, *CP*, 2.444.

타당성을 위해 의식적으로 규칙을 사용하는 수학자들의 추리가 여기에 속한다.

두 번째, 하나의 인식이 다른 인식에 의해 결정될 때 의식적인 추리를 통해 다른 것으로부터 추리되나, 주요원리에 의해 지배되는 추리임을 의식하지는 못하는 추리로서 무비판적 추리(acritical inference)가 있다. cogito ergo sum이 여기에 속한다. 세 번째, 하나의 인식이 추리에 대해 전혀 의식하지 못하고[96] 다른 것으로부터 추리된다. 이러한 추리를 연상제안(추리)(associational suggestion)이라고 부른다. 앞으로 우리가 주목해야 할 추리가 바로 이 마지막 추리방식이다. 이는 쉽게 말해서 하나의 생각이 다른 생각을 연상적으로 떠올리거나 무작위로 제시하는 것을 말하는데, 과연 그 전후의 생각들 간에 논리적인 연관이 있을 수 있을 것인가? 아니 거기엔 어떠한 논리적 연관이 있는가?

퍼스에 의하면 이 연상제안(추리)은 정교한 추리는 아니지만 사고의 연상적인 연관으로서 연속적인 과정이며, 분명코 논리적인 형태를 띤다. 특히 사고가 연상적으로 전후관련을 맺는 것은 인식들(혹은 사고기호들)의 귀납적 혹은 상정논법적 관계를 통해서이다. 즉 귀납과 상정논법이 연상제안에 속한다. 그런데 이 연상제안의 논리적 과정을 설명하기 위해서는 특별한 유의 기호이론이 필요하다.

퍼스는 여러 가지로 기호를 분류하는데[97] 그중 기호가 내포하는 방

---

96) Peirce, *CP*, 5.441.

97) 퍼스는 기호들이 분석되는 각도에 따라 세 가지로 분류한다. 첫 번째 분류는 기호가 대상의 외연을 표시하는 방식으로 본 분류로서, 잘 알려져 있다시피 도상(icon), 지표(index), 상징(symbol: 관습적 기호)으로 나뉜다(*CP* 2.247). 이 구분은 기호와 그 대상 간에 있는 관계의 성질에 따른 분류로서 대상과 닮은 도상, 대상과 실제적, 물

식에 따른 분류가 항목(rheme, terms), 문장(sentence), 추리(inferences) 혹은 논법(argument)이다. 기호 '연인'은 하나의 항목이요, "모든 남자들은 연인들이다."는 하나의 문장, 명제요, 그리고 삼단논법으로 알려진 기호가 추리이다. 퍼스는 다시 추리들을 두 가지 기본적 구분, 즉 분석적(연역적, explicative) 추리와 종합적(synthetic,[98] amplicative) 추리로 나눈다. 이러한 구분은 사실상 초창기(1883)의 구분에 속하며, 종합적 추리는 다시 귀납과 상정논법(때로는 가설, 가설적 추리 혹은 역추법(retroduction)이라고도 쓰임)으로 나누어진다. 그에 의하면 기본적으로 종합적 추리들은 개연적이다.[99] 즉 진이라고 가정되는 전제들은 증거를 구성하나 완전한 귀납의 경우를 제외하고는 결론의 진리에 대한 논증적 증

리적 관계에 있는 지표, 마지막으로 대상과 기호 간의 관계로서의 관습적 상징을 형성한다. 두 번째 구분은 기호의 물리적인 성질이라는 각도에서 본 분류로서 빨강의 느낌과 같은 qualisign, 시공간적 표구로서 간주되는 주어진 문장과 같은 sinsign, 특별한 물리적 사건 발생과 독립적으로 하나의 주장(assertion)으로 간주되는 주어진 문장으로서의 legisign으로 나뉜다(CP 2.244). 이 삼분법은 기호의 본성에 따른 것으로서 퍼스가 자신의 현상학적 범주이론을 재현(representation 혹은 표상) 관계에서의 각 항목에 형이상학적으로 적용한 것이다. 이에 따라 존재하는 모든 것은 성질적 가능성, 현실적 실재 그리고 보편이다. 세 번째 구분은 기호가 함축(내포)하는 방식에 따른 분류로서 rheme(term), sentence, 그리고 arguments 혹은 inference로 나뉜다(CP 2.250). 이 삼분법은 논리학자들이 관심을 기울이는 기호들의 분류로서 명사, 문장, 추리는 범주이론을 기호관계를 정의하는 데 적용한 것으로부터 직접 이끌어 내려 하는 삼분법이라는 점에서 흥미를 끈다. Skidmore, "Peirce and Semiotics" in *Semiotic Themes,* ed. by R. T. De George, Lawrence: University of Kansas Publications, 1981.

98) '분석적' 추리와 '종합적' 추리의 구분은 라이프니츠의 이성 진리와 사실의 진리 구분 그리고 칸트의 분석판단과 종합판단의 구분과 동일한 의미에서 분석적, 종합적이란 용어가 쓰이고 있다. 주어에 술어가 함축되어 있는가 아닌가에 따라서 사실의 세계에 관한 지식인가 아닌가, 동어반복인가 아닌가 등. 다만 칸트는 어떻게 우리의 지식이 선험적으로 가능한가를 탐구하는 종합판단이 분석판단만큼 그럴듯하게 타당하다고 가정했던 반면, 퍼스는 대체로 임시적 혹은 우연적인 탐구(inquiry) 과정과 같은 것이 가능하다면 종합추리는 사실상 타당할 수밖에 없다는 입장이다. M. Ferrais, 앞의 책, 104 – 105쪽.

99) 퍼스에게서 종합적 추리만이 유일하게 개연적인 것은 아니다. 개연적 연역 — 분석적이면서도 — 도 종합적 추리들과 함께 개연적인 추론형태에 속한다.

거를 구성하는 것은 아니다. 이 점에서 귀납과 상정논법은 둘 다 공통적이다. 귀납은 무작위로 뽑은 한 종류의 요소들 중 일부가 어떤 특정한 특성을 지닌다는 지식으로부터 그 종류의 모든 요소들이 그 특성을 지닌다고 어림잡아 결론을 내리는 논법이다. 이에 반해 상정논법은 관찰된 사실로부터 가설 혹은 이 사실들에 대한 설명으로 나아가는 추리이다. 이 추리형식은 다음과 같다.

> "놀라운 사실 C가 관찰되었다.
> 그러나 만일 A가 참이라면, C는 당연해진다.
> 따라서 A가 참일 것이라는 것에는 일리가 있다."[100]

퍼스에 따르면 모든 인식은 어떤 의미에서 두 가지 기본 종류, 즉 감각(sensation)과 추상[abstraction 혹은 집중(attention)]으로 나뉜다. 우선 감각은 비인식적 느낌과는 다르며, 지각적 판단을 형성하는 과정으로서 이때의 지각적 판단이 곧 지각적인 가설추리(perceptual hypothetic inference)라고 할 수 있다. 이러한 과정은 인식에 있어 가장 기본적인 과정으로서 퍼스는 모든 인식의 원천인 이 과정을 상정논법 과정으로 분석한다. 이에 반해 같은 현상이 서로 다른 경우에 반복적으로 일어날 때, 즉 A가 어떠한 성질을 지녔는데, B도 같은 성질을 지니고 C도 같은 성질을 지니므로 이 같은 성질에 주의를 집중시킴으로써, 이들은 이 성질을 지닌다고 결론을 내린다. 이처럼 집중은 귀납 행위로서 지식을 증가시키지는 않는 매거(枚擧)에 의한 논법이다. 그런데 여기서는 귀납과 상정논법과의 비교가 아니라 상정논법이 지니고

---

100) Peirce, *CP*, 5.189.

있는 특징들과 이 특징들이 그의 다른 사상들, 특히 연속주의와의 관련 속에서 어떤 의미를 지니며, 나아가 그의 기호학과 관련해서 상정논법이 그의 해석체 개념 ― 이 개념은 특히 현대 기호학에서 그의 기호학을 소쉬르와 함께 주요한 두 주류로서 부각되게 하는 무한기호작용을 낳는다 ― 과 맺는 관계, 그리고 현대기호학에 미치는 영향을 살피는 것이 목적이므로 가능한 한 논의를 상정논법에 관한 이해로 한정시키고자 한다.[101]

이렇게 모든 지각판단 역시 인식이므로 이전의 인식에 의해 추리되며(조건 지어지며), 이때 지각을 통해 새로운 요소들(술어들)이 사고 속에 들어오게 된다. 이러한 추리과정이 바로 상정논법적 추리(abductive inference)로서 이를 통해 새로운 사고의 원천이 되는 가설이 형성된다. 그리하여 지각적 판단들은 가설을 가장 단순하고 적합하게 나타낸다. 예를 들어 데카르트에게서는 직관에 속했던 '이것은 붉다'라는 지각판단은 다음과 같은 의미에서 하나의 가설이다. 1) '붉다'라는 용어는 본래 어떤 특정 특질들을 지니는 대상에 적용된다. 2) 우리는 주어진 대상이 이러한 특질들 중 일부 혹은 전부를 지녔다고 판단한다. 3) 따라서 (가설적으로) 이 대상이 붉다고 결론 내린다. 마찬가지로 '이것은 실크이다'라는 판단을 할 때 우리는 암묵적으로 실크라는

---

101) 일반적으로 논리학은 귀납의 종류를 다음과 같은 세 가지로 본다. 표본을 기반으로 일반화로 나아가는 논증, 수학적 확률을 기반으로 이루어지는 귀납, 그리고 마지막으로 증거를 기반으로 어떤 가설을 내놓는 가설구성적 귀납. 제임스 카니, 리처드 쉬어, 논리학, 36 - 38쪽. 마지막 귀납이 퍼스가 말하는 상정논법이다. 여기서 퍼스에게 있어 연역, 귀납, 상정논법의 관계를 보면, 연역에 의해 이끌어진 가능한 실험의 결과에 대한 사실상의 예측들 중의 하나가 상정논법의 가설이다. 귀납은 바로 이 가설로부터 시작하는 논증으로서 실험을 수행한 후에 그 가설이 그러한 예측을 증명하는 정도만큼 참이 된다(5.590 - 1). 따라서 귀납의 결론은 항상 이전에 상정논법에 의해 이끌어진 가설이다.

이름을 시각, 촉각에서의 어떤 특질들(예를 들어 매끈함과 광택)을 가지고 있는 어떤 것에 적용하기로 가정한다. 그리고 이러한 특질들을 지니고 있음을 발견하였으므로 이 천이 실크라고 판단한다. 즉 어떤 특정한 특질들을 발견한 것으로 미루어 주어진 대상이 '붉다'거나 '실크'라고 주장하기에 이르는 것이 가설적이다. 이를 추리형식으로 나타내 보면 다음과 같다.

> 우리는 특질 1, 2, 3을 지닌 대상을 발견하였다.
> 만일 대상이 붉다면, 1, 2, 3이라는 특질들을 지녔다.
> 따라서 이 대상은 붉다.[102]

이는 앞서 본 추리형식을 조금 응용한 것으로서 두 번째 전제는 하나의 '정의하는 명제'이고, 첫 번째 전제는 정의하는 특질들이다. 그리고 결론은 후건의 긍정에 의해 획득된 가설이다. 독일 심리학자들이[103] 지각을 무의식적 추리라고 보는 데 대해 같은 프래그머티스트이자 심리학자였던 제임스는 이들 독일인들의 견해에 반대하여 지각이 연상을 포함하며 연상이 넓은 의미에서 추리적임에 동의하지만, 현재의 기호와 그 기호가 제시하는 인접한 사건, 이 둘 사이의 연합은 너무도 명백하여 그 둘을 중개하는 개념은 필요하지 않다고 보았다.[104] 이들보다 더 완강한 입장에서 보통 연상은 논리학에서 바람직하지 않은 사고능력이며 추리에는 추리의 법칙이 있지만 연

---

102) Buchler, 같은 책, 40쪽.

103) Peirce, Reviews in *CP*, 8.63. 퍼스는 독일인 저자들이 보통 논증, 특히 형식논리에서는 약하므로 추리를 잘못 형식화하는 경향이 있다고 본다.

104) Peirce, "James's Principle of Psychology" in *CP*, 8.67.

상에는 어떠한 제약도 없어 아무런 필연성도 없이 각 사람의 마음속에 일어나는 주관적인 현상이라고 보는 경우가 많다. 즉 추리는 하나의 사실에서 다른 하나의 사실이 추리되고, 후자의 사실이 전자의 사실로부터 필연적으로 나오는 데 반해 연상이란 구름의 모양이 바뀌듯이 자유롭게 변해 가는 현상으로서 추리작용과 달리 보편성이나 객관성, 필연성을 갖는 규칙이 없다는 것이다. 추리한다는 것은 어떤 규칙에 따라서 무엇을 생각해 내는 것, 즉 추리는 한 생각과 다른 한 생각의 관계를 한 명제와 다른 한 명제의 논리적인 관계로 파악해 생각해 내는 것이지 마음속에 떠오르는 그대로 말하는 것이 아니라는 것이다.[105] 이에 대해 퍼스는 지각이 넓은 의미에서 연상의 문제로서, 지각에서 나오는 결론은 비록 추상적으로 사고하는 특징을 지니고 있지 않으므로 정확하게 판단할 수는 없지만 그에 버금가는 것이라고 본다. 본질적으로 무의식적 추리는 논거와 의식적인 관련을 갖는다는 좁은 의미에서의 추리(reasoning)와 근본적으로 다르다. 그러나 위에서 분류했던 추리방식에서 무비판적 추리 역시 주요원리가 일정한 구실을 하고 있다는 것이 퍼스의 입장이다. 그 원리는 다만 추론에서처럼 명시적인 규칙으로 드러나지 않을 뿐 추리의 습관이다. 그렇다면 추리의 습관이라는 것이 무엇인가? 즉 추리의 주요원리로서 대상의 이름을 어떤 특정의 특징들과 결합하는 습관이 우리로 하여금 1) 하나의 기호로부터 2) 다른 기호, 즉 해석체나 가설로 나아가게 한다. 1)과 2)로부터 오는 주장은 그 자체가 하나의 추리인데 다만 주요원리가 분석적인 추리를 위한 규칙이 아닐 뿐이

---

105) 소흥렬, 「논리와 사고」, 이화여자대학교 출판부, 1986.

다. 이때의 원리는 '사실적(factual)' 혹은 '실질적(material)'인 주요원리[106]로서 이는 필연적인 추리 이외의 것을 지배하는 원리이다. 따라서 연상제안도 추리의 주요원리를 가지고 있으므로 연상을 무의식적 추리라고 보는 것은 잘못이다. 거기에는 우리가 의식할 수 있는 원리가 있다.

이렇게 퍼스에 따르면 연상(제안)도 어떤 규칙을 가지고 무엇을 생각해 내는 추리이다. 퍼스는 연상(제안)의 추리형식, 즉 '지각적 상정논법'을 다음과 같이 기술하고 있다.

> 1) 알아보기 쉬운 대상 M은 불분명하게 인지하고 있는 통상적인 술어 P1, P2, P3 등을 지니고 있다.
> 2) 제시된 대상 S는 이와 동일한 술어 P1, P2, P3 등을 지니고 있다.
> 3) 따라서 S는 M의 종류이다.[107]

이는 형식상 하나의 가설추리이다. 즉 첫째 전제는 비록 마음속에 습관적으로 들어 있기는 하지만 실제적인 생각은 아니다. 그러나 그렇다고 해서 추리를 무의식적으로 만드는 것은 아니다. 그러므로 추리에는 추론과 연상제안, 즉 좁은 의미에서의 추리와 넓은 의미에서의 추리가 있다. 다른 한편 이 형식이 추리로서 인지되지 못한다는 점, 즉 결론을 내리면서 어떻게 이러한 결론에 이르는지 모른다는

---

106) Peirce, *CP*, 2.589. 형식적이고 논리적인 주요원리와 달리 "모든 인간은 죽음을 면치 못한다."와 같은 것은 사실적, 실질적 주요원리이다. 따라서 필연적인 논법 (argument)이 논리적인 주요원리에 의해 지배되는 것인 반면, 개연적인 논법은 실질적인 주요원리에 의해 지배된다.

107) Peirce, *CP*, 8.64.

점에서 무의식적이기는 하다.

여기서 퍼스가 무엇을 추리라고 보는지 알아보자. 퍼스는 추리 (Inference)의 본질 혹은 다른 지식의 결과로서 신념을 의식적이고도 제한적으로 (조절하며) 채택하는 것을 다음의 3단계로 이루어진다고 본다.

우선 추리의 첫 단계는 우리가 참이라고 믿지만 추리가 새로운 것을 가정할 때 지금까지 함께 엮어서 고려되거나 결합되어 본 적이 없는 어떤 명제들을 함께 결합시키는 것이다. 이 단계를 그는 결합 (colligation or copulation: 전제들을 임시적으로 묶는 것)이라고 부른다. 두 번째 단계는 전제의 명제가 지니고 있는 다소 복잡한 면모를 고려해 그것의 어떤 특징에 집중하고 그 나머지는 제거함으로써 하나의 새로운 것을 만들어 낸다(observation). 마지막으로 어떤 것이 다른 것을 제시할 때마다 둘 다 동시에 마음에 즉각 들어오게 되는데 몇몇의 정신적 실험을 해 보면 하나의 아이콘(icon)[108]은 동시에 다른 아이콘을 수반한다. 따라서 마음은 단지 전제를 믿는 것으로부터 결론이 참이라고 판단하는 것으로 이끌 뿐만 아니라 이런 판단에 다른 것을 — 마치 이끌어진 결론이 전제와 관련되듯이 이 명제와 관련된 하나의 명제를 수반하는 것처럼 — 수반한다(judgement). 따라서 모든 지식은 관찰에 의해 얻어지는데 일부는 외부로부터 우리에게 강요되며(떠맡겨지며) 일부는 내부, 마음의 깊은 곳으로부터 온다. 그러므로 추리의 세 가지 필수요소는 결합, 관찰, 그리고 우리가 결합한 자료들에서 관찰한 것이 규칙을 따르는 판단으로 이루어진다.

---

108) 주 157) 참조, 그림, 사진이 예. 그에게 있어 논리학은 기호들의 일반법칙의 학이라고 할 수 있다.

결과적으로 첫 번째 전제의 습관과 두 번째 전제의 자극 혹은 제안, 이 둘의 결합(연상) 덕분에 연상적 반응으로서의 지각적 인식이 일어난다. 그리고 퍼스가 볼 때 연상제안은 좁은 의미에서의 추론(reasoning)이 아니라 넓은 의미에서의 추리라고 할 수 있다. 따라서 사고는 위의 여러 가지 추리행위들이 동떨어져 분리되어 끊겨 있는 것이 아니다. 오히려 이들은 하나의 연속적인 과정 속에서 일어나는 것이다. 사고를 이렇게 연속적으로 볼 때 비로소 퍼스에게서 지식이 가설적 특성을 지님을 이해할 수 있다. 결국 모든 인식은 이전의 인식에 의해 추리된 것이며, 사고는 연상(추리)으로부터 의식적인 추론에 이르기까지의 연속적인 과정이다. 여기서 우리는 엄격한 데카르트주의가 인간의 정신(mind)을 의식(consciousness)에 한정시키려 했던 반면 퍼스는 인간의 정신을 넓게 해석하고 있음을 볼 수 있다. 즉 데카르트주의가 인간의 정신을 제한시켜 결과적으로 인간 정신의 불연속을 추구한 셈이라면, 퍼스는 이를 확대시켜 인간의 정신과 마음 작용의 연속성을 보여 주고 있다.

논자는 본능이나 직감과 같은 영역에 대한 이러한 퍼스의 인식론적 해명이 바로 에코에게 문화의 논리를 확립하는 가장 기본적인 근거를 제공해 준다고 본다. 특히 바움가르텐이 미학을 논리적 인식보다 저급의 감성적 인식으로 본 것과 달리 에코가 퍼스의 상정논법을 빌려 문화의 논리를 해명함으로써 문화적인 영역이 지니고 있는 인식도 사실은 과학과 동등한 자격의 인식임을 보여 주고자 한 시도로 보인다. 그러나 논자가 보기에 에코 스스로는 이에 대해 자세히 상술하지 않고 자신이 필요로 하는 부분만을 최소한 인용하고 응용하는 데 머무르고 있다. 그러므로 논자는 에코가 퍼스에게 빚지고 있는 근거들, 즉 상정논법의 존재론적 배경뿐만 아니라 상정논법의 정당성 해명을 상세히 제시함으로써 에코의 시도에 대한 부분적인 보완을 해 보고자 한다. 그런데 이러한 정신의 작용에 있어서의 연속성에 대한 퍼스의 생각은 단지 그의 인식론 내에서의 특권이 아니다. 이는 실상 그의 존재론으로부터 수학과 과학 등에 이르기까지 그의 전 사상을 지배하고 있다.

3.5. 상정논법의 존재론적, 수학적 배경

그가 자신의 존재론적 범주들(fact, existence, actuality)과 이에 대응하는 형이상학적 존재양식(possibility, actuality, destiny)을 통해 전개한 세계관, 우주관을 간략하게 보면, 일차성 혼돈 상태의 모나드가 행위함에 따라 대상의 세계로서의 이차성에서 반작용이 있게 되어 습관이 형성되고 이에 따라 삼차성의 규칙성, 매개[109] 혹은 법칙이 형성되면서 우주가 전개된다. 이때 작용하는 원리가 각각 우연주의(tychism), 아가페주의(agapism), 연속주의(synechism)이다. 그의 현상학적 존재론에서 보면, 현실성의 범주에서 본 우주(실재세계) 안에서 존재하는 모든 것은 연속적이다(synechism). 이에 따르면 물질이라 부르는 것은 완전히 죽은 것이 아니라 아주 기계적인 규칙성을 가지고 행위하게끔 만들어진 완고해진 정신일 뿐이다. 쉘링의 객관관념론과 유사한 이러한 입장에 따라 그에게 있어서 물질과 정신이라는 이원론은 배제된다. 그리고 실제로 퍼스는 자신이 독일 고전주의를 제일

---

109) 퍼스의 기호는 바로 여기 삼차성의 매개로부터 나온다.

먼저 읽었으며, 비록 논증방식에 있어서는 영국철학으로부터 많은 영향을 받았지만 사상적으로 독일철학의 도움이 크다고 밝히고 있다. 우연주의(Tychism) 역시 연속주의를 여실히 보여 주고 있는데, 이에 따르면 우연(chance: 존재론 범주를 존재양식 중 actuality에 적용한 결과)은 우주에 언제나 현존해 있다. 우주는 아주 비결정적인 한도로부터 극히 결정론적인 한도에로 움직이는, 다시 말해서 순수한 가능성의 한도로부터 완전한 가능성의 실현한도에까지 이르는 하나의 창조적이고 연속적인 결정(determination)과정이다. 또 다른 표현으로 하자면 비인격화된 감정의 혼돈으로 간주되는 순수자연으로부터 완전히 이성적 체계로 통합되는 순수이성의 지배에 이르는 진보과정으로서의 전개라고 할 수 있다. 우주를 합리성의 완전한 실현을 향해 가는 운동과정으로 보는 면에서 퍼스 스스로도 밝혔듯이 헤겔과 일면 유사하다.

그의 연상추리, 특히 상정논법에 관한 수많은 연구노력은 바로 이러한 논리적, 존재론적 형이상학체계에 부합되며, 우주과정의 전개 자체를 합리성(rationality)의 실현과정, 운동과정으로 봄으로써 이러한 우주의 합리성의 전개과정 중에서 연상(제안 혹은 연상추리)이 차지하고 있는 위치를 자리매김한 것이 논리학과 기호학에 대한 그의 공헌이라고 할 수 있다. 그리고 이러한 그의 연속주의는 그의 거의 모든 사상들을 관통하고 있으며, 특히 이 개념은 그의 수학과 논리학에서 근본을 이루는 통찰과 관련되어 그의 철학을 이해하는 데 관건이 된다고 볼 수 있다.[110] 논자는 수학에 관해 깊은 지식이 없

---

110) J. W. Dauben, "Peirce and History of Science", in *Peirce and Contemporary Thought* 1995, 149쪽.

음에도 불구하고 그의 무한개념에 관한 연구는 그의 연속주의와 연상추리, 상정논법, 그리고 그의 해석체 개념을 이해하는 데 필요하다고 생각하여 간략하게 서술해 보고자 한다.

19세기와 20세기 초의 수학을 이해하기 위해서는 퍼스 사상의 중요한 일부를 이루는 수학연구도 이해해야 한다는 말을 들을 만큼 그의 수학연구[111]는 당대 수학에 큰 공헌을 하고 있으며, 역설적으로 이런 점에서 그 또한 당대의 수학적 전통에 빚을 지고 있다.[112] 그의 가장 주목할 만한 수학연구는 수와 연속(number and continuum or continuity)에 대한 접근으로서 이 부분에 관한 그의 연구는 수학으로부터가 아니라 자신의 논리학연구로부터 연속과 무한에 관한 문제에 접근하고 있어 ― 논리학을 수단으로 사용하기보다는 오히려 논리학을 수학에 적용함으로써 ― 수학 내에서 출발했던 당시 유럽의 칸토르(Cantor)나 데데킨트(Dedekind)의 무한수학과 수(무리수와 유리수), 연속에 관한 연구와는 다른 결과를 낳고 있다.[113]

퍼스의 '무한'에 관한 연구는 앞서 언급했듯이 논리학에 의해 영

---

111) 퍼스의 논리학과 집합이론에 관한 초기연구 중 일부는 그가 존스홉킨스대학(1879‒80)에서 강의하던 짧은 시기로 거슬러 올라간다. 그리고 *American Journal of Mathematics*에 그의 가장 중요한 발견 중의 하나인 「수의 논리에 관하여(On the Logic of Number)」(1881)를 발표하고 있다. 그는 데데킨트가 1888년 발표한 유명한 논문 「Was sind und was sollen die Zahlen」은 자기가 데데킨트에게 보낸 자신의 연구결과에 영향을 받은 것이라고 주장하고 있다. 즉 데데킨트 이전에 퍼스는 자기가 이미 무한과 유한 간의 차이를 자신의 논문에서 특징화시키고 있다는 것이다. J. W. Dauben, 앞의 책, 165쪽.

112) Heena M. Pycior, "Peirce at the Intersection of Mathematics and Philosophy" in *Peirce and Contemporary Thought*, 134쪽.

113) 논리학에서 출발한 퍼스와 달리 칸토르는 trigonometric series의 재현 공리에 관한 초기연구결과로서 수(real numbers)이론을 형식화하고 있다. 또한 데데킨트는 수(real number)를 정의하는 것은 분석에 의해 기하학적 직관으로는 길잡이가 안 된다고 보고 연속과 무리수에 관한 산술연구를 하고 있다.

감을 받고 있는데, 이 무한개념은 특별히 이항된 양의 삼단논법의 특별한 조건으로부터 이끌어 낸 결과이다. 그는 공간과 시간의 무한과 관련된 그의 형이상학적 관심 — 이는 바로 그의 양이론(study of quantity: 무한량과 유한량 연구)과 관련된다 — 을 위해서 연속에 관한 논리적 규정이 필요하다고 생각하게 된다. 만일 어떤 연속체가 최대한 가능한 수의 점들(the maximum possible number of points)을 포함하려 한다면 어떠한 특정한 수에서도 멈추어서는 안 된다. 어떤 특정수에서 멈춘다는 것은 그것이 아무리 극소수일지라도 포함해야 할 점들이 아직도 더 있음을 의미하며, 결과적으로 간격, 틈이 생기게 되기 때문이다. 이렇게 논리학으로부터 접근한 연속체에 대한 그의 분석 결과가 무한소(infinitesimal)개념으로서 퍼스는 이 무한소들의 정당성과 필연성을 확신하고 있었다.[114] 따라서 퍼스는 기하학적 연속체는 수많은 점들(multitude of points)로 이루어졌다고 보는 칸토르의 입장을 거부하게 된다. 퍼트남(Putnam)이 평했듯이 무한소의 챔피언으로서 퍼스는 연속체개념에 대해 그 당시에는 표준적이지 않은 생각을 발전시키고 있다. 따라서 이러한 무한소 개념을 포함하고 있는 그의 전반적인 사상들은 기술적인 기교를 통해 정확히 결합된 개념들과 함께 엄청난 독창성과 깊이를 드러내게 된다.

---

114) 더욱이 멱(冪)집합공리 power-set theorem에 의해 얻은 무한한 가능성들은 만일 그 연속체가 모든 점들을 가능하게끔 한다면 셀 수 없을 만큼 많은 무한소들 — 최소한 힘의 집합의 끝없는 연속에서 구체화되고 있는 많은 가능성들처럼 많은 — 에 의해 거의 접착되어 있을 만큼 빽빽하게 연결되어야 한다는 점을 퍼스에게 확신시켜 주었다.

3.6. 종합추리로서의 상정논법과 그 정당성 근거

퍼스에게서 과학이란 앞서도 지적했듯이 어떠한 학설체계라기보다는 하나의 방법으로서 과학적 방법이란 신념을 확립시키거나 우리의 문제에 대한 답을 얻는 특별한 방식을 말한다. 그러므로 비록 그는 세계가 과학이론들이 묘사한 것과 똑같지 않음을 알고 있었지만, 그에게 있어 과학은 우리가 세계를 이해할 수 있게 해 주는 열쇠였다. 이러한 과학에 흠뻑 매료된 눈을 가지고 있던 퍼스는 수학과 함께 논리학에 대한 연구에 몰두하여 그 자신의 귀납논리와 연역논리 체계를 확립했다고 자부한다. 특히 그의 프래그머티즘은 스스로 상정논법(abduction)의 논리학이라고 부를 만큼, 다시 말해서 프래그머티즘의 문제를 고려하다 보면 의당 그것은 상정논법의 논리에 관한 문제라고 할 만큼 상정논법에 관한 그의 연구는 그의 철학, 특히 논리학에 대한 귀중한 공헌이라고 할 수 있다.

전통적으로 과학적 방법과는 관련이 없는 것으로 보았던 인식(cognition)의 다양한 차원들을 퍼스는 과학적 방법을 이루는 바탕의 일부라고 보았다. 인식의 다양한 차원들이란 다름 아닌 역사성, 사회성, 관심, 미덕들, 형이상학적 가정들 등을 말하며, 이 다양한 특징들이 우리의 인식적인 삶을 통합시키면서 과학적 방법들을 구성한다는 것이다.[115] 특히 퍼스에게서 주목할 만한 점으로서, 그는 본능(instinct)을 과학적 탐구에서 중요한 위치로 부각시키고 있다. 즉 사회적 관심사나 개인적인 관심사 두 가지가 다 과학적 탐구(inquiry)

---

115) C. F. Delaney, "Peirce on the Reliability of Science" in *Peirce and Contemporary Thoughts*, 117 - 8쪽.

에서 중요한 추진력이 될 수 있듯이 본능이 과학적 탐구의 상정논법적 국면에서 아주 결정적이고 중요한, 결코 무시될 수 없는 역할을 하고 있다고 본다. 본능을 이렇게 과학적 탐구의 중요한 일부로 보는 이 생각은 그의 수학적, 존재론적 형이상학의 연속주의, 특히 수학의 무한소 개념이 인식론에 적용된— 논리적인 의미에서— 중요한 결과라고 볼 수 있다.

귀납은 추론자가 이미 하나의 이론을 주장하는 데서 시작된다. 즉 퍼스에 의하면 귀납은 이전의 상정논법에서 결과 된 하나의 가설과 연역에 의해 이끌어진 가능한 실험들의 결과들에 대한 예측으로부터 시작해서 실험을 거친 후에 그 가설이 저 예측들을 확증하는 정도만큼 참이라는 논법이다. 다시 말해서 귀납의 결론은 언제나 사전에 상정논법으로 떠올렸던 가설들이다.

퍼스는 다음과 같은 예를 들어 상정논법을 설명하고자 한다.

> "나는 터키지방의 항구에 내린 적이 있다. 내가 방문하기로 한 집에 걸어가고 있을 때 나는 머리 위에 덮개를 쓰고 네 명의 기수에 둘러싸여 말 등에 앉아 있던 남자를 만났다. 내가 생각하기에 이 지역의 통치자만이 그러한 영예를 누릴 수 있다고 생각했기에 바로 이 사람이 '그'라고 추리했다. 이것은 하나의 가설이었다."[116]

퍼스는 물론 그 머리에 쓴 덮개가 통치자를 구별하는 관례적 기호였음을 몰랐다. 그래서 그는 일반적인 규칙을 창안 혹은 가정한 것이다.[117] 상정논법은 이렇게 가설을 채택하는 것으로서 바로 이 가

---

116) Peirce, *CP*, 2.625.
117) U. Eco, *TSG*, 186쪽

설을 채택하는 과정에 추리적 과정을 포함한다. 이때 채택된 가설은 물론 실험적으로 확인되는 결과들로부터 귀납에 의해 테스트되어야 만 한다는 의미에서 시험적(probational)이다. 다시 퍼스의 말에 귀를 기울여 보자.

"상정논법은 문제에 대한 설명을 할 수 있는 가설을 형성하는 과정이다. 어떤 새로운 아이디어가 들어올 수 있는 유일한 논리적 조작이다. 이에 반해서 귀납에 의해서는 하나의 가치가 결정될 뿐 이고……. 연역에 의해서는 가설의 필연적 결과를 전개시킬 뿐이 다. 따라서 연역이 어떤 것이 있어야만(must be)함을 증명한다면, 귀납은 어떤 것이 실제로 작용하고(actually is) 있음을 보여 준다. 반면 상정논법은 그저 어떤 것이 그럴지도 모른다(may be)고 제시 할 뿐이다……. 내가 찾아본 한 거기엔 특별히 주어질 만한 이유 가 없다. 아니 이유가 필요가 없다. 그것은 단지 제안을 하고 있 을 뿐이기 때문이다."118)

그러므로 상정논법의 과제는 이론적으로 가능한 전(全) 가설들 중 에서 가장 그럴듯한 부분을 한정하도록 결정하는 일, 결정을 제안하 는 일이다. 즉 상정논법은 조사할 만한 가치가 있는 가설들을 결정 하고 역추법(retroduction) ── 초기119)에는 상정논법과 따로 분리시키

---

118) Peirce, *CP*, 5.171.

119) 귀납과 가설발상에 그의 연구들이 초기라고 볼 수 있는 1880년대와 1900년 이후 의 글들 간에 다소간 차이를 보이고 있으나 그다지 큰 것은 아니다. 다만 초기에 는 2절에서 보듯 연역추리와 대비시켜 종합추리로 보면서 서로 독립적인 추리로 보았던 데 반해서(1883년), 후기에 와서 그는 과학의 귀납적 방법론을 양적 귀납 법과 질적(qualitative) 귀납법으로 나누면서 전자를 통계학으로 후자를 가설의 방 법으로 본다. 특히 질적 귀납법은 상정논법(가설형성과 채택을 의미)과 역추법 (retroduction: 가설을 테스트하고 제거하는 것)으로 나누어 본다. 그는 과학적 탐 구의 가설-연역적 모델은 상정논법과 역추법의 두 과정이 적절하게 혼합된 것, 즉 상정논법에 의해 과학자들은 보다 자세히 조사할 만한 가치가 있는 설명적 가

지 않았다 — 은 실제 이들 가설들을 테스트해 보면서 쓸모없는 것들을 제거해 나간다. 그런데 이때 제안은 퍼스 스스로도 말하고 있듯이 어떤 필연적인 이유가 있는 것이 아니라 그저 이런저런 추정을 해 보는 것(presumption)이요, 그렇기에 익히 알던 지식을 넘어서 새로운 아이디어를 공급해 주는, 과학적 지식의 확장을 가능하게 해주는 종합적인 추리이다.

그런데 과연 사전에 어떤 정밀한 분석이나 평가도 없이 어떤 예상들은 빼고 다른 것들은 좀 더 주의를 기울일 만하다고 결정을 내리는 것이 어떻게 가능하며, 특히 어떻게 그 타당성을 가질 수 있는가? 여기에 대해 우리가 일반적으로 갖고 있는 학문, 그중에서도 엄격성과 필연성의 학으로서의 논리학, 추리에 대한 견해와는 놀랍게도 다르게 퍼스는 흥미로운 대답을 한다.

> "만일 우리가 사전에 미리 많은 가설들을 시험해 보기 전에 다른 대부분의 가설들을 시험해 보지 않았는데도 모든 테스트에 다 긍정적일 수 있는 하나의 가설을 예상하게 하는 지적인 어림짐작, 추측(intelligent guessing)을 할 수 있는 그런 짐작의 능력을 우리 정신(mind)이 지니고 있음을 믿지 않는다면 아무리 우리의 확신욕구가 절박하다 해도 진리를 캐내고자 하는 우리의 모든 시도를 다 포기해야 할 것이다. 물론 당연히 테스트를 하는 과정에서 그러한 신비로운 짐작능력(guessing – power)이 쓰인다는 것이 아니라 오직 테스트될 가설을 선택할 때 그 짐작능력은 힘을 발휘한다."[120]

설을 많이 추측해 내고 후자를 통해 경험적인 테스트를 하게끔 한다. 결국 귀납과 상정논법은 서로 다른 추리형태이기는 하나 서로 동떨어진 것이 아니다.
120) Peirce, *CP*, 6.530.

그러면 어떻세 우리는 테스트도 해 보시 않고 행하는 이러한 지레 짐작능력을 신뢰할 수 있단 말인가? 퍼스는 그의 프래그머티즘의 원리 중의 하나인 의미이론, 즉 개념의 의미는 어디까지나 그 개념의 실제적인 효과나 결과들의 총합이라는 태도와는 언뜻 보기에 어긋나는 듯이 보이는 대답으로 이러한 견해를 더욱 밀고 나간다. 모든 상정논법은 다음과 같은 사실을 기초로 하고 있다. 즉 인간의 정신 (mind)은 여러 번의 짐작들을 통해 경우에 맞는 올바른 가설을 우연히 발견하기 마련이란 의미에서 진리와 같은 혈족에 속한다.

여기서 퍼스는 약 두 세기 전 흄을 괴롭혔던 귀납의 문제[121]를 상정논법의 문제로 주제를 바꾸어 버린다. 즉 퍼스는 그가 생각하기에 귀납(양적 귀납)이 타당할 수 있는 조건에 대한 설명을 하고자 한 것이다. 인간 정신은 어떻게 가설 형성에 성공적일 수 있는가[122]라는 물음, 즉 우리는 어떻게 과학적 이론들을 발전시킬 수 있는가를 묻고 있다는 면에서 그가 흠모했던 칸트와 유사하게 그의 문제는 가히 선험적이라고 볼 수 있다. 즉 그는 어떻게 선험적 종합판단은 가능한가라고 묻는 대신 어떻게 종합판단(추리)은 가능한가라고 묻고 있다. 이 점에서 하버마스의 지적은 일면 타당하다고 볼 수 있다. 즉 칸트가 분석판단과 마찬가지로 종합판단도 타당하다고 가정한 데 반해, 퍼스

---

121) 우리는 A가 B에 규칙적으로 선행한다는 관찰로부터 귀납에 의해 A가 B의 원인임을 발견하는데, 과연 어떻게 우리는 특정한 사건 A가 특정한 사건 B의 원인이라는 사실을 아는 것이며, 어떻게 원인의 개념을 구성할 수 있고, 발생하는 모든 것들이 원을 가진다는 사실을 알 수 있는가? 정병훈, 「흄의 귀납문제에 대한 칸트의 답변」, 『귀납논리와 과학철학』, 고려대학교 철학과 이초식 교수 회갑기념집 간행위원회, 출판예정, 1996, 41쪽.

122) N. Rescher, *Peirce' Philosophy of Science*: Critical Studies in his Theory of Induction and Scientific Method, University of Notre Dame Press, 1978, 44쪽.

는 대체로 우연적 혹은 임시적이라고 할 수 있는 탐구(inquiry)와 같은 것이 가능하다면 종합추리도 타당하지 않으면 안 된다는 것을[123] 보여 주려 한다고 할 수 있다.

그리고 이러한 물음에 대해 퍼스는 인간은 진보과정을 거치면서 동물의 본능과 일상의 상식이나 생활의 지혜뿐만 아니라 그러한 본능들이 인식영역에서 갖는 기능, 다시 말해서 자연의 작용들에 주목하는 '그럴듯하게 여겨지는 감각(a sense of the plausibility)'도 타고났기 때문에 이러한 종합추리가 가능하다고 본다. "그럴듯함(plausibility)이란 말로 나는 우리의 본능이 우리로 하여금 그것을 호의적으로 받아들이게 한다는 증거 외에 다른 어떤 증거도 없이 우리의 신념에게 하나의 이론이 그 자신을 추천하는 정도를 의미한다. 모든 다른 동물들은 분명히 그러한 본능을 가지고 있다. 그런데 왜 인간에게 있는 그 본능의 능력을 거부하는가? ……물리학자들은 분명히 어떠한 가설을 먼저 테스트할 것인가 하고 선택할 때 바로 이러한 그럴듯함에 크게 영향을 받고 있다."[124] 그런데 바로 이 그럴듯하게 여겨지는 감각이 과학자들에게 상정논법적 능력을 부여해 준다. 그리하여 실험 시에 이러한 능력이 동물적인 본능과 동일하게 작용하여 과학자들로 하여금 최소한 선택할 만한 가설과 무용한 가설을 구분할 수 있는 믿을 만한 수단으로 중무장하게 하므로 가히 이 본능은 인식적인 본능(cognitive instinct)이라 할 만하다. "어떻게 해서 인간은 참된 이론을 생각하기에 이르렀나? 그것은 결코 우연이라고 말할 수 없을진

---

123) Habermas, *Knowledge and Human Interests*, trans. by J. J. Schapiro, Heinemann, Educational Books Ltd., 1972, 117쪽.

124) Peirce, *CP*, 8.223.

대…… 갓 알을 깨고 나온 병아리는 가능한 한 모든 이론을 다 뒤적이고 나서 어떤 것을 쪼아 먹는다는 생각을 깨친 것이 아니다. 오히려 반대로 닭은 이미 이러한 행위에 대한 본유관념을 가지고 있다. 다시 말해서 이러한 행위를 할 생각을 할 수는 있으나 그 외 다른 것을 생각할 기능은 가지고 있지 않다. 그리하여 우리는 닭은 본능적으로 쫀다고 생각한다. 그렇지만 만일 우리가 모든 닭들이 (이렇듯) 진리에 대한 타고난 경향을 부여받았다고 생각하려 한다면 어째서 인간에게만은 이러한 재능이 부정되어야 한다고 생각해야 할까?"[125]

결국 퍼스가 말하고자 하는 바는 이러한 것들이 저런 것들보다 더 그럴듯하다는 우리의 본능적인 통찰이 과학의 발달을 가장 가능하게 해 주는 중요한 것이라는 것이다. 그리하여 과학자들이 가지고 있는 그럴듯하다고 여겨지는 느낌, 즉 상정논법적 능력은 진리는 탐구(inquiry)의 가장 중심에 놓여 있다는 퍼스의 이론에서 진실로 결정적인 것이 된다. 그리고 상정논법의 바로 이러한 특성 때문에 퍼스가 예로 든 터키지방 통치자의 경우처럼 상정논법은 언뜻 보기에 마치 감정에 치우친 상상력의 자유로운 연상처럼 보이는 것이다.[126]

그런데 이렇게 그럴듯하게 여겨지는 지레짐작 능력은 동물의 본능에 가까울 뿐만 아니라 인간의 진화론적 적응과정에서 자연의 과정에 기능적으로 동조하면서 부여받게 된 능력이기도 하다. 즉 "우리가 분자역학을 이론화할 때 우리는 우리 본능의 안내를 받았다. 이러한 본능들은 참이라고 할 만한데, 이유인즉 그 본능들은 우리가 연구하고 있던 바로 그 법칙의 영향 아래 형성되어 왔기 때문이다."

125) Peirce, *CP*, 5.591, 1.903.
126) Eco, *TSG*, 132쪽.

그러므로 퍼스에게 있어 인간의 상정논법적 본능은 진화해 온 것이다. 진화적인 힘들의 압력 아래서 인간의 정신은 물리적 실재(자연)들과 함께 자연화되어 왔다고 할 수 있다. 칸트가 자연과학의 타당성의 근거를 인간의 선험적 자아에서 끌어온 것을 한 세기 후의 다윈이 주장한 진화설에 적용한 듯이 보이는 다음과 같은 말에서 퍼스의 종합판단에 대한 구상을 명확히 엿볼 수 있다. "인간의 정신에 제시되는 개념들과 자연의 법칙들에 관련된 개념들 사이에는 자연스럽게 일치하는 경향이 있는 것 같다."[127] 결국 종(種)의 축적된 경험으로부터 보증받은 형이상학적 확신이 우리의 상정논법적 본능을 믿을 만하게 해 주고 있다. 그리고 이러한 본능에 대한 신뢰와 이론화는 경험으로부터의 모든 추론에는 오성의 그 어떤 논증이나 절차에 의해서도 지지되지 못하는 마음에 의해 취해지는 단계가 있다고 보고, 그것은 논증이 아닌 그만큼의 권위와 비중을 갖는 어떤 원리에 의해 유발되는바, 그것이 바로 습관과 관습이라는 인간본성(human nature)에 의해서라고 본 흄으로부터의 영향이라고 할 수 있다. 흄 또한 이러한 습관은 동물적 본성의 원리이기도 하며, 동물들도 인간과 마찬가지로 많은 것들을 경험에서 배운다고 보고 있다. 하지만 흄이 경험으로부터의 모든 추론은 습관의 결과이지 추리의 결과가 아니라고 본 데 반해서 퍼스는 이 본능의 영역이 지니고 있는 추리적인 측면, 즉 그의 연속주의(synechism)에 따라 무한소처럼 보이는 곳의 합리성을 밝히고 있다.

이렇게 "상정논법적 연상(혹은 지각적 판단)은 마치 섬광처럼 우

---

127) Peirce, *CP*, 7.508, 1989.

리에게 떠오르는데, 이는 아주 오류가능성이 많은 것이기는 하지만 하나의 통찰행위(an act of insight)이다. 이전에는 가설의 서로 다른 요소들로 있어 서로 연결 지어 생각해 본 적이 전혀 없던 것들을 새로운 제안이 번뜩이면서 이 서로 다른 요소들을 함께 결합시켜 보려는 아이디어",[128] 바로 이것이 상정논법인 것이다. 따라서 귀납이 일련의 사실들로부터 또 다른 유사한 사실들을 추리하는 것이라면, 상정논법은 한 종류의 사실들로부터 전혀 다른 종류의 사실을 이끌어 낸다. 귀납이 법칙 — 특수한 것들로부터 — 을 발견(추리)하는 반면 상정논법은 원인들(가설[129]들) — 결과들로부터 — 을 발견한다. 전자가 분류화한다면 후자는 설명을 한다.

그렇다면 이렇게 번뜩이는 섬광에 의해 떠오르는 아이디어, 곧 가설[130]들에는 어떠한 종류가 있을까? 부츨러(Buchler)는 퍼스의 가설을 다음과 같은 세 가지로 분류하고 있다.

첫 번째 종류의 가설은 관찰된 사실에 대한 진술은 아니지만 후속적으로 직접 관찰을 가능하게 한다. 예컨대

---

128) Peirce, *CP*, 5.181, 1903.

129) 법칙과 원인에 관한 이러한 구분은 뉴턴적인 것으로서 퍼스는 이를 인지하고 있었다(2.202). 특히 가설에 관해서 *Principia* 끝부분을 보면 "나는 가설을 세우지 않는다."고 말하고 있다. 뉴턴에게 있어 법칙은 현상으로부터 추리된 특수명제들로부터 귀납에 의해 틀 지어지는 데 대해, 가설은 이와는 달리 "현상으로부터 이끌어지지 않은 것은 무엇이나 가설이라고 불린다."고 말하고 있다. 따라서 중력의 법칙은 현상으로부터 이끌어 낸 것인 반면, 그가 현상으로부터 이끌어 낼 수 없었던 중력이 지니고 있는 특성들의 원인에 관한 명제들은 가설이라고 할 수 있다. 다시 말해서 뉴턴은 직접 관찰되지 않은 특성들에 관한 주장들을 가설이라고 불렀다. I. Newton, *Principia*, Henry Rogenery Co., penultimate paragraph(547쪽).

130) 가설에 대한 사전적 정의를 보면, 가설은 알려진 일반원리에 따라서 그 결과들이 참이라고 밝혀지므로 개연적으로 참이라고 주장할 수 있는 명제이다. Buchler, 앞의 책, 131 - 3쪽.

내가 만일 한 움큼의 흰 콩을 보았고,
그것들이 어떤 가방으로부터 나왔으며, 그 콩들은 분명 흴 수
밖에 없다고 한다면,
내가 본 그 흰 콩들은 그 가방으로부터 나온 것이다.

이 경우 가설은 관찰된 콩들의 흰색을 설명한다. 즉 콩이 하얀 원
인을 설명하고 진술한다. 또한 터키지방의 통치자처럼 가설이란 것
이 관찰된 가정만을 의미할 뿐만 아니라 관찰되었던 사실들이 생겨
나게 된 가정된 진리를 의미하기도 한다.

두 번째 가설의 의미는 그것들이 과거를 언급한다는 면에서 직접
관찰할 수 없다는 것이다. 예를 들어 물고기를 먹었던 화석이 관찰
되어 이를 설명하고자 할 때 한때 바다가 육지로 덮였었다는 가설을
할 수 있다. 이는 첫 번째 가설보다 더 적절한 원인들에 대한 진술이
라고 할 수 있다.

세 번째 가설은 과학적 가설들, 즉 이론(역사이론은 제외)이라 할 수
있는 진술로서 결코 관찰해 본 적이 없는 것들이다. 예를 들어 원자, 발
광 에테르와 같은 것에 대한 진술이다. 이것이야말로 직접 관찰한 사실
들로부터의 일반화, 귀납의 결과인 경험적 법칙을 설명하는 원인들에
대한 진술이다. 논리실증주의자들이 가설을 가정된 실체에 대한 진술로
보는 데 반해 퍼스에게서는 그러한 진술은 가설의 한 종류일 뿐이다.
결국 가설들은 그것들이 완벽하게 확실하지는 않다는 의미에서 시험적
이고 잠정적이다. 이 세 가지 종류의 가설들이 모두 퍼스가 의미하는
상정논법이며, 이러한 상정논법은 여러 가지 유형으로 나누어지기도 한다.
예를 들어 본판티니(Massimo A. Bonfatini)와 프로니(Giampaolo Proni)
는 상정논법을 다음과 같은 세 가지 유형으로 나눈다.

유형 1) 결과로부터 경우를 추리하는 데 사용하는 매개법칙이 자동적으로 혹은 반자동적으로 주어진다.

유형 2) 결과로부터 경우를 추리하는 데 쓰이는 매개법칙이 그에 관련된 백과사전에서 선택적으로 발견된다.

유형 3) 결과로부터 경우를 추리하는 데 쓰이는 매개법칙이 새로 개발되고 발명된다. 이 마지막 유형에서 바로 진정한 짐작(Guesswork)이 행해진다.[131]

논자가 보기에 상정논법은 에코가 말하듯이 복잡한 형태의 추리라기보다는 우리가 흔히 생각해 온 추리와는 달리 우리의 본능이나 지레짐작과 같이 이성과 논리의 영역에서 제외되었던 부분을 근거로 하고 있다는 면에서 새로울 뿐 사실상은 단순하다. 오히려 복잡한 것은 상정논법 자체가 아니라 이의 근거를 밝히는 과정에서 그의 연속주의에서 본능 부분이 지니고 있는 합리성을 이끌어 내는 과정일 뿐이다. 즉 본능과 지레짐작과 같이 비논리적이고 비이성적인 영역으로 치부되었던 영역들이 지니고 있는 논리적이고 이성적인 인식론적 과정을 밝히고, 보통 합리적이고 이성적이라고 여겨져 온 과학도 사실은 이러한 본능에 의존하고 있음을 밝힘으로써 인간정신을 제한시키지 않고 인간의 정신과 마음의 작용이 지니고 있는 인식론적 연속성을 보여 주고 있다는 점에서 퍼스의 공적은 가히 혁신적이라고 볼 수 있다. 그리고 상정논법이 중요한 이유, 그리고 그가 프래그머티즘을 상정논법의 논리라고 부르는 이유는 상정논법이 대체로 그의 모든 이론들과 개념들이 생겨나게 하는 모든 조작들을 망라

---

131) Bonfantini & Proni, "To Guess or Not To Guess" in *The Sign of Three*, 133 – 4쪽.

하기 때문이다.

그런데 에코는 본판티니와 프로니의 위와 같은 분류를 보다 보충하면서 상위약호화된 상정논법, 하위약호화된 상정논법, 창조적 상정논법으로 설명하고 있다. 그럼으로써 논자가 보기에 퍼스가 단지 본능 부분의 인식론적 근거와 그 정당성을 보여 준 데 반해 에코는 이러한 상정논법을 문화영역에 적용하여 문화철학적 기반을 마련하고 있다. 즉 상정논법이 단지 과학영역뿐만 아니라 문화영역에서 가장 중요한 인식론적 기반임을 보여 주면서 기호학이 문화이론이기 위한 토대를 다지면서 퍼스의 이론을 자신의 이론으로 용해시키고 있다.

3.7. 에코의 응용: 상위약호와 하위약호

에코는 퍼스의 상정논법의 논리를 자신의 철학과 기호학을 풍요하게 만드는 가장 중요한 원천으로 삼으면서 퍼스의 상정논법이 단순한 것으로부터 복잡하고 시험적인 것에 이르기까지 다양한 종류가 있다고 보고, 『기호학 이론』(1976)에서는 상위약호화(overcoding)와 하위약호화(undercoding)로 구분하고, 『기호학과 언어철학』(1984)에서는 본판티니와 프로니가 윤곽 지어 놓은 위의 세 가지 종류의 상정논법을 정교화하고 있다.[132] 특히 전자의 시기에는 이러한 구분을 명시화시키고 있지는 않으면서 아예 후자의 기호들이 지니는 상정논법적 측면만을 밝히면서 문화적인 상황이 낳는 기호 측면에 보다 관심을 명확히 하고 있다.

---

132) 에코는 과학적 가설들과 법칙들이 지니는 확실성과 사회적인 약호들이 지니는 확실성에 차이가 있으므로 자연과학적 기호들과 사회적 기호들 간에 구분을 짓는다.

우선 에코는 약호화되지 않은 문맥이나 상황을 서로 다르게 해석하는 것처럼 상정논법도 하나의 약호를 풍요롭게 하게끔 되어 있는 메타언어학(metalinguistics: 언어와 다른 문화면과의 관계를 다룬다) 작업에서 가장 첫 단계라고 본다. 이는 기호기능을 생산하는 예로서, 계속적으로 해석되나 애매한 채 약호화되지 않은 문맥도 일단 사회에서 받아들여지고 나면 하나의 관습이 생겨나게 하고 이렇게 해서 약호화가 생겨난다. 그러면 마치 애초엔 상정논법적으로 해석해야 했던 은유가 점점 비유의 남용이 되는 것처럼 이 문맥은 점점 진부한 문장이 된다.[133] 에코는 바로 이 지점, 즉 기호학의 인식론적 측면, 언뜻 보기에 상상적인 듯이 보이나 추리과정을 통해 도달되는 상정논법의 추리적인 성격을 밝힘으로써 기호가 지니고 있는 화용론적 측면, 즉 기호(언어)와 서로 다른 문화로부터 일어나는 차이들을 드러내는 밑바탕을 만들고자 한다. 그리하여 에코가 밝힌 기호의 해석적 측면, 즉 기호의 추리적인 성격이 모든 문화마다 공통적으로 일어나는 세로축을 형성한다면, 각각의 문화와 문맥들은 그 추리가 일어나는 가로축을 형성하고 있어 이 두 축은 우리로 하여금 씨실과 날실로 이루어진 우리의 문화세계의 구조 — 기호의 우주 – 를 훤히 들여다보게 해 준다.

에코에 의하면 우리가 어떤 기호의 의미를 모르고 있어서, 그것을 반복된 경험에 의해 알아내고자 할 경우에 취하는 방법이 귀납방식으로서, 이는 명시적인 정의를 내리는 방법이기도 하다. 예를 들어 어떤 사람이 /걷다/라는 동사의 의미를 질문받았을 때, 걷기 시작함으로써 그 의미를 보였다고 하자. 그런데 다시 그가 걷고 있는 동안

---

133) Eco, *TSG*, 187쪽.

/걷다/라는 의미를 묻자 그는 더 빨리 걸음으로써 이에 답했고 질문자는 /걷다/라는 의미를 /서두르다/라고 이해하게 된다. 여기서 보듯이 단순한 귀납에 의해서는 단어의 의미를 명확히 하지 못한다. 이러한 경우에 오히려 걷는 행위가 그 단어에 대한 해석이라는 가설을 세운다면 우리의 주의를 끄는 것(결과, result)이 가설에서 내린 규칙(rule)의 한 사례(case)라고 가정할 수 있게 된다.

에코는 이러한 언어적 기호 외에 자연적 기호에서도 상정논법이 쓰이고 있음을 퍼스가 예로 든 것을 인용해 보이고 있다. 케플러(Kepler)는 화성의 궤도가 점 x와 y를 통과함을 발견했다(결과). 아직 규칙을 알지 못하고 있어 케플러는 그것들이 기하학적 도형 중의 타원들의 점들이라는 규칙을 가정했다. 이러한 가정은 실로 용기 있는 상상력이다. 그런데 만일 화성의 궤도가 실제로 타원이라면 그 타원은 x와 y를 통과할 것이며, 이는 가설에서 내린 규칙의 한 사례(경우)가 된다. 당연히 이러한 상정논법은 검증되어야만 한다. 그리고 그것이 검증되면 다른 행성들도 이러한 화성의 운동과 같은 운동을 하고 있는 것으로 가정되어, 하나의 행성운동이 행성들의 일반운동에 대한 기호가 된다. 이렇듯 상정논법은 기호가 그 의미를 획득해 나가도록 하는 의미작용의 규칙들의 체계를 추적해 가는 시험적이고 모험에 찬 방법이다.

그러면 에코가 유형화시키고 있는 세 가지 형태의 상정논법을 보자.

첫째, 법칙이 자동적으로 혹은 준자동적으로 주어질 때의 상위약호화된 상정논법 혹은 가설이 있다. 보통 구어는 동치체계로서 한국어에서 /인간/은 '이성적이고 죽음을 면치 못하는 동물'을 의미한다고 가정해 보자. 어떤 사람이 /인간/을 발음하면 이것이 한국어로 된

단어유형임을 짐작해야 한다. 우리는 일반적으로 이런 종류의 해석적 노력을 자동적으로 하는 것처럼 보인다. 그러나 사실은 사람들이 서로 다른 언어들을 사용하게 되어 있는 국제적인 환경 속에 살고 있으므로 우리가 /인간/을 한국어라고 아는 것은 사실 완전히 자동적은 아니다. 그런 의미에서 /인간/과 같은 어떤 말의 의미는 자동적이라기보다는 준자동적으로 주어진다고 할 수 있다. 즉 에코가 여기서 하고자 하는 말은 다음과 같다. 하나의 주어진 현상을 하나의 주어진 유형에 대한 특징(토큰)으로 인식하는 것은 어떤 말이 말해진 환경, 말하는 사람의 성품, 그리고 광범위한 공동텍스트에 관한 어떤 가설을 전제로 한다. 다시 말해서 기성의 규칙 혹은 이미 획득된 관습을 기초로 해서 새로운 규칙을 제안하는 것이 상위약호화이며, 그리하여 상위약호화는 관습과 혁신 사이를 넘나들게 된다.

에코에 의하면 '안녕하세요(how are you)?', '일요일 휴업(closed on Sundays)' 등과 같이 구어적인 언어에서 쓰이는 문체론적이고 수사적인 일련의 규칙들은 모두 상위약호화의 경우이다. 이 경우, 기본적인 약호는 어떤 문법적 성향이 이해되기 쉽고 받아들여지기 쉬운가를 확립시켜 주며, 그 이상의 규칙은 그러한 성향이 이전의 것을 출발점으로 해서 일정한 상황하에 특정한 문체적 함축을 지니며 사용되도록 해 준다. 에코에 의하면 구어적 언어 외에 모든 도상적 대상들도 상위약호화의 결과이다. 머리말에서 언급한 바 있는 부르디외의 지적, 즉 한 시기, 유파, 저자의 특징을 드러내는 스타일과 미를 인식하려면 사실은 칸트적인 순수한 응시가 아니라 암묵적으로 은폐되어 있건 아니면 명시적으로 드러나 있건 사물을 지각하고 음미하는 도식(이 도식이 회화적 교양과 음악적 교양을 형성한다)을 의식적으로건 무의식적으로건 활용해야 하는데 바로 이 도식이 에코가 말하는 상위약호이다.

둘째, 하위약호화된 상정논법이란 동등한 자격을 가진 대안들 중에서 규칙을 정해야 하는 경우를 말한다. 영어의 /man/은 모든 의미에서 /rational mortal animal/이 아니다. /He is every inch a man/이나 /play the man/과 같은 다른 문맥적 상황에서 man은 남성적인, 사나이다운이라는 뜻을 가진다. 그러므로 우리는 어떤 사람이 /This is a man/이라고 말했을 때, 우리는 그가 이성적 동물을 말했는지, 남성적임에 대한 예를 말했는지 부하나 하인을 말했는지 등등 중에서 어느 것을 말했는지를 결정해야 한다. 즉 어떠한 특질이 드러나고 어떠한 특질이 마취되어야 하는지를 결정하는 것이 바로 하위약호화된 상정논법의 좋은 예이다.

에코에 의하면 우리가 새로운 음악작품의 여러 가지 소리들로부터 독특한 음악적 감정, 즉 우리에게 의미 있는 유기적인 전체를 느끼게 할 때, 또한 서로 다른 두 작곡가의 새 작품을 들을 때 아직 이전 작품들의 스타일에 대한 분석이 이루어지지 않았음에도 불구하고 어떤 동일한 스타일이나 동일한 목적을 찾아낼 때 바로 일종의 불명확한 약호화 속에서 시험적인 가설을 적용해 보게 된다. 우리가 전혀 이해하지 못하는 언어를 사용하는 나라에 갔을 때 우리는 차츰 어떤 일정한 제스처, 그에 뒤따르는 행동, 시각적 표현, 소리로 구성된 항목 그리고 어떤 일반적인 경향 등을 통해 무엇인가를 이해하게 된다. 즉 우리는 차츰 일련의 표현이 아주 일반적인 의미에 상응함을 알게 된다. 예를 들어 'I love you, I like you, I am fond of you, Hello, my friend!, How are you?' 등과 같은 표현이 미소와 함께 주어진다면 우리는 어림잡아 그것이 우정을 의미함을 알아차리게 된다. 이처럼 거친 대략적인 어림짐작이 바로 하위약호화이다. 그러므로 하위약호화란 사전에 성립된 규칙이 없는 가운데 어떠한 규칙을 정립해 보는 것이라고 말할 수 있다. 앞에서 언급된 케플러의 경우도 여기에 속한다.

셋째, 창조적인 상정논법(creative abduction)이란 설명할 규칙이 새로 발명되어야 하는 경우를 말한다. 코페르니쿠스가 태양중심설에 대한 직관을 가졌을 때가 좋은 예이다. 그는 프톨레미의 지구중심적 체계가 마치 화가가 몸의 각 부분들을 하나의 육체로 구성하지 못한 채 그려진 그림처럼 우아하지도 조화롭지도 못하다고 생각했다. 그리하여 그는 창조된 세계가 하나의 경탄할 만한 조화를 드러낼 수 있도록 태양이 우주의 중심에 있어야만 한다고 마음먹었다. 그리하여 그는 구조적으로도 뛰어나고 형태론적으로도 우아함을 보증할 수 있는 하나의 가능 세계를 생각해 냈다. 다시 말해서 하나의 만족할 만한 세계상을 창조해 냈다. 그런데 이러한 창조적 상정논법에서는 창조해 낸 설명이 '합리적인' 것인지를 확신할 수 없다. 시적 텍스트를 해석할 때나 탐정가 홈즈가 범죄를 해결할 때 바로 이러한 창조적 상정논법이 이루어지고 있다. 언어가 주어진 세계관이나 과학적 패러다임을 확신하기 위해서가 아니라 어떤 특질들이 주어진 항목의 의미에 더 이상은 할 수 없음을 결정하기 위해 쓰이는 많은 경우들은 바로 이러한 창조적 상정논법의 특징의 해석적 협력이 필요하다.

이상을 통해서 우리는 추리는 기호작용(semiosis)의 모든 수준에서, 즉 구어뿐만 아니라 소위 자연적 기호를 이해하는 데에도 작용하고 있음을 알 수 있다. 단지 차이가 있다면 언어적 기호와 자연적 기호는 서로 다른 종류의 추리, 즉 전자는 기호학적 추리를 하고 후자는 과학적 추리를 함으로써 서로 다른 확실성을 지니고 있다는 점이다. 그리하여 기호학적 그럴듯함(semiotic plausibility)이 사회적 관습들에 근거를 두고 있는 반면, 과학적 그럴듯함은 검증가능성이라는 다른 기준에 근거를 두고 있다. 그리하여 여기서 에코가 무엇보다도 가장 강조하며 주장하는 바는 우리가 언어든 다른 여타의 기호든 언제나 추리과정들을 거치면서 다루고 있다는 점이다. 그리고 이러한 추리 과정들이 바로 해석의 과정이라고 할 수 있으며, 따라서 기호를 이 해한다는 것은 단순히 고정된 의미(동치로서의 의미)를 인지하는 것이 아니라 추리 곧 해석의 문제라는 것이다.

4. 추리와 무한기호작용

4.1. 퍼스의 기호학

앞서 보았듯이 퍼스의 인식론은 탐구(inquiry)이론, 추리에 관한 이론, 즉 논리학, 그리고 모든 사유는 기호이므로 기호이론, 이렇게 세 부분으로 나뉘며, 이들은 서로 완전히 독립된 별개로서가 아니라 미로처럼 서로 연결되어 있다. 그리하여 우리가 논리학이라고 부르는 것은 그에게 있어 기호에 관한 일반이론을 전제로 하며, 기호론 내에 포함되거나 기호론에 선행한다.[134] 즉 퍼스에게 있어 논리학은 현상학과 수학에 의존하고 있으며, 모든 사유는 기호라는 수단에 의

---

134) Victorino Tejera, *Semiotics From Peirce To Barthes: A Conceptual Introduction to the Study of Communication, Interpretation and Expression*, E J. Brill, Leiden, The Netherlands, 1988, 2쪽.

해 이루어지므로 "논리학은 기호들의 일반적인 법칙에 관한 학문이다."[135] 논리학은 다시 세 부분으로 나뉘어 1) 순(純) 이론적 원리 (speculative grammar)는 도상(icon), 지표(index), 상징(symbol)으로 나누어지는 기호들의 본질과 의미에 관한 일반이론이다. 2) 비판적 원리 (critical grammar)는 논법(argument)들을 분류하고 각 논법들의 타당성과 설득력 정도를 고찰한다. 3) 마지막으로 방법론적 수사학은 상징이나 다른 기호들과 이것들이 드러내고자 하는 해석체(interpretant)와 맺는 일반적인 관련 조건에 대한 공식(혹은 학설)을 다룬다.

퍼스는 칸트로부터 삼원적인 (triadique) 모델을 빌려 와 빈번히 쓰고 있는데, 우선 그의 현상학적 존재론에서 기본적인 범주로서 일차성, 이차성, 삼차성을 구분하고 있으며, 인식론적으로는 연역, 귀납, 그리고 상정논법을 구분한다. 마지막으로 기호학적으로는 표상체 (representment) 로서의 기호 (sign), 대상(object), 그리고 해석체로 나뉜다. 특히 기호학에서의 삼분법은 존재론의 범주들을 기호관계에 인식론적으로 적용한 것으로서 존재론의 구체적인 실현이라고 할 수 있다. 그는 그의 기호학에서 기호의 본성에 따라 순전한 질로서의 qualisign, 실제적인 존재로서의 sinsign, 그리

---

135) C. S. Peirce, *CP*, 1.191, 2.93 퍼스에게 있어 과학은 앞에서 보았듯이 잘 조직된 지식체계가 아니라 살아 있는 사람들의 연구로서, 이론적 과학과 실제 과학으로 나뉜다. 지식 그 자체를 추구하기 위한 이론과학과 달리 실제과학은 어떤 이익이나 통제를 위한 것이다. 이론과학에는 다시 발견의 과학과 이미 발견된 것을 단지 종합하고자 하는 비평과학(science of review)이 있다. 다시 새로운 진리를 추구하는 발견과학은 명제에 따른 분류가 아닌 활동에 따른 분류, 즉 수행되는 관찰의 종류에 따라 수학, 철학에 해당되는 일반학(coenoscopy), 그리고 개별학(idioscopy)으로 나뉜다. 철학이 보통 사람의 일상 경험 내에서 나오는 관찰들에 만족하는 학문이라면 개별학은 이와 반대로 망원경 같은 도구를 사용해서 관찰을 보다 심화시킨다. 다시 철학, 즉 일반학(coenoscopy)에는 현상학(phaneroscopy), 규범학(normative science), 형이상학(metaphysics)이 있으며, 규범학(normative science)에는 미학, 윤리학, 논리학이 있다. 그리하여 논리학보다 앞서는 학문은 현상학, 미학, 윤리학으로서 이들은 논리적 탐구에 공헌하는 일반원리들이다.

고 일반 법칙으로서의 legsign (2.244)으로 구분하고, 또 기호와 그 대상 사이에 맺는 관계에 따라 도상, 지표, 상징으로 나누며(2.47), 마지막으로 해석체의 본성에 따라 그것이 가능성의 기호인가 사실의 기호인가 아니면 이성(reason)의 기호인가에 따라 항목, 문장, 논법으로 나누고 있어 그의 기호학이 조금 형식적이기는 하지만 실은 아주 고도의 추상적인 설명들, 즉 파레트가 지적하고 있듯이 논리학의 일부로서 그의 기호학은 특히 인간 추리에 관한 것이다. 다시 말해서 Ⅲ장 3절에서 보았듯이 인간의 추리는 기본적으로 인간학적 목적들에 의해서 동기를 부여받는다. 인간의 본능적인 영역이 그 중요한 역할을 하는 상정논법의 특성에서 그 하나의 예를 보았듯이 인간은 본질적으로 이성으로 추리하고, 이성을 사용하고 인지할 수 있는 잠재력에 의해 특징지어짐을 그는 자신의 기호학을 통해 말하고 있다. 그런데 이러한 추리와 합리성이 구조주의 공리에서는 부재하는 것이다.

특히 칸트주의자였던 그의 삼원론은 기호세계를 이루는 기호작용의 더욱 역동적인 개념을 가능하게 하는데, 그의 기호학에서 기호관계를 역동적으로 만드는 것은 바로 해석체(interpretant)의 작용으로부터 온다. 앞장 3절에서 데카르트의 인식론과 대비해서 퍼스가 생각하는 기호와 해석체에 관한 언급이 있었지만 이제 조금 더 자세히 살펴보기로 하자.

퍼스에 의하면 "기호란 어떤 사람에게 어떤 것을 어떤 점이나 어떤 능력 면에서 대신하는 어떤 것이다. 기호는 그 사람의 마음속에 그와 동등한 기호 혹은 아마도 보다 발전된 기호를 하나의 기호를 만들어 낸다. 기호가 생산해 낸 바로 그 기호를 나는 그 첫 번째 기호의 해석체(interpretant)라고 부른다. 기호는 어떤 것, 즉 그것의 대상을 대신하는 것이다." 잘 알다시피 소쉬르는 언어적 기호의 본성은 그것이 언급하는 대상에 의해 결정되는 것이 아니므로 기호와 대상 간의 관계는 자의적인 것으로서 기표와 기의의 이원적인 관계만을 보고 있다. 그에게 있어 기호란 심리적 실재로서 하나의 개념과 하나의 청각 영상관계이며, 언어를 사회적 사실로 규정함으로써 심리적 연상들은 랑그의 자료가 되기 위해서 집단적 합의 — 뒤르껭이 말한 집단적 표상으로서 — 에 의해서 비준받아야 한다고 본다.[136] 이로써 소쉬르에게 있어서 기호학의 기원은 심리적이고 사회적인 데 반해 퍼스에게 있어 기호학의 기원은 다분히 논리적이며, 기호는 기본적으로 기호 - 대상 - 해석체라는 삼원적인 것이다. 퍼스가 기호에 관해서 말하고 있는 또 다른 예를 들어 보자.

> "기호의 본질적인 기능은 비능률적인 관계를 능률적 (혹은 효과적)으로 만든다는 것이다……. 어떤 점에서 지식이 그 관계를 보다 쓸모 있게 만드는 것이다. 그러므로 기호란 그것을 앎으로써 어떤 것에 대해 더 알게 되는 어떤 것이다."[137]

이로 보아 퍼스의 기호학 연구에서 무엇보다 중요한 것은 기호라는 수단에 의해 의사소통을 하거나 지식의 성장을 설명하고자 하는 것임을 알 수 있다. 여기서 두 가지를 지적할 수 있는데, 첫째로 앞서도 언급했듯이 소쉬르와 달리 퍼스는 심리적인 과정에 관심이 있는 것이 아니라 그와 반대로 반(反)심리주의적 기질을 지니고 있으며 그의 관심을 끄는 것은 그 과정의 논리이다. 둘째, 퍼스가 볼 때

---

136) 소두영, 『구조주의』, 민음사, 1984, 37 - 38쪽.
137) C. S. Peirce, *CP*, 8.332.

기호란 지식을 낳고 지식을 전달, 소통하는 것들 중에서 하나의 매체가 아니라 지식을 낳고 전달하는 유일한 수단이다.[138]

> "모든 우리의 사고와 지식은 기호에 의한 것이다. 그러므로 기호란 한편으로 그것의 대상과의 관계 속에 있는 대상이요, 다른 한편으로는 하나의 해석체와의 관계 속에 있는 대상이다. 해석체와 대상과 맺는 관계에 상응해서 해석체를 대상과의 관계 속으로 들어가게 하는 그런 방식으로."

여기서 보듯이 기호를 대상세계와의 관련 없이 두 가지 형식적 실체들(표현 국면과 내용 국면) 사이의 내재적인 결합으로 규정하는 소쉬르와 옐름슬레우[139]의 대륙 구조주의 기호학과 달리 퍼스 기호학의 가장 흥미로운 특징은 기호가 지시하는 대상을 그의 기호관계 안에 포함하고 있다는 점이다. 그리하여 기호와 대상과 맺는 관계에 따라 기호와 대상과의 유사성 혹은 공통점을 기반으로 하는 도상들(icons), 기호가 그 대상과 실제적으로 맺는 관계에 따른(연기가 불의 기호이듯이) 지표들(indices), 마지막으로 대상과의 관계가 주어진 언어적 공동체 내에서 관습적으로 내리는 해석처럼 추상적 사고에 의해 매개되는 상징들(symbols)로 나뉜다. 물론 유사성 혹은 닮음이 과연 무엇인가 하는 등 논의의 여지가 있기는 하지만 이러한 문제는 이 글의 주제와는 멀고, 여기서 중요한 것은 퍼스는 구조주의 기호학에서 배제시켰던 지시적 대상 혹은 기호의 지시적 특성을 내세운

---

138) Jorgen Dines Johansen, *Dialogic Semiosis: An Essay on Signs and Meaning*, Advances in Semiotics, 55쪽.

139) 옐름슬레우는 소리와 언어 간 필연적인 관계가 없으므로 언어학은 언어적 형식에 대한 연구이어야 한다고 본다.

다는 점이다. 그리고 이렇게 대상을 기호개념 안에 포함함으로써 그의 기호학은 기호의 의사소통적 측면을 내세우게 된다.

> "기호를 통해 대상으로부터 해석체로 전달되는 것이 하나의 형식이다……. 기호는 해석체에게 그것을 전달하는 능력을 부여받고 있다. 그것이 대상 속에 있을 때처럼 직접적으로 해석체 안에 그 능력이 있을 수도 있으며 혹은 해석체의 행위로서 역동적으로 해석체 안에 있을 수도 있다(군대의 장교가 그의 부하들에게 "앞으로 가!" 혹은 "뒤로 가!"라는 기호를 사용할 때 부하들은 아마도 자동적으로 그의 명령에 따르듯이). 혹은 그 힘은 단지 재현적으로만 해석체 안에 있을 수도 있다."[140]

결과적으로 그의 기호 개념은 하나의 형식을 해석체에게 나르는 (전달하는) 것, 즉 "하나의 형식을 의사소통하기 위한 하나의 매체"라고 할 수 있다. 이로써 그의 기호 개념은 역동적이고 활동적인 특징을 갖게 된다. 즉 기호작용(semiosis)이란 '기호, 그 대상, 해석체와 같은 세 주체의 협력을 포함하는 활동 혹은 영향'으로서 기호성은 이러한 삼원적 활동 외부에 존재하지 않는다. 이는 기호란 의미를 생산하는 세 가지 독립적인 위치들 간의 역동적이고 중재적인 관계임을 의미한다.

---

140) C. S. Peirce, *MS*, 793, 1906: 2 – 4.

4.2. 해석체와 무한기호작용

　이렇게 운동하는 그의 기호개념은 사실 그가 어떤 생각을 하고 논의하는가 하는 경우에 따라 여러 가지 다른 강조점을 가지고 다양하게 표현된다. 그가 대상(object)이라고 말하는 것도 마찬가지여서 항상 그 기호의 외연이나 지시체를 의미하는 것도 아니다('the'와 같은 경우). 해석체에 대한 정의를 내릴 때도 마찬가지이므로 부츨러(Buchler)는 대상을 기호의 넓이라고 보고, 해석체는 그 기호의 깊이라고 본다.

　퍼스에 따르면 기호가 기호이기 위해서는 반드시 하나의 설명, 번역 혹은 해석, 즉 해석체를 지니고 있어야 한다. 그런데 그가 말하는 해석체란 '가능한 해석체'를 의미하는 것으로서 반드시 실제로 존재할 필요가 없다. 그러므로 하나의 기호에 대한 해석체는 심리적으로 번역되든 아니면 언어적으로 번역되든 그 자체로 하나의 기호로서, 동시에 동일한 대상에 대한 기호일 수 있으며, 다른 해석체에 의해 번역될 수 있다. 이 다른 해석체는 또한 동일한 대상에 대한 기호일 수 있으며, 또다시 다른 해석체를 가질 수 있고 이런 식으로 모든 기호는 무한한 해석을 할 수가 있으며, 이들 해석체들은 동시에 각각 동일한 대상에 대한 기호이기도 하다. 이렇게 해서 무한기호작용(unlimited semiosis)이 일어나며, 이 무한기호작용이란 곧 기호들의 끝없는 자기 생산과정이다. 기호의 이러한 자기생성적 본성(self-generating nature of sign)이 퍼스 기호학의 핵심이다.[141] 또한 퍼스에게서 기호를 심리적 기호와 심리적이지 않은 외적 기호로 구분할 때, 심리적 기호는 곧

---

141) H. Buczynska-Garewicz, Semiotics and Deconstruction, in *Reading ECO*, 168쪽.

하나의 사유 혹은 인식이라고 할 수 있으며, 외적 기호는 쓰인 단어나 몸짓 혹은 다른 물리적인 표현도구를 말하는 것으로서 여기에는 언어기호와 자연기호 혹은 물리적 징후들이 있다. 그러므로 하나의 기호에 대한 해석체는 심적인(mental) 것이라고 보고 때로 해석체를 사유와 동의어로 쓰곤 한다. 따라서 기호는 어떤 마음에 의미를 갖게 되고, 따라서 해석체는 해석자(interpreter)를 함축하기 마련이다. 따라서 해석체는 일련의 반응에 대해 대응하고자 하는 해석자의 성향[142]이기도 한 것으로서, 기호작용(semiosis)은 사유 혹은 사고기호로서 한편으로는 대화적인 의미, 즉 기호로서 행위하는 사유와 해석체로서 행위하고 있는 또 다른 기호 간의 대화로 전개되고 있다

퍼스는 해석체를 여러 가지로 나누고 있는데 우리의 관심은 그 종류보다는 해석체가 실은 상정논법적 추리의 결과라는 것이다. 우리는 3절에서 하나의 인식 혹은 사유(즉 기호)가 또 다른 인식이나 사유로부터 추리된 것임을 보았다. 그리고 이렇게 또 다른 사유로부터 추리된 인식 혹은 사유가 곧 해석체로서, 상정논법적 추리의 결과가 곧 전제(이전의 인식 혹은 사유로서)의 해석체인 것이다. 따라서 앞에서 사용했던 용어를 다시 사용하자면, 모든 지각판단은 다른 어떤 것의 해석체, 특히 상정논법적 해석체이다. 그러므로 기호는 해석체 A(또 하나의 기호)를 낳고, 다시 해석체 A는 해석체이자 기호로서 B를 낳고 다시 해석체 B는 해석체 C를 낳는 기호 생성은 사실은 모든 단계가 이전의 단계 안에 들어 있으며 미래의 의미를 규정하는 합리적인 과정이다.

---

142) R. A. Fiordo, *C. Morris and The Criticism of Discourse*, 52쪽.

특히 이런 점에서 퍼스의 기호학은 퍼스로부터 많은 영향을 받은 데리다의 해체와 다르다. 위의 해석체 개념에서 보듯이 퍼스에게 있어 의미는 기호 안에 들어 있으며, 기호학이 의미와 해석의 이론이라 한다면, 해체는 텍스트의 어떠한 내재적인 의미도 거부하며, 의미는 오히려 데리다가 말하는 차연의 무한한 과정에서 다시 만들어진다. 즉 기호를 넘어서, 텍스트를 넘어서, 의미를 넘어서는 것이 해체이다. 더구나 데리다에게 있어서 기호는 그 대상과 의미로부터 해방되고 나서 모든 논리적인 구문(syntax)을 해체한다. 그 결과 해석과 전(全) 기호적 영역에 다른 의미를 부여하게 된다. 이에 반해 퍼스는 기호학과 논리학을 거의 동일시하고 있으며, 기호적 생성에서 하나의 기호(사유)는 이전의 사유로부터 추리된 것, 즉 논리적이고 합리적인 과정 안에 있다고 본다.

에코는 퍼스의 해석체 개념이 지시체의 형이상학이 아닌 문화현상에 대한 과학을 가능하게 해 준다고 보고, 이를 다음과 같은 서로 다른 형태로 받아들인다.

a) 해석체는 /개/라는 단어에 대응해서 한 마리의 개를 그리는 방식으로 다른 기호체계에서 등가의 기호전달체일 수 있다.

b) 해석체는 '이와 같은 모든 대상들'과 같은 보편양화 중의 한 요소를 의미하면서 하나의 대상을 가리키는 지표일 수 있다.

c) 해석체는 /소금/을 염화나트륨이라고 부르듯이 동일한 기호체계를 통해 과학적(혹은 소박한) 정의일 수 있다.

d) 해석체는 /개/가 '충성심'을 의미하듯이 이미 확립된 부가의미 (connotation)로서의 가치를 지니는 감정적 연상일 수 있다.

e) 해석체는 하나의 단어를 다른 언어로 번역이거나 그 동의어에

의한 대체일 수 있다.

여기서 에코는 기호의 생성을 지배하는 원리를 다루는 기호 생산이론으로서의 퍼스기호학을 해석체라는 개념을 통해 구조주의 기호학의 약호이론과 통일시킬 수 있는 공간을 발견한다. 즉 해석체란 개념이 곧 기호운반체의 기저의미(denotation)와 부가의미(connotation) 영역에 해당될 수 있다는 것이다. 그러나 사실 기호의 지시적이고 의사소통적인 측면을 간과하고 있는 구조주의 및 언리학(glossematics)과 퍼스의 기호학은 서로 다른 대상 혹은 영역에 대한 방법론으로 전개되고 있어 양자를 비교하거나 통일시키는 작업이란 지극히 어려워 보인다.

그러면 이렇게 무한기호작용을 낳는 해석체는 하나의 특정한 기호에 대해 상정논법적 추리를 행하면서 구체적으로 어떻게 무한한 해석을 추리해 내는 것인가? 앞으로 우리는 에코가 이러한 해석체의 무한기호작용은 해석 혹은 추리가 행해질 때의 원리적인 작용일 뿐 실제로 하나의 특정한 기호가 해석되려면 그 추리라는 줄기가 미로처럼 뻗어 나가는 백과사전적 그물망 안에서 기호작용이 행해지며, 따라서 그 결과가 어떠한가를 5절의 백과사전과 6절의 은유에서 보게 될 것이다.

5. 백과사전: 특정사회의 문화적 코드 형성과정

5.1. 사전

앞에서 에코의 해석가능성이라는 기준은 추리적 모델(p ⊃ q)에 기반을 두고 있는 자연기호들에 대한 개념이나 동등모델(p ≡ q)에 기반을 두고 있는 언어적 기호들에 대해서나 모두 해당됨을 보아 왔다. 여기서 기호를 동등, 동치, 동일성으로 보는 두 번째 개념은 주어진 언어적 표현의 의미나 내용이 동의어적 표현이거나 그 정의임을 의미한다. 예를 들어 /man/은 rational mortal animal로 정의되며, 이들 각각 /이성적/, /죽음을 면치 못하는/, /동물/을 해석하다 보면 /인간/ 이상의 것을 말해 준다.[143] 더구나 영어의 /man/을 한글로 번역할 때 /인간/을 선택할 것인가 /남자/를 선택할 것인가는 영어의 정의 /rational mortal animal/이라는 문맥으로 보아 /인간/임이 드러난다. 바로 여기서 백과사전 중 어느 쪽을 참조로 해서 해석할 것인가의 문제가 등장한다. 즉 이미 한국어 사전과 영어사전은 /man/에서부터 다른 것을 의미하며, 이는 곧 한국이라는 사회, 문화, 역사적 상황과 영어권 나라의 그것이 서로 다른 데서 온 차이임을 알 수 있다. 다른 형용사의 경우도 마찬가지이다. 애초에 사전적 정의를 찾고 있었는데 문맥에 따라 그 뜻이 달라지므로 다른 의미들을 포함하는 백과사전을 참조하는 셈이 된다. 앞으로 우리는 에코가 어떻게 사전이 백과사전일 수밖에 없음을 설명하는가 보게 될 것이다. 이 장 3절에서 하나의 기호를 생산하거나 해석하는 데 있어서 필연적으로 상정논법적 추리가 행해지고 있음을, 그리고 4절에서는 그러한 추리를 바탕으로 해서 해석체의 무한기호작용이 행해짐을 보았다면 이제 이 절에서는 이러한 무한기호작용을 행하고 있는 미로로서의

---

143) 예를 들어 영어의 /man/은 남성, 성년의 남자, 사내다운 남자, 인류 혹은 사람, 하인 혹은 노동자 혹은 부하, 남편, 이봐, 어렵소, 이런, (대학)재학생, (체스)말, 권력자, 1달러(속어) 등의 의미를 지니고 있으며, /rational/은 이성적인, 합리적인, 온당한, 순이론적인, 유리수의 등을 지니고 있다. 그리고 여기서 말하는 사전/백과사전의 구분은 기호학적인 용어로서이다.

Q모델과 동일한 기호에 대해서도 추리가 다양하게 나타날 수밖에 없는 그물망(Q모델) 내의 구체적인 단위들, 즉 프레임, 스크립트, 토픽 등에 대한 에코의 독자적인 백과사전 개념을 보게 될 것이다.

옐름슬레우에 의하면 한 언어들에 있어서 아주 작은 기호들도 제한되지 않은 어떤 목록들과 제한된 다른 목록들로 나누인다. 즉 사전적 절차는 제한되지 않는 목록들에 들어가는 존재들을 제한된 목록들에 들어가는 존재로 분석하려는 것이다. 예를 들어 보통명사인 숫양/암양, 남/녀, 소년/소녀, 수말/암말(그룹 1), 양, 인간, 어린이, 말(그룹 2)은 제한되지 않는 목록에 속하는 반면, he/she(그룹 3)는 제한된 패거리를 가리킨다.[144]

	sheep	human	child	horse
she	ewe	woman	girl	mare
he	ram	man	boy	stallion

에코는 옐름슬레우가 제안한 사전은 예의 사전에 요구되는 다음과 같은 현상들을 설명하고 있다고 본다. 1) 동의어와 부연(상세히 바꿔 쓰기): 암양은 암컷 양이다. 2) 유사성과 차이: 숫양/수말, 암양/암말은 공통된 의미론적 구성이나 다른 한편 수말/암말에서 수말은 암말과 다르다. 3) 반의어, 4) 상위어/하위어: 말/수말, 5) 의미 있음과 의미론적 변칙(이상): '수말은 말이다'는 의미가 있는 반면 암컷의 수말은 이상하다. 6) 다의적 의미: 말은 달리는 말을 의미하기도

---

144) Louis Hejmslev, *Prolegomena to a theory of Language*, trans. by Francis J. Whitefield, The University of Wisconsin Press, Madison, 1961, 70 – 71쪽.

하나 말하는(speak) 말을 의미하기도 하므로 보다 완벽한 사전이라면 마땅히 이러한 이중의 의미를 설명해야 한다. 7) 잉여: 수컷의 숫양(a male ram)은 의미 있기는 하나 동시에 잉여이기도 하다. 8) 분석적 진리: '숫양은 수컷이다'는 의미 있고, 잉여이며 그리고 분석적 진리이기도 하다. 9) 모순: 숫양들은 암컷이다. 10) 종합성: 사전은 '양은 털을 제공한다'와 같은 표현들이 우리의 세계에 대한 지식에 의존함을 안다. 11) 이율배반: '이것은 숫양이며 동시에 암양이다'는 하나의 동일 개별체를 가리키는 한 동시에 타당할 수 없다. 12) 포함과 의미론적 수반: '이것은 숫양이다'는 '이것은 하나의 양이다'를 수반한다.[145]

그런데 이러한 사전은 에코가 보기에 다음과 같은 두 가지 문제들을 해결하지 못하고 있다. 첫째, 구성요소들 혹은 문채(figurae)들의 의미를 어떻게 규정지을 것인가? 예를 들어 숫양이 수컷 양을 의미한다면 양은 무엇을 의미하는가? 불행히도 이 사전체제는 양 혹은 동물이 의미하는 것을 말해 주지 못하며, 암양과 숫양이 둘 다 양이고 동물이므로 양자를 구별하는 데 도움을 주지 못한다. 두 번째, 어떻게 유한한 혹은 제한되지 않은 목록들을 얻을 수 있는가? 즉 사전에서 한 단어가 지니는 의미들의 목록들을 어떻게 한정짓거나 혹은 어떻게 제한되지 않는 목록들을 작성할 것인가? 이론적 사전에 대한 엄격한 지지자들은 언어적 표현들이 유한한 수의 의미론적 기본소(primitives: components, markers, properties, universal concepts)들을 통해 재현되어야 한다고 본다. 즉 이상적인 사전의 조건은 이 사전

---

145) Eco, *PL*, 48 – 49쪽.

은 '말하는 사람의 의미론적 능력의 한 양상에 대한 재구축'으로서 '특정한 사전적 용어에 대해 유한 양의 정보만을' 저장하고 있으므로 '항목들의 유한한 목록'이고 그리하여 '각 항목은 유한한 사전적 읽음들로 이루어지며, 각 사전적 읽음은 유한한 의미론적 표시소들'을 가지고 있다.[146] 기본소들은 우리의 경험세계에 뿌리를 두고 있다. 즉 그것들은 대상언어(object words)로서 어린이는 '붉은'이 의미하는 바를 명시에 의해 배운다. 반면에 다른 사전의 단어들로 정의되어야 하는 사전단어들이 있다. 그러나 하나의 단어가 대상단어인지 사전단어인지를 구분하기란 매우 어렵다. 러셀이 지적한 대로 5각의 별 모양이 대부분 사람들에게는 사전단어이지만, 그것들로 장식된 집에서 자란 아이에게는 대상단어일 수 있다.[147] 따라서 피정의항들을 항상 유한한 것이라고 볼 수 없으며, 오히려 이를 유한한 것이라고 닫지 않고 열어 놓은 채로 묘사하게 해 주는 많은 기본소들을 결합하는 것이 이론적으로 가능하다. 결과적으로 이 사전체제는 정의 내리는 수단을 제공해 주지 못한다.

결국 사전이란 문장들이 갖고 있는 구성단어들의 의미를 그에 대응되는 세계상태를 모르는 사람에게 설명하지 않은 채, 그 문장들이 의미론적으로 일관적인지 아닌지, 잉여인지 아닌지, 분석적 진리를 나타내는지 어떠한지를 검사하는 분해능력을 가지는 계산기와 같은 단일한 기능을 가졌을 뿐이라고 말할 수 있다.[148]

---

146) J. J. Katz, *Semantic Theory*, Harper, 1972, 59 – 60.

147) B. Russell, The Object Language, in *An Inquiry into Meaning and Truth*, London, Allen and Unwin, 1950, 70쪽.

148) 그러나 사전에 대한 가장 엄밀한 이론들도 다음과 같은 방법으로 이러한 한계로부터 벗어나고자 한다. 실천적인 관점에서 지시물들의 개별화를 위해 의미의 재현

5.2. 사전의 백과사전적 특질

분석론 후서에서 아리스토텔레스는 모든 단계에서 올바른 차이를 고립시킴으로써 가장 보편적인 속들로부터 최저 種으로의 올바른 분할을 나누는 일련의 규칙을 제시하고 있다.[149] 그는 여기서 定義란 본질에 대한 혹은 본질적 성질에 대한 것이[150]라고 말하고 있다. 즉 하나의 실체를 정의함이란 다양한 부수적 속성들 중에서 본질적인 것, 특히 그 실체로 하여금 그것이도록, 그것의 실체적 형태이도록 하는 속성을 확립하는 것이다. 특히 이 속성들을 선택해야 하는데, 속성의 각각은 논의대상보다 더 넓은 외연을 가질 수 있지만 그 속성 모두가 합해졌을 때는 정의 내리고자 하는 단어보다 더 넓은 외연을 가지지 않아야 한다.[151] 예를 들어 인간을 이성적이고 죽음을 면치 못하는 동물이라고 정의했을 때, 이 속성들 각각은 독자적으로는 다른 항목들에도 적용될 수 있으나(말이나 소도 동물이요, 죽음을 면치 못하며, 천사도 이성적) 이 속성들이 하나의 전체로 정의를 이루게 되면 인간에게만 적용된다.

이처럼 아리스토텔레스는 만족스러운 정의를 이끌어 내기 위한 시도로서 속성(predicables)이론, 즉 하나의 주어에 범주들이 적용되는 양태에 관한 이론을 소개하고 있다. 그는 네 개의 속성들, 유(genus), 특질, proprium(고유속성: 타 종에는 발견되지 않고 정의하려는 것에만 발견되는 것), 본질, 그리고 우연을 열거한다. 그러나 포르피리우

을 어떤 지침들과 결합함으로써 그리고 이론적인 관점에서 분석적 표시소들까지 정의함으로써 이를 극복하고자 한다.

149) Aristotle, *Posterior Analytics,* 1994, 96b25 – 97b15.

150) Aristotle, 위의 책, 90b30.

151) Aristotle, 위의 책, 96a35.

스는 다섯 개의 속성들, 즉 유, 종, 종차(차이), 특질 그리고 우연을 열거하고 있다. 아리스토텔레스는 왜 차이를 포함시키지 않았을까? 차이란 '그 특성에 있어 유적인 것이므로 유에 편입되어야'[152] 하고 정의함이란 그 주어를 그것의 유에 넣어 그 후 차이를 더하는 것으로 이루어진다.[153] 따라서 차이가 자동적으로 유과 정의를 거쳐 속성 안에 포함되고 있다고 할 수 있다. 어떠한 궁극적 주어로서의 사물에 대해서도 종이 단정될 수는 없으므로 아리스토텔레스는 종을 따로 언급하지 않고 종이 정의에 의해 표현되는 것으로 보는 반면 포르피리우스는 정의를 종으로 대치하고 있다.

정의에 대한 이와 같은 아리스토텔레스의 제안을 수형도[154]의 형식으로 처음 번역한 사람이 바로 포르피리우스이다. 이 과정에서 포르피리우스는 실체들에 대한 하나의 독창적인 수형도를 고안하고 있는데, 에코가 보기에 바로 이 모형으로부터 사전에 대한 그 후의 생각들이 자라 나온다. 앞에서 지적했듯이 포르피리우스는 유, 종, 차이, 특질 그리고 우연이라는 5가지 기본개념들을 열거하는데, 이것들은 10가지 범주들(양, 질, 관계, 장소, 시간, 상태, 소유, 능동, 수동 그리고 실체(주어)도 하나의 범주이다)[155] 모두를 위한 정의의 방법을 확립

---

152) Aristotle, *Topica*, 1960, 1. 101b20.

153) Aritotle, 위의 책, 6. 139a30.

154) 포르피리우스 수형도(Porphyrian Tree): 種과 유등 차이들에 의해 구조화되어 포르피리우스 수형도라고 알려져 있으며 A.D. 3세기 페니키아인 포르피리우스가 쓴 『Isagoge』에 대한 해석으로서 보에티우스로부터 중세 전체를 통해 다듬어졌다. 종-유-과-목-강-문.

155) '그는 한 인간이다'라고 말할 때, 여기서 인간(하나의 실체)은 술어이기 때문에 실체도 하나의 범주이다. 포르피리우스뿐만 아니라 아리스토텔레스 역시 범주들을 모든 존재들이 존재하는 방식과 실현되는 방식을 구체적으로 나타내 주는 것으로 보았다. 즉 우리는 사유과정에서 사물들을 범주 내에 배열하게 되며 따라서

한다. 그러므로 10가지 포르피리우스 수형도가 가능하다. 예를 들어 질의 수형도는 자줏빛을 '붉은'이라는 유의 한 종이라고 정의할 것이다. 그러나 10가지 수형도에 대한 하나의 수형도는 없다.[156]

에코가 보기에 포르피리우스는 자신이 제안한 수형도가 의심할여지 없이 유와 종들의 유한한 모임으로 여겨지기를 바라고 있다. 그에게 있어 유란 그것에 종이 종속되는 것이다. 마찬가지로 종은 유에 종속되는 것이다. 그러므로 유와 종은 서로에 대해 상호 정의할 수 있는 것이다. 하나의 유는 그 종들에 의해 단정될 수 있으나 종들은 그것들의 유에 속한다.

에코는 포르피리우스의 제안처럼 유와 종만으로 이루어진 수형도를 다음과 같이 그려 본다.

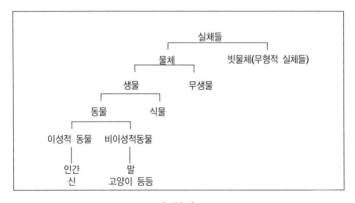

(그림 1)

아리스토텔레스는 이 범주들이나 분류들을 정신의 인공적인 피조물이라고 보지 않고, 그것들은 정신의 외부에 그리고 사물들 내부에 실제로 존재한다고 생각했다. 즉 그에게 있어 사유는 존재방식과 관련되며 따라서 논리학과 형이상학 간에는 밀접한 관계가 있는가. 사유는 항상 구체적인 개체, 하나의 실체에 관한 것이다. 즉 술어들(범주들)은 항상 주어들(실체들)과 관련된다.

156) 왜냐하면 존재(being)는 최고 유(summum genus)는 아니기 때문이다.

이 수형도에서는 인간과 신뿐만 아니라 말과 고양이도 서로 구별될 수 없다. 인간은 죽음을 면치 못하지만 신은 그렇지 않다는 면에서 인간과 신은 서로 다르기 때문이다. 즉 인간이 죽음을 면치 못함은 바로 인간의 차이를 나타내는데, 이 수형도는 바로 이 차이를 설명하지 못하고 있다.

따라서 에코는 차이를 더 잘 이해하기 위해서는 우연, 차이(종차) 그리고 특질을 주의 깊게 구별해야 한다고 본다. 그런데 우연은 정의를 내리는 데 요구되지 않으며, 특질 또한 종에 속하기는 하지만 정의를 내리는 데 요구되지는 않는다.[157] 결국 차이만이 정의를 생산하는 데 필요하다. 그런데 차이는 주어(이 경우는 주체)로부터 분리될 수 있고(뜨거움, 움직임, 아픔처럼), 이러한 뜻에서 그것들은 단순한 우연들이다. 그러나 그것들은 분리불가능할 수도 있다. 그것들 중 몇몇은 매부리코처럼 분리불가능하지만 여전히 우연적이다. 그러나 이성적임, 죽음을 면치 못함, 그리고 지식을 가질 수 있음 등처럼 주체자체에 혹은 본질적으로 속하는 차이들이 있다. 이것들은 그 종의 정의를 형성하기 위해 유에 더해지는 종차(specifica differentiae)이다.

다음으로 에코는 (그림 1)의 난점을 보완해 인간과 신의 차이를 보여 주는 또 다른 포르피리우스 수형도를 가정해 본다.

---

157) 에코는 이외에도 다른 유형의 특질들이 있음을 지적하고 있다. 1) 비록 그 종의 모든 구성요소는 아니지만 한 가지 종에서 나타나는 것(상처가 아무는 능력 같은 것), 2) 그 종 전체에서 나타나지만 어느 한 종에서만은 아닌 것(두발 가짐), 3) 그 종 전체에서 그리고 한 종에서만 나타나지만 종종 나타날 뿐인 것(노년에서 백발로 되는 것), 4) 그 종 전체에서 그리고 한 종에서만 그것도 항상 나타나는 것(인간의 웃는 능력). Eco, *PL*, 101쪽.

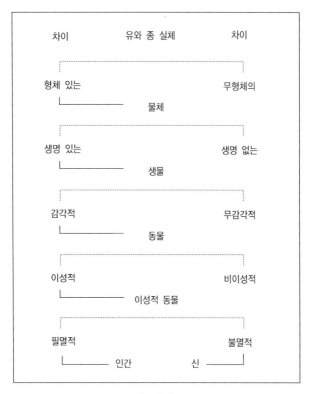

（그림 2）

　이 수형도는 앞서의 것과 달리 인간과 신과의 차이는 보여 주지만 인간과 말과의 차이는 보여 주지 못한다. 인간과 신을 구별하는 것은 필멸적/불멸적이라는 차이이다. 그러나 말과 인간은 둘 모두 필멸적이므로 이성적/비이성적이라는 차이에 의해 구별된다. 따라서 필멸적/불멸적이라는 차이는 이성적 동물의 분할소가 아니라 동물의 분할소이거나(이 경우 인간과 신의 차이를 말하는 것은 불가능하다) 혹은 이 차이는 한 번은 이성적 동물 아래에서와 비이성적 동물 아래 둘 다에서 나타나거나 해야 한다.

그러므로 동일한 차이가 보다 많은 종을 함축할 수 있고, 차이들의 동일한 쌍의 두 가지 이상이 속들 아래 나타날 수 있으며, 차이들의 서로 다른 쌍들이 많은 속들 아래에서 이의적으로나 분석적으로 동일한 명칭을 사용하여 재현할 수 있다. 에코는 이렇게 열린 입장에서 다음과 같은 수형도를 공식화시킨다.

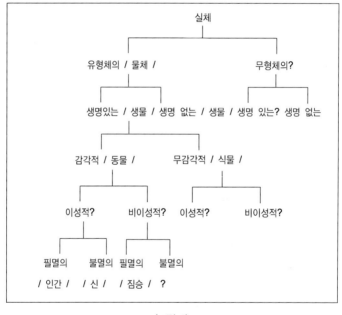

(그림 3)

에코에 의하면 이 수형도에서는 아주 흥미 있는 특징들이 나타난다. 첫째, 여러 가지 새로우면서도 아직 알려지지 않은 자연적 종류들(예를 들어 무형적 생물로서 비이성적 실체들)이 발견될 수 있고 정의될 수 있는 가능한 세계가 재현될 수 있다. 두 번째, 이 수형도는 소위 속과 종이란 것이 다만 인간이 차이들의 분리들에 의해 구분되는 매듭들을 부르는 명칭일 뿐임[158]을 잘 보여 주고 있다. 예를 들어 '감각적'이라는 차이를 /생물/에 부가함으로써 합성되는 단계의 이름이 /동물/로서 우리는 이를 경험을 통해 알 수 있다. 또한 그 /생물/이란 '생명 있는'과 '유형의'가 합쳐진 합성물의 명칭일 뿐이다. 다시 말해서 에코가 여기서 지적하고자 하는 바는 유는 결국 차이들의 덩어리일 뿐이며, 유와 종들은 그 수형도의 진정한 본질 그리고 그 수형도가 재현하고 있는 우주의 본질을 덮고 있는 언어적 유령일 뿐이다. 따라서 아리스토텔레스가 속성들에 종(종이란 유와 종차의 합이므로)을 포함시키지 않았다면 마찬가지 이유로 유들 역시 소거될 수 있다는 것이다. 왜냐하면 유 역시 그 본질은 순수한 차이들의 세계일 뿐이기 때문이다. 세 번째, 이에 따르면, 필멸적인 것이 이성적이라거나 비이성적인 것이 유형적 물체라고 예언할 수 없다. 따라서 더 이상 단 하나의 계층적이고 순서 지어진 구조란 있을 수 없다. 그 결과 이 수형도는 끊임없이 다시 다듬어지고 재배열될 수 있다. 즉 '필멸적'이 '이성적'을 반드시 포함하지는 않는데 왜 '필멸적'을 '이성적' 위에 둘 수 없는가? 아니 오히려 이 수형도는 자유로이 재조직화할 수 있다. 여기서 모든 유에 대해 동일한 선택의 자유가 성립하고 있음을 볼 수 있다. 우리는 삼각형을 그것의 각에 따라 나누어 직각삼각형과 그렇지 않은 삼각형으로 나눌 수도 있지만 그 변에 따라 나누어 이등변삼각형과 변의 길이가 각각 다른 삼각형을 구분

---

158) 이미 Boetius, Abelard는 유와 종이 차이들의 덩어리를 부르는 이름임을 잘 알고 있었다.

할 수도 있다.

에코는 이상의 다양한 수형도를 통해 차이들이 우연이며, 그로 인해 우연들은 그 숫자에 있어서 무한할 수밖에 없거나 최소한 한정지을 수 없음을 보여 주고 있다. 결국 차이들은 에코가 보기에 성질(우연)들이며, 유와 종들이 보통명사로 표현되는 반면, 차이들은 형용사로 표현된다. 그러므로 그것들은 실체들의 수형도와는 다른 수형도에 속하게 된다. 즉 유와 종들의 수형도나 실체들의 수형도는 결국 차이들의 먼지로, 다시 말해 무한한 우연들의 소용돌이 속에서 성질들의 무계층적인 그물망 속으로 확산된다. 이렇게 해서 차이를 도입하게 되자 포르피리우스 수형도는 사전의 특질을 잃어버리고 백과사전이 된다. 즉 사전은 세계조직의 조각들이 잠재적으로 비질서적이며 무제한적으로 퍼져 있는 은하수 속으로 잠겨 버리게 된다. 다시 말해서 사전은 하나의 백과사전이 되며, 사실상 사전은 하나의 위장된 백과사전이었던 것이다.

5.3. 백과사전: 프레임, 스크립트, 문맥들의 미로

사실상 사전이 위장된 백과사전이었으므로 이제 어떤 주어진 어휘에 대해 표현할 수 있는 유일한 방법은 백과사전을 통해서이다. 사전에서는 표시소 (marker) 역할을 하던 보편개념들이 단지 언어적 호칭에 지나지 않았다면, 백과사전적 재현에서는 무한기호작용의 과정 속에서의 해석체(interpretant)를 통해서 주어진 내용을 표현하게 된다. 4절을 통해 보았듯이 이들 해석체들은 다시금 해석될 수 있고, 이러한 과정은 무한히 계속되므로 에코에 의하면 어떠한 2차원적 수형도로도 주어진 문화의 전체적인 의미론적 내용을 그려 낼 수 없고, 이는 오직 모델 Q의 다차원적인 그물망 체제를 갖고 있는 총체적인 재현에 의해서만이 가능하다. 모델 Q란 M. Ross Quillian의 의미론적 기억을 위한 모델로서, 에코는 『기호학 이론』에서 이 모델을 무한한 기호현상이 지배하는 의미론적 모델로서 제시하고 있다.

에코는 하나의 기호 운반체에 부가된 관습적인 기저의미(denotation)와 부가의미(connotation)[159]를 충족시키는 기호론적 모델을 찾고자 하면서, 구조적 기호학과 퍼스의 기호학을 종합하고자 하는 시도로서 다음과 같이 구조적 의미론을 무한 기호작용의 무한한 의미론적 순환에의 한 과정에로 유도해 보고자 한다.

구조적 의미론은 내용 – 형식을 위한 일반적 체계를 만들려는 야심적인 노력을 해 왔는데, 특히 이들의 연구는 우리가 통상 대상물의 이름에 상응하지 않는 의미론적 단위(예를 들어 색채의 분야나 친족관계의 용어)에게 의미론적 축(axe)이나 장(field)을 구축할 수 있게 했다.[160] 그런데 이들 의미론적 장들은 어디까지나 가정된 문화적 단위들이고 이론가에 의해 주어진 그러한 구조의 기호학적 모형

---

159) 보통 논리학에서 denotation을 외연, connotation을 내연이라고 번역하는데, 기저의미는 문맥적 선택과 상황적 선택에 상응하며 부가의미는 이러한 기저의미에 의존한다.

160) 유럽 문명이 서로 조금씩 다른 파장에 따라 분류해 붙인 색채 스펙트럼 이름을 보면 다음과 같다.
   a. red 800 – 650mu
   b. orange 650 – 590mu
   c yellow 590 – 550mu
   d. green 540 – – 490mu
   e. blue 480 – 460mu
   f. indigo 450 – 440mu
   g. violet 430 – 390mu

이다. 그럼에도 불구하고 에코가 보기에 구조적 의미론은 의미의 불변적 구조를 밝히고자 하는 한계를 지니고 만다.[161]

이와 달리 이 모델 Q에 따라 /식물/에 대한 정의를 내려 보면 다음과 같다.

/식물/:

1. 동물이 아닌 잎이 달려 있고, 공기, 물, 땅으로부터 영양을 취하는 살아 있는 구조

2. 공장에서 어떤 과정을 위해 쓰이는 장치

3. 성장을 위해서 땅에 심는 것(씨앗이나 식물 등등)[162]

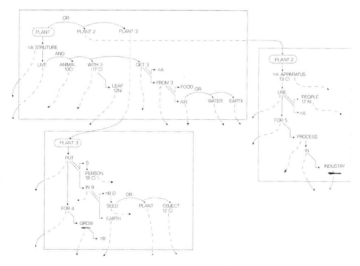

(그림 4) Marvin Minsky, 『의미론적 정보과정』

161) U. Eco, *TSG*, 121쪽.

162) Marvin Minsky, ed., *Semantic Information Processing*, Cambridge, M.I.T. Press, 1968.
U. Eco, *PL*, 123쪽 재인용.

그림에 나오는 /grow/와 같은 항목은 그 많은 항목들 중에서 /air/
나 /water/ 그리고 진짜 /plant/ 자체 등과 같은 예처럼 /plant/와 함께
하는 많은 것들을 포함하고 있는 새로운 하나의 가지(branch) 유형이
될 수 있다. 보다시피 이 모델은 해석체로서 기능하는 다른 모든 기
호들 ─ 이들 기호들 역시 또 다른 해석체들에 의해 해석된 기호가
됨으로써 ─ 의 우주와 상호 연관된 덕분에 모든 기호의 정의를 예
상한다. 즉 이렇게 복잡한 모양을 지니고 있는 이 모델은 사실상 무
한기호작용의 과정이라는 기반 위에 있다. 따라서 하나의 기호로부
터 (중심으로부터) 가장 먼 변방에 이르기까지, 즉 문화적 단위들의
모든 우주를 꿰뚫을 수가 있으며 이 문화적 단위들은 다시금 중심이
되어 무한한 변방들을 만들어 내게 된다.[163)]

이처럼 모델 Q는 하나의 해석체가 다시 또 다른 기호가 되고 그
기호에 또 다른 해석체가 되는 무한 기호작용, 무한한 의미론적 진
행을 기본으로 하되, 에코에 의하면 이는 어디까지나 존재론적인 실
재의 모델이 아니라 언어적 창조성의 모델이다. 따라서 이는, 에코
에 따르면, 의미에 관한 비트겐스타인의 논의와도 유사하다. 비트겐
스타인은 가족유사성 개념을 언급하면서 /게임/의 예를 들고 있는데,
이에 따르면 게임들이 서로서로 유사성을 가지기는 하지만 모든 게
임들을 묶어 주는 하나의 공통된 요소는 없다는 점에서 가족유사성
을 가질 뿐이다. 그리하여 '전체 실을 꿰뚫고 지나가는 어떤 것, 즉 날실
과 씨실들이 계속해서 겹치는 것', 다시 말해서 상호관계들이 끊임없이
중첩되는(침투되는, super-imposing) 이 이미지가 바로 모델 Q를 연상

---

163) U. Eco, *TSG*, 176쪽.

시킨다. 이 모델에서는 어떠한 도표로도 그 복잡한 모든 점들을 나타낼 수 없다. 각 개인은 그의 선호와 앞선 지식, 그 자신의 개인적 특성에 따라 기호운반체인 반인반마(centauer)로부터 원자탄이나 미키마우스 등의 단위에 도달하게 된다. 이는 Ⅰ장 4절에서 보았듯이 수용자 혹은 해석자의 태도와 정신구조에 따라 메시지가 열려 있음을 표현한다. 나아가 이 모델 안에서 모든 기호는 그것이 언어적이건 비언어적이건 다른 기호들에 의해 정의되고, 다시 그 다른 기호들은 다른 해석체에 의해 정의된다.

모델 Q 외에도 백과사전적 재현에는 다양한 모형들이 백과사전적 의미론을 이루기 위해 시도되었고, 여전히 시도되고 있다. 에코는 그의 백과사전이론에 문맥적 선택, 프레임(frame)이론, 토픽을 받아들이고 있으며, 이들이 바로 문맥과 공동텍스트를 이루고 있다.[164] 에코에 의하면 백과사전 체제에서 의미소(sememe: 주어진 표현의 내용에 대응하는)들은 우선 문맥적이고 상황적인 선택에 의해 분석된다. 또한 하나의 의미소는 하나의 실체적 혹은 잠재적 텍스트이며, 역으로 하나의 텍스트는 하나 혹은 여러 개의 의미소들이 전개된 것이다. 이렇게 의미소를 백과사전적으로 재현하는 것은 프레임, 약호화된 상

---

164) 에코는 이들 이외에도 푸트남의 정형(stereotype)개념을 그의 언어이론에서 가장 결실 있는 성과라고 본다. 즉 우리가 행한 표현들의 발화 때문에 그리고 그 이후에 존재할 사물들을 서술하고 삶 속으로 끌어들이기 위해 자주 언어적 표현을 사용할 때 우리는 엄밀하게 시초의 명명으로부터 일어난 일련의 중단되지 않은 담론들, 기술들을 재현하는 엄밀한 지칭보다는 사실상 정형에 의존한다는 것이다. 또한 푀퇴피(Petofi)가 그의 백과사전적 재현이론에서 푸트남의 것(정형화된 지식과 전문지식 사이의 구분)을 받아들여 염소(chlorin)에 대해 상식과 전문지식을 구분하고 있는데, 에코는 이러한 구분 역시 잠정적인 것으로서 상식과 전문지식 사이의 차이는 사실상 각각 특정한 공동-텍스트에 따라 나누어진다고 본다. U. Eco, PL, 73-76쪽.

황적이고 문맥적인 발생과 관련된 지시에 의해 정교화된다. 그리하여 백과사전적 재현에서의 의미론이 이렇게 텍스트 정향적인 한 소위 화용론적 요소 (pragmatic factor)를 고려하게 된다.

그러면 문맥적 선택들에 의해 확립되는 공동텍스트를 살펴보자. 에코는 이를 설명하기 위해 이태리어 invece[165]의 예를 들고 있다.

1) Mary ama le mele. John invece le odia

(메리는 사과를 좋아한다. 한편 존은 그것을 싫어한다.)

2) Mary ama le mele. Invece odia le banana.

(메리는 사과를 좋아한다. 한편 그녀는 바나나를 싫어한다.)

3) Mary ama le mele. Invece John adora le banana.

(메리는 사과를 좋아한다. 한편 존은 바나나를 좋아한다.)

4) Mary sta snnando il violoncello. Tohn invece sta mangiando banana.

(메리는 그녀의 첼로를 연주하고 있다. 한편 존은 바나나를 먹고 있다.)

1)에서 /invece/ on the other hand는 주어와 주어행위에 대한 대체를 나타내며, 2)에서는 행위와 대상에 대한 대체를 나타내며, 3)에서는 주어와 대상에 대한 대체를 나타내며, 4)에서는 모든 것이 거부되고 있다.

그 다음 에코는 이 표현들을 보다 포괄적인 공동텍스트에 대입해 보기 위해 이들 각각을 다음과 같은 질문에 대한 대답으로 간주해 본다.

---

165) 기본적으로 /invece/는 instead의 뜻. 그리고 /di/와 결합되어 invece di(instead of)는 문장 기능어이다. 반면 전치사 없이 /invece/는 부사로서 텍스트 기능어로 작용하여 /on the contrary / or / on the other hand/로 번역된다.

1a) 메리와 존은 사과를 좋아하는가?

2a) 메리는 어떤 종류의 과일을 좋아하는가?

3a) 존은 어떤 과일을 좋아하는가?

4a) 아이들은 대체 무엇을 하는 것인가? 그들은 음악 레슨을 받기로 되어 있는데.

이 질문들은 주어진 텍스트가 지니고 있는 암묵적인 의도들을 끄집어냄으로써 텍스트의 토픽(topic)이, 즉 문맥적인 상황이 무엇이었는가를 알게 해 준다. 다시 말해서 위 네 가지 질문들은 다음과 같은 토픽을 지니고 있다.

1b) 사과를 좋아하는 사람

2b) 메리가 좋아하는 과일

3b) 존이 좋아하는 과일

4b) 음악레슨

이를 통해 /invece/가 문맥에 따라서 1)에서는 1b)와 대립되며, 2)에서는 2b)와 대립되며, 3)에서는 3b)의 대체이며, 4)에서는 4b)에 대립으로 쓰였음을 알 수 있다. 즉 우리의 백과사전적 능력이 /invece/를 의미론적으로 분석해서 문맥적인 상황에 따라 대체 혹은 대립의 뜻으로 취사선택을 하기 마련이다.[166] 에코는 이와 같은 문맥적 선택을 다음과 같이 나타내고 있다.

---

166) 여기서 Austin의 Speech Act에 대해서 짧게 살펴보자면, 그가 말하는 Locutionary act는 어떤 문장을 말할 때 그것이 의미하는 특별한 의미와 특별한 지시체를 가지고 말하는 것, 즉 어떤 것을 말하는 행위이다. 예를 들어 "그녀를 쏴라" Illocutionary act는 질문을 하거나 주의를 주거나 예고를 하거나 등 어떤 것을 말하면서 무엇인가를 수행하는 행위이다. 예를 들어 "그는 그녀를 쏘라고 내게 재촉했다". Perlocutionary act는 어떤 사람에게 어떤 것을 설득하는 식으로 말함으로써 무엇인가를 수행하는 행위이다. 그는 내게 그녀를 T라고 설득했다. 이러한 오스틴의 논의는 에코에게서 문맥적 선택과 상통하는 면이 있다. 자세한 논의는 후일의 과제로 남겨 둔다.

/invece/ ⊃ <<invece>>'양자택일' < (문맥 + /di/ + X) 전치사; X와 대치
(문맥 Topic X) 부사; X에 대립

그러나 에코는 주어진 어휘소들을 위와 같이 문맥적 상황에 맞게 선택하는 것만으로 충분하지 않은 경우들이 있음을 지적한다. 다음과 같은 문장을 보자.

5) 존은 갑자기 (잠에서) 깨어났을 때 자고 있었다. 누군가가 베개를 찢고 있었다.

사전적인 체제로 이루어진 컴퓨터는 /잠을 자다/와 /베개/가 의미하는 것을 이해는 하겠지만, 존과 베개 사이의 관계를 확립하기란 쉽지 않다. 이럴 경우 이러한 관계를 확립시켜 줌으로써 문맥적 선택과 토픽을 보충하는 것이 바로 인공지능이 정교화한 역동적인 인식론으로서의 프레임이론이다. 프레임이론은 1974년 Marvin Minsky가 설명한 이론으로서 이전에 본 어떤 특별한 재현들을 통일시키는데 쓰이는 일반화로서 프레임이론의 본질적 성격을 보면 다음과 같다. 우리가 새로운 상황에 접하게 되면 우리는 실재(reality)를 적절하게 인식하기 위해 상황의 세부사항은 필요에 따라 바꾸면서 프레임이라고 불리는 하나의 구조를 우리의 기억으로부터 추출 혹은 선택한다. 우선 프레임이란 어떤 집의 거실을 떠올릴 때 통상적으로 생각할 수 있는 스테레오타입과 여러 특징들 혹은 상황들을 제시해 주는 하나의 자료구조(data-structure)이다.[167] 여기엔 여러 가지 종류의 정보들의 각각의 프레임에 딸려 있다. 예를 들어 방이라는 프

---

167) Patrick H. Winston, *Artificial Intelligence*, 180쪽.

레임(room frame)에는 방(room)이라고 부를 때 갖추고 있는 특징들이 곧 여러 가지 정보들이 되고(예를 들어 벽이 있고 사람이 거주하고 등등), 그 방이라는 정보들 중에는 거실, 부엌, 침실…… 등의 형태가 있다. 그중 거실을 선택하게 되면 거실은 룸 프레임(room frame) 중에서 거실이란 타입에 속하므로 이를 외형적으로 보면, 왼쪽 벽, 오른쪽 벽, 앞과 뒷벽, 천장 그리고 바닥이 있다. 각각의 벽은 다시 벽 프레임(wall frame)을 공유하게 되고 벽에는 여러 가지 타입이 있고, 다시 벽 프레임에는 창문이 있고 벽돌로 되어 있으며…… 등등의 정보를 갖고 있다. 그리하여 이 정보들 중 어떤 것은 그 방이라는 프레임이 어떠한 용도로 쓰이는가를 나타내 주고, 어떤 정보는 그 프레임 내에서 무엇이 행해지는가 또는 이 모든 것이 분명치 않을 때는 어떠한 정보들이 무엇을 하는 것인가를 나타내 준다. 프레임의 형태를 보면, 많은 매듭과 관계들이 그물망(network of nodes and relations)으로 이루어졌다고 할 수 있다. 하나의 프레임에서 최고의 단계는 고정되어 있으며 우리가 가정할 수 있는 상황에 대해 언제나 사실인 것들을 나타낸다.[168] 이러한 프레임이론은 우리 주위의 세계

---

168) 프레임의 아래쪽으로 올수록 많은 터미널위치(terminals – slots)를 갖고 있는데 이는 특수한 경우들이나 자료를 설명해 준다. 그리고 각각의 터미널은 그것에 할당된 것들이 요구하는 조건들을 상술한다. 따라서 할당된 것들 자체가 바로 더 작은 하위프레임들이 된다. 이때 요구되는 단순한 조건들은 한 사람이나 사물이 되거나 특수한 유형의 하위 프레임에 대한 지침이 되기 위해 터미널이 할당될 것을 요구할 수도 있는 표시소에 의해 상술된다. 그리고 보다 복잡한 조건들이 몇몇 터미널에 할당된 것들 사이의 관계들을 상술한다. 이를 그림으로 나타내면 다음과 같다. 나아가 서로 관련이 깊은 프레임들은 프레임체계를 이루게 된다. 하나의 체계 내에서 프레임들은 공통점이 있기도 하지만 조금씩 다를 수도 있는데, 이 차이, 즉 변형은 중요한 행위의 결과들을 반영하고 있다. 예를 들어 시각적 장면을 분석할 경우 하나의 체계 내에서 서로 다른 프레임들이 서로 다른 각도에서 하나의 장면을 묘사하며, 그리하여 하나의 프레임과 다른 프레임 사이의 차이 혹은 변형은 곧 장소를 여기서 저기로 옮긴 결과를 보여 준다. 다른 한편 비시각적 프레임의 경우

가 우리로 하여금 이 세계의 분석에 사용하지 않을 수 없게 하는 기본적인 개념으로서의 아리스토텔레스의 범주와 같은 것으로서 우리가 실제 현실을 살아가면서 세부사항을 그때그때 바꾸면서 현실을 적절하게 인식하기 위한 틀들이다. 다음의 (그림 5)는 프레임을 쉽게 이해하는 데 도움이 된다.

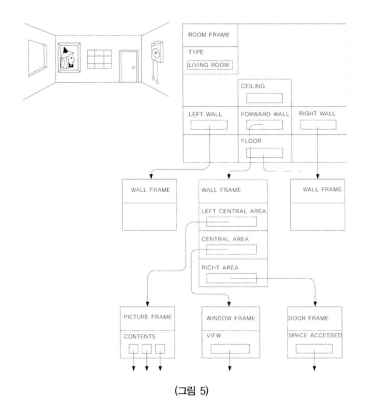

(그림 5)

하나의 체계 내에서 프레임들 사이의 차이는 행위, 원인 - 결과관계 혹은 개념적 입장에서의 변화를 나타낸다. 그럼에도 한 체계의 서로 다른 프레임들은 서로 동일한 터미널을 공유하고 있다. 이는 서로 다른 입장에서 본 정보를 통합하게 해 준다.

이러한 프레임이론과 함께 다시 5)로 돌아가 보면, 이 문상을 수신하는 해석자는 한 세트의 프레임이나 스크립트들(scripts)[169]을 지니고 있는— 그중에는 '잠자다'와 '침실'과 같은 프레임도 있다— 백과사전적 능력을 부여받고 있어 인간이 보통 침실에서 잠을 자고, 침실엔 침대가 있고, 침대에는 베개가 있다는 것 등등을 안다. 그리하여 수신자는 하나의 프레임 혹은 그 이상의 프레임들을 합쳐 지금 언급된 베개가 존이 베고 있었던 것임을 안다. 그런데 자연언어들의 우주는 기호작용의 우주이다. 백과사전은 기호작용의 우주를 구성하고 있는 가능한 형식 혹은 체제를 설명하고 그 우주의 일부를 묘사하려는 유일한 방법으로서 구조와 유사한 하나의 규제적(regulative)인 것이다. 따라서 사전들은 이론적인 허구로서가 아닌 한 존재할 수 없으며, 사전 대신 백과사전을 선택하는 것도 그리 자유로운 것이 아니다. 이제 사전과 백과사전과의 관계를 살펴보자. 에코는 이를 위해 다음과 같은 사례를 들고 있다.

밤새 창문 밖을 바라보며 아내가 남편에게 "울타리 가까이 잔디에 웬 남자가 있어요."라고 말했다고 하자. 이때 남편은 상황을 수습

---

169) 우리가 대체 뭔가를 이해하기 위해서 그가 알고 있는 지식들을 어떻게 조직해서 어떤 특정한 상황에 적절한 행동을 할 줄 알게 되는가? 식당에 들어가게 되면 우리는 음식을 시키고 식당의 종업원은 우리에게 음식을 가져다준다와 같이 우리가 살고 있는 세계에 관한 지식을 알고 있기 때문에 어떻게 행동하고 반응할 줄 안다. 이렇게 우리가 살아가기 위한 세계에 대한 지식의 본성과 그 형태들이 어떻게 조직되고, 또 어떠한 상황하에서 그러한 지식이 사용되는가를 알 수 있게 해 주는 것이 스크립트이다. 따라서 하나의 스크립트에는 하나의 특정한 관점을 가진 역할의 입장이 들어 있다. 고객 입장에서의 식당에 관한 스크립트가 따로 있고, 요리사가 그에 대해 가지고 있는 스크립트, 그리고 또 종업원의 것, 식당주인의 것 등등. 이러한 다양한 관점에서의 스크립트야말로 식당에 대한 全面이라고 할 만한 것을 형성해 줄 수 있을 것이지만, 실제로는 거의 필요하지 않다. R. Schank, R. Abelson, *Scripts Plans Goals and Understanding: An Inquiry into Human Knowledge Structures*, 36 – 43쪽.

하기 위해 "아니, 여보 저건 남자가 아니야."라고 답했다고 하자. 그런데 남편의 이 말은 의미하는 바가 확실하지 않다. 그것은 소년일 수도 있고, 나무일 수도 있고 개일 수도 있고 곰일 수도 있고 나무의 그림자일 수도 있다. 또한 아내를 놀리려는 의도로 말을 하지 않음으로써 공포와 불안을 조장할 수도 있다. 이 경우 남편은 수사학적 효과를 위해 백과사전의 특성을 활용하게 된다. 다른 한편 남편은 그의 아내에게 잔디에 있는 것에 대해 그가 정말 생각하는 대로 말하려 한다면 그것은 어른 남자가 아니라 소년이라거나 개라거나 나무라고 말할 수 있는데, 이때 그는 그 아내와 암묵적으로 공유하고 있는 '동일한' 사전의 일부를 전제로 해서 두 사람 공히 당연히 받아들이는 특정의 사전에서 추측하거나 추리(상정논법적 추리)를 해야 한다. 즉 '어른 남자'가 아니라고 말할 때 그녀가 어떤 의미론적 특질들은 과장하고 다른 것은 없앰으로써 ― 예를 들어 사람이라고 하면 잠재적으로 공격적이고 안으로 움직여 들어올 수 있는 어떤 존재 ― 추측하는 것이다. 이런 의미에서 에코는 백과사전이란 두 화자가 서로 제대로 의사소통적인 상호작용을 하기 위해 그들이 필요로 하는 국지적인(local) 사전을 이끌어 낼 수 있게 해 주는 규제적 가설(regulative hypothesis)이라고 본다. 그러므로 이때 두 사람 간의 상호작용이 성공하는 것은 그들의 가설이 타당했음을 증명하는 것이다. 이렇게 자연언어는 텍스트를 생산하는 데 필요한 의미작용의 유연한 체계이며, 이때 텍스트들은 백과사전적 정보의 편린들을 확대하거나 마취시키는 장치라고 할 수 있다.

에코는 이러한 백과사전의 능력이 미로(labyrinth)라는 형이상학 혹은 은유에 의해서 가능하다고 보며, 미로를 세 가지 유형으로 나눈다. 첫 번째 유형은 고전적인 것으로서 선적인(linear) 것이다. 이러한 미로에 들어가게 되면 곧장 중심부에 도달하게 되고, 중심으로부터 밖으로 쉽게 나올 수 있다. 이러한 미로는 맹목적인 필연성에 의해 지배되는 것으로서 그것은 수형도보다 더 단순한 것으로서 실타래를 풀면 한 가닥의 실을 얻을 수 있는 하나의 실타래와 같다. 그러므로 길을 잃을 까닭이 없다. 따라서 이러한 미로는 백과사전과 아무런 관련이 없다.

두 번째 유형의 미로는 후기 르네상스 이전에는 없었던 도상미로(icon maze)로서 선택할 수 있는 많은 통로들이 있으며, 그중 어떤 통로는 막혀 있어 되돌아올 수밖에 없다. 또 어떤 통로는 다시 새로운 가지를 쳐 나가며 길이 나 있고 그 통로들 중 오직 하나의 통로를 통해서만 밖으로 나올 수 있다. 따라서 실수를 할 수도 있고, 시행착오가 있기 마련이며 자칫 평생을 같은 움직임만을 되풀이할 수도 있다. 포르피리우스 수형도가 여기에 속한다.

세 번째 유령의 미로는 하나의 그물망이다. 망(net)의 모든 점이 다른 모든 점들과 연결될 수 있으며 연결이 아직 이루어지지 않은 곳에는 연결을 상상할 수 있고 이루어질 수 있다는 것을 그 주요 특징으로 한다. 따라서 망은 무한한, 제한 없는 영역이며, 망의 추상적 모형은 중심도 없고 외부도 없다. 에코는 이러한 미로망을 뿌리와 뿌리혹들이 휘감겨 있는 땅속뿌리줄기(rhizome)의 이미지로 묘사하고 있는데, 들뢰즈와 가타리가 제시하는 이 식물은유 땅속줄기(rhizome)는 열린 체계의 상황을 가리킨다. 열린 체계에 의하면 개념들은 본질이 아니라 상황에 결부되어 이루어지는 것으로서 정해진 대로 주어지는 것이 아니다. 그것들은 사전에 존재하는 것이 아니고 만들어 내야 하는 것이다.170) 에코는 땅속줄기의 특징을 다음과 같이 서술한다.

1) 땅속줄기의 모든 점은 다른 모든 점과 연결될 수 있으며 또 연결되어야만 한다. 2) 땅속줄기에는 오직 선들만 있을 뿐 점도 없고 위치도 없다(그런데 에코가 보기에 선들이 교차하게 되면 점을 만들므로 이는 좀 의심스럽다). 3)땅속줄기는 어떤 점에서든 끊어질 수 있으며 또한 바로 그 선의 다음 선들과 다시 연결될 수 있다. 4) 땅속줄기는 反계통적이다. 5) 땅속줄기는 외부가 있되 그 외부란 또 다른 땅속줄기를 형성한다. 따라서 이는 외부도 아니고 내부도 아닌 땅속 전체를 이룬다. 6) 땅속줄기는 (語義차용이 아니라) 그 모든 차원에서 다른 것과 연결될 수 있는 열린 도표(chart)는 동시에 기능하는 여러 선들의 총체를 의미한다. 선들은 사물들과 사건들을 구성하는 요소들로서 예술, 사회, 개인에 있어 아주 다른 종류의 선들, 즉 추상적인 것, 분할된 것, 그렇지 않은 것, 크기를 나타내는 것, 방향을 나타내는 것 등등이 있다. 그러므로 모든 것은 제각각 자신의 자리, 지도, 도표를 가지고 있다. 다양한 선들에는 상호 관련된 공간들도 있고, 어떤 선은 이런저런 공간적, 입체적 형성을 감싸기도 하며, 해체될 수도 있고 뒤집을 수도 있으며 끊임없이 변환될 수 있다. 7) 모든 방향에서 열려 있는 수형도들의 조직망(network)은 땅속줄기를 만들 수 있다. 8) 무엇보다 중요한 특징으로 어느 누구도 땅속줄기 전체를 기술할 수 없는데, 그 이유는 땅속줄기가 다차원적으로 복잡하기 때문만이 아니라 그 구조가 시간 따라 변하기 때문이다. 더욱이 이처럼 모든 마디마디가 서로 다른 마디로 연결될 수 있는 구조

---

170) Gille Deleuze, 대담 Pourparlers, 솔, 64쪽.

에서는 다음과 같은 모순추리(contradictory inferences)의 가능성 또한 있게 마련이다. 즉 만일 p이면 p로부터 도출가능한 모든 결과가 가능하다. 따라서 'p이면 q다'도 동시에 'p이면 q가 아니다'도 참이다. 9) 전체를 다 묘사할 수 없는 이와 같은 구조는 부분적인 묘사들을 잠정적으로 총합해서 묘사될 수 있을 뿐이다. 10) 외부가 없으므로 이 구조는 오직 내부에서만 바라볼 수 있으며, 어떤 마디에서도 전체적 조망을 할 수는 없으므로 이러한 망조직을 부분적으로 바라볼 수밖에 없는 모든 기술은 반증가능성이 있는 하나의 가설에 지나지 않게 된다. 이러한 뿌리가 카오스가 된 세계라는 나무의 이미지[171]로서 바로 규제적인 기호학적 가설로서 백과사전적 모델 Q이기도 하다.

　이러한 백과사전적 체제는 우리의 문화적 우주(과학과 예술 포함)를 들여다보기 위해 우리가 택한 관점에 의존하게 되며, 따라서 지도작성법만큼 많은 지식체계들을 상정할 수 있다. 사실상 위와 같은 미로와 백과사전적 특징을 지니고 있는 세계가 바로 기호작용의 우주, 즉 인간문화라는 우주이다. 따라서 에코에 의하면 땅속줄기는 다음과 같은 기호학적인 의미를 지닌다. 1) 기호작용의 우주는 해석체의 조직망에 따라 구성되어 있다. 이때 해석체가 바로 땅속줄기에서의 한 점(point)이다. 2) 따라서 해석체로서 하나의 점은 다른 모든 점들과 연결될 수 있으며, 외부도 내부도 없이 어떠한 통로로도 연결될 수 있는 열린 도표를 형성하므로 무한하다. 즉 하나의 표현은 서로 다른 문화마다 주어진 각 문화틀에 따라 서로 다르게 다양한

---

171) G. Deleuze, *The Deleuze Reader*, 27 - 9쪽.

방식으로 해석되므로 해석체의 운동, 즉 기호작용은 무한할 수밖에 없다. 또한 백과사전에 관한 모든 담론은 이전의 백과사전 자체 구조를 의문시하므로 무한할 수밖에 없다. 3) 기호작용의 우주는 진리만을 기록하는 것이 아니라 진리에 대해 말해져 온 것이나 진리라고 믿어져 온 것들뿐만 아니라 주어진 한 문화가 특정 주제에 대해 특정 담론을 세밀화시켜 온 것이라면 거짓이나 상상적인 것이나 전설 같은 것이라고 믿어져 온 것들도 기록한다. 즉 백과사전은 나폴레옹이 세인트헬레나에서 죽었다는 식의 역사적 사실뿐만 아니라 줄리엣이 베로나에서 죽었다는 식의 문학적 진리 또한 기록한다. 4) 이러한 의미론적 백과사전은 따라서 완성될 수 없으며 오직 다음과 같은 의미에서의 규제적 가설 혹은 규제적 이념 (regulative idea)로서만 존재한다. 즉 실제적인 담론들(그리고 텍스트들)의 특정 부분을 해석하기에 유용해 보이는 한 사회적인 백과사전의 일정 부분을 따로 분리시킬 수 있을 때는 바로 이러한 규제적 이념이라는 기반 위에서이다. 5) 그렇다고 이와 같은 백과사전이 제대로 구조화된 지식의 존재를 거부하는 것은 아니다. 단지 그러한 지식은 하나의 완성된 전체 체계로서 조직될 수 없으며, 그렇게 인식될 수 없다는 것을 시사한다. 따라서 백과사전은 새로 제시된 대안과 모순될 수 있으며, 마찬가지로 국부적인(local) 문화조직이 되는 잠정적이고 국부적인 지식체계를 제공한다. 때문에 그러한 부분적인 조직들이 부분임을 망각하고 유일하고 전체적인 것으로 보려는 어떠한 시도도 결국 이데올로기적인 편견을 낳을 뿐이다. 여기서 에코는 기호작용의 운동이 백과사전적인 것으로서 이는 땅속줄기와 같은 미로형태를 띠고 있음을 보여 주면서 초기에 보였던 세계관과 동일한 세계관을 보여 주고 있다. 즉 인간문화의 우주(달리 말하면 기호작용의 우주)는 각 문화마다 동일한 상황과 표현에 대해 서로 다른 기후와 자연풍토에 따라 서로 다른 해석을 가하며 서로 다른 해석체를 형성하고 이는 그 문화 내에서도 지역마다, 더 작은 사회마다, 각 가정과 각 개인마다 ……로 끝없이 무한하게 다른 개념을 형성한다. 따라서 어느 특정 문화가 우수하다거나 훌륭하다는 식의 중심도 없으며 가장자리도 외부도 없다. 그러므로 우리는 전체적 각도에서 총체성이나 전체라는 이름으로 문화세계를 파악할 수 없다.

5.4. 도구로서의 사전

앞에서 보았듯이 사전은 위장된 백과사전임에도 불구하고 에코가 보기에 사전은 도구로서의 역할을 해 내고 있기에 필요하다. 앞에서 아내와 남편의 예에서 제시했던 것처럼 남편은 'man'에 대한 절대적이고 유일한 재현을 가지고 있지 않기에 그는 아내와의 대화라는 상호작용 속에서 특별한 사전적, 국부적인 재현에 따르지 않을 수 없다. 즉 백과사전을 형성하기 위해서는 각 항목들이 그것이 고려되고 있는 특징들의 열거에 따라 서로 상이한 부류에 포함되어야 하지만, 결국은 비록 일시적일지라도 각 항목은 단지 하나의 주어진 부류에 속해야 하며, 이런 식으로 잠정적인 사전의 체제를 통해 표현될 수밖에 없다. 즉 백과사전은 두 사람 간의 의사소통적 상호작용이 제대로 되기 위해서는 필요로 하는 국부적 사전을 그려 내도록 해 주는 규제적 가설(regulative hypothesis)이다. 따라서 하나의 어휘체계에 있어 상의어들(hyperonym)의 기능은 한 문화의 삶을 지배하는 인식론적인 결정들에 의존하기 마련이므로 사전적 재현은 문화 체계의 특정한 '중심적' 가정들이 당연한 것으로 받아들여지는 어떤 문맥들에서 정의를 하는 데 필요한 많은 절약을 하게 해 준다. 다시 말해서 어떤 담론도 우리의 세계관을 전체적으로 변화시키고자 하는 것은 아니므로 어떤 주어진 담론이 행해지는 공감대를 인식하고 경계를 긋고자 할 때마다 국부적인 사전이 필요하다. 그러므로 다음과 같이 결론지을 수 있다. 백과사전이 표시소들(프레임들, 스크립트들, 텍스트 지시사항들)의 무질서한 배열이라 한다면, 사전적 재현은 그것을 잠정적이고 화용론적으로 유용한 계층적 정리, 재배열이라고 할 수 있다.

그런데 에코는 사전이 문화적 타성 ― 모든 문화는 견고하게 조직된 중심과 보다 분명하지 않은 주변을 지니고 있어서 중심개념을 변화시키려면 아주 급진적인 과학혁명을 기대해야 한다 - 을 지니고 있기에 수형도에서 보았듯이 보다 높은 매듭(생물, 육체처럼)에 있는 특징처럼 수천 년 동안 우리 문화의 세계관 내에 뿌리 깊게 자리 잡아 온 것임을 지적한다. 그렇다고 그가 이러한 문화적 패러다임을 비판적으로 해체하려는 새로운 담론적 시도(시적 텍스트들에서 이루어지고 있음)가 전혀 불가능하다고 보는 것은 아니다. 그러나 그러기 전까지 사전이 이렇듯 의미론적 우주로서 고정되고 일의적인 것이 아니므로 필요로 하는 한 자유로이 쓸 수 있다.

6. 이데올로기에 대한 기호학적 연구

6.1. 사회적 실천에 대한 기호학적 관심

일반적으로 에코 기호학에 대한 오해 중 하나가 에코의 기호학이 형식기호학으로서 기호들의 체계 내에서의 정합성을 축조하려 할 뿐이므로, 에코의 기호학이 현실을 참조하는 가능성이 있는가는 의심할 만하다고 보기도 한다.

박상진 교수는 에코의 전체 지적 활동을 기호학 이전과 기호학(텍스트 기호학 시기도 포함) 시기로 나누면서 기호학 이전에 에코가 화두로 삼았던 것은 에코연구가들이 모두 동의하듯이 『열린 예술작품 (Opera Aperta)』에서의 열린 작품 혹은 열림이라는 개념이라고 본다. 열림의 개념은 열린 예술작품을 이론적으로 완성하고 그 실천적 잠재성을 점검하는 데 결정적으로 기여하기에 풍부한 암시성을 지니는 개념이라는 것이다. 그런데 문제는 에코가 그의 기호학에서 열림이라는 개념을 이론적 체계로 정립하려는 노력은 실패했다는 것이다.

이유인즉, 에코가 열림의 개념을 어떻게 발전시켰는지는 그의 기호학이 기호과정과 현실세계를 연결시키는 데 기여를 하는지를 검토함으로써 알 수 있는데, 기호학 이전 시기에서 에코의 윤리적 의식은 언어와 현실, 그리고 개인 중 그 어느 하나를 선택함으로써가 아니라, 그들 사이의 마찰을 없애는 길을 찾으면서 구체화하는 데 반해 에코의 기호학은 자족적인 체계의 건설만을 목표로 할 뿐 그것이 현실과 어떤 관련성을 갖는지에 대해서는 거의 침묵하고 있다는 것이다.[172]

따라서 에코의 기호학은 문화적, 사회적 변화를 위한 실천적인 도구가 되기 힘들다고 한다. 기호학은 기호학적 범주들의 넓은 영역을 포괄하는 방법적 도구들을 갖는다는 면에서는 옳지만 이런 식으로 에코가 자신의 기호학을 정의 내림으로써 에코의 기호학은

> "그저 자기 한정적인 체계에 머물기 쉽다. 그래서 하나의 방법
> 론적 도구로서 문화적, 사회적, 역사적 현상에 대한 그저 중립적
> 인, 즉 과학적이고 따라서 윤리와 정치를 초월하는 접근이라는 비
> 판을 허용할 수 있다.173)"

앞으로 이 장에서는 이러한 입장에 대해 에코의 기호학이 기호학 체계의 구축을 목표로 한다고 해서 그것이 단지 그 자체의 정합성에 머무르는 것이 아니라 그 체계를 구축하는 과정에서 불가피하게 사회적 실천성을 지니고 있음을 제시하고자 한다. 이를 위해 우선 에코가 어떻게 이데올로기에 대한 기호학적 연구의 방향(판단중지)을 설정하고, 어떻게 이데올로기가 기호학적 분석범주가 되는가를, 다음으로 수사학이 어떻게 기호학의 범주 안에 들어오며, 이 수사학적 과정을 통해 어떻게 이데올로기가 형성되는가(의미형성과정)를 주로 광고논증을 통해 살펴보고, 마지막으로 에코의 기호학이 위의 과정을 통해 현상학적 방법을 취함으로써 이데올로기의 기호 내적 가능 조건을 제시함으로써 사회적 실천으로서의 기호학임을 보여 주고자 한다.

---

172) 박상진 교수, 『에코 기호학 비판』, 열린 책들, 2003, 16 - 35쪽.
173) 박상진 교수, 앞의 책, 54쪽.

6.2. 이데올로기 연구와 기호학

1) 이데올로기에 대한 기호학적 연구

이데올로기란 용어를 학문적으로 처음 사용한 18세기 프랑스 유물론자 트라시(D. Tracy)의 『이데올로기 개론』 이래로 이데올로기란 용어는 다양하게 정의되어 왔다. 가장 일반적으로 알려진 바대로 마르크스는 관념론적 입장에서 생각하는 이데올로기를 허위의식이라고 정의하며, 어느 시대에서나 지배자의 이데올로기가 지배적이라는 사실을 인정하면서 그에 대한 피지배자의 이데올로기 투쟁의 무기로서 자신의 이데올로기론을 정립한다.

1960년대 이후 문화연구에서 이데올로기연구는 주로 대중매체를 통해 사회와 관련시킨다. 에코의 이데올로기에 관한 연구도 물론 마르크스의 개념에 근접해 있으면서 광고[174]와 같은 매체를 통한 문화연구로서의 이데올로기 연구이다.

문화연구에서 본격적으로 이데올로기 문제가 대두된 것은 알튀세(L. Althusser)부터이다. 그는 마르크스의 허위의식으로서의 이데올로기를 배격하고 오히려 이데올로기를 인간과 그 자신의 존재조건에 대한 체험된 관계들의 표상이라고 본다. 이데올로기는 사람들에게

---

174) 에코는 『부재하는 구조(*La Struttura Assente*)』(Bompiani, Milan, 1968)(이하 *SA*)에서 시각적 기호를 다루면서 광고의 약호들을 분석하면서 수사학적 정보와 이데올로기적 잉여나 정보의 관계에서 나오는 여러 가지 유형을 이미지 기호학 차원에서 제시하고 있다. 이 글은 주로 이데올로기가 어떻게 이데올로기일 수 있는가 하는 언어학적 가능조건을 수사학적 조작장치를 통해 살펴보는 것이 목적이므로 이미지 기호학을 다루는 것이 아니라는 점에서 차별성을 갖는다. 즉 이 글이 주로 수사학적 논증에 치중하는 한편 광고에 관한 에코의 글은 시각적 "이미지 논증에 대한 여러 고찰을 보여 준다". Jean-Michel Adam, Marc Bonhomme, *광고논증: 찬사와 설득의 수사학*, 장인본 옮김, 고려대학교 출판부, 1997, 273쪽.

그들 자신이 위치한 사회적 실재와 그들 간의 관계를 맺고 사는 틀이다. 그리하여 이데올로기는 주체를 형성하고 그 과정에서 기존계급의 관계 유지에 필수적인 체제 속에 그들을 위치시킨다. 관념을 생산하는 것은 인간이 아니라 이데올로기이며 그것의 효과로서 인간의 주체가 구성된다는 것이다.

그리고 이데올로기는 공식적 사회구조인 이데올로기 국가기구를 통해 구현된다. 가족, 교육, 대중매체, 정치 등을 포함하는 이데올로기 국가기구는 이데올로기, 즉 사람들이 옳다고 믿는 행위나 사고를 생산해 내고 전파하는 역할을 담당한다. 이데올로기 생산기구들은 모두가 상대적인 독립관계를 유지하지만 그럼에도 불구하고 이들은 비슷한 이데올로기를 생산해 낸다.

대중문화를 힘의 관계에 의해 이데올로기가 표현되는 정치투쟁의 장으로 보는 그람시(A. Gramsci)의 헤게모니는 이데올로기가 알튀세의 경우처럼 고정된 것이 아니다. 그의 헤게모니이론은 이데올로기가 끊임없이 변하는 과정이지만 결국은 사람들로 하여금 지배계급의 이익에 봉사하도록 한다는 데서 알튀세의 이데올로기론과 그 맥을 같이한다. 그러나 그의 헤게모니는 이데올로기와 사회적 경험 사이에 발생하는 끊임없는 대립과 투쟁을 전제한다. 즉 이데올로기는 지배집단의 영원한 소유물이 아니라 종속계급의 동의를 획득해야 할 대상이고 투쟁의 장이다. 이렇듯 헤게모니 이론으로 보면 문화는 권력을 가진 자들과 권력을 갖지 못한 자들 간의 끊임없는 투쟁의 장이다. 특히 대중문화를 통한 헤게모니의 확보는 치열하게 전개되고 있다.

그런데 에코가 자신의 기호학을 통해 이데올로기를 접근하는 방법은 위와 같은 방식과는 전혀 다르다. 그는 이데올로기가 기호학적으로 어떠한 메시지인가를 묻는다. 즉 이러한 메시시가 생겨나는 정치, 경제적 이유 및 사회관계 등— 위에서 마르크스나 알튀세, 그람시가 그랬듯이 — 을 따질 필요 없이 이 같은 새로운 약호가 이데올로기라고 불리는 이유와 조건들을 밝히고자 한다.

> "그러나 이데올로기의 (정치적, 경제적) 동기화가 지니는 메커니즘을 연구할 필요가 없다. 그것의 발생이 아니라 그것의 구조가 문제이기 때문이다."175)

약호의 기호학을 위해 메시지가 존재하게 되는 방법을 세울 필요도 없고 어떤 정치적 또는 경제적 이유를 세울 필요도 없다. 그 대신 어떤 의미에서 이 새로운 약호화가 '이데올로기적'이라고 불릴 수 있는가를 성립시키는 일이 관심사가 되어야 한다.176)

이데올로기는 대체 왜 이데올로기인가? 에코는 구체적인 정치적, 경제적 조건을 배제하고 어떤 메시지가 이데올로기로 약호화되는 과정과 조건들을 메시지 자체의 수사학적 특징에서 살펴보고자 한다. 다시 말해서 앞으로 이 글은 에코가 현상학적 방법을 통해, 즉 메시지의 외적 조건들은 판단중지177)하고 메시지 자체의 기호적 의미 형성과정을 현상학적 환원을 통해 살펴봄으로써 그 자체 내에 이

---

175) *SA*, 360쪽

176) U. Eco, *TS*, 90쪽.

177) 물론 여기서 말하는 판단중지는 세계의식의 측면에서 세계의 타당성을 작업 수행하고 있는 주관성 또는 그것을 계속 지속하는 획득물 속에서 세계를 소유하고 있고 또한 항상 능동적으로 새로이 (세계를) 형성하고 있는 주관성의 의식 삶을 생각하기 위해서이다. 그리하여 이를 통해 새로운 종류의 경험작용, 사고작용, 이론화작용이 열려져 나타날 것이다. E. 후설, *유럽학문의 위기와 선험적 현상학*, 이종훈 옮김, 이론과 실천, 205쪽.

미 이데올로기가 형성됨을 논구하는 과정을 고찰하고자 한다.

2) 기호학적 분석범주로서의 이데올로기

에코에 의하면 "문화 전체는 의미작용체계(Significazione)에 기초한 의사소통(Communicazione)적 현상으로서"[178] 기호학적으로 연구될 수 있고 기호학적으로 관찰한다면 보다 더 철저하게 연구될 수 있다.[179] 다시 말해서 기호학은 의사소통으로서의 문화와 사회적 규약을 연구하며 따라서 기호학은 사회적 규약을 토대로 서로 접촉하는 인간들의 문제라고도 할 수 있다. 그러면 어떤 의미에서 이데올로기와 이데올로기적 담론에 대한 논의는 기호학적인 시야 안에 들어오며 이데올로기의 전 문제가 어떻게 기호학적 관점에서 연구될 수 있는가?

우선 /그는 마르크스를 따른다/라는 문장과 /그는 그루초를 따른다/라는 문장이 있다고 하자. 여기서 /따른다/는 문맥적 상황에 따라 다음과 같은 두 가지 외연(denotazione)을 지니며, 그 외연적 의미는 각각 두 가지 내포(connotazione)로 읽힐 수 있다. 첫 번째, 이 동사는 구체적인 명사가 뒤에 나올 때는 물리적으로 읽히며, '그는 마르크스 뒤에 걸어간다'로 읽히거나, 추상적 명사가 뒤에 나올 때는 비유적으로 '~의 제자'로 읽히게 된다. 또 다른 경우는 /따르다/를 그 동사가 사고나 습관의 양식을 문제 삼는 이론적 맥락 안에서 사용될 경우 '모방하다' 혹은 '동의하다'로 읽을 수 있는 또 다른 문맥적 선택이 존재한다. 따라서 이 두 가지를 문맥에 따라 선택함으로써 위

---

178) U. Eco, *TSG*, 19쪽.
179) U. Eco, *TSG*, 42쪽.

의 두 문장은 칼(Karl)을 따르거나 그루초(Groucho)[180]를 따르거나이다. 만일 이름에 상응하는 의미소가 의미론적으로 분석될 수 있다면 칼 마르크스는 '정치학'을 그루초 마르크스는 '영화'라는 표시소를 갖기 때문에 둘 다 문맥에 따라 어떤 단위를 의미하는가를 선택할 수 있다.[181]

그러나 그럼에도 불구하고 /그는 마르크스를 따른다/라는 문장은 밝혀져야 할 모호성이 남아 있다. 이데올로기적인 내포가 이 철학적 규정에 있는 것이다. 즉 마르크스를 따르는 것은 좋은가 나쁜가? 만일 박정희 정권에서 반공연맹회원이 /이 사람을 보라. 그는 마르크스를 따른다/라고 말한다면 이 문장은 철학적 상징 이상을 나타낸다.

/그녀는 순종적이지 못하고 고집이 세다/ 혹은 /그는 주장이 뚜렷하며 신념이 확실하다/는 문장 역시 그 자체만으로는 좋은 뜻인지 나쁜 뜻인지 알 수 없다. 그러나 미국이 아니라 한국과 같은 상황에서는 그러한 문장이 갖는 내포적 의미는 분명하다. 이러한 종류의 이데올로기적인 내포는 그 표현의 내용 일부를 이루기 때문에 파악되지 않으면 안 된다.

여기서 가정되어야 할 것은 메시지의 송신인은 주어진 이데올로기에 종속된다는 사실이다. 그러나 어쨌든 이데올로기 자체는 조직된 세계관으로서 기호학적 분석의 주제가 되어야만 한다.

예를 들어 서양 선진국들에 대한 아랍민족의 투쟁을 역설하는 팔레스타인 정치가가 아랍민족이 해방될 수 있는 방법은 자유를 위한

---

180) 미국 희극영화배우 마르크스 4형제 Chico, harpo, Groucho, Zeppo Marx 중 셋째. 1930년대 후반부터는 Zeppo를 뺀 3형제가 스랩스틱 코미디 — 야단법석 떨며 웃기는 희극 — 에서 활약, 대표작 <마르크스의 2자루 권총>.

181) U. Eco, *TSG*, 184쪽.

투쟁이라고 믿을지라도 그가 /자유세계의 수호/라고 말할 가능성은 희박하다. 왜냐하면 /자유세계의 수호/라는 수사학적 표현은 미국과 동일한 이데올로기를 고수하는 동맹국가들의 정치적 입장을 대변하기 때문이다. 이러한 정치적 입장은 곧 총체적 의미영역의 이데올로기적 분할이자 현실세계의 분할적 모델화이다. 따라서 이 같은 수사학적 표현과 확인가능한 이데올로기적 단위를 결합시키는 내포적 약호는 비교적 쉽게 구성될 수 있는바, 그는 아마도 /알라신의 수호/와 같은 표현을 선택할 것이다.

이렇게 의미를 촉진시키는 이데올로기 혹은 수신자의 예비지식이자 지적 유산인 이데올로기는 커뮤니케이션의 상황과 마찬가지로 기호학적 사건을 결정짓는 기호 외적 잔재로 간주될 수 있다. 그리고 모든 예비지식은 일종의 의미영역 내지는 문화적 단위체계 혹은 가치체계를 구성하며 하나의 세계관으로서 현실세계에 대한 부분적 해석이다.

에코 역시 이데올로기를 부분적인 세계관 혹은 현실세계에 대한 특정한 관점으로 보며, 이는 그가 이데올로기를 마르크스의 개념, 다시 말해 허위의식으로 정의하고 있음을 의미한다.

> "현실에 대한 이러한 분할적 전망은 허위의식(falsa coscienza)이라는 마르크스의 이데올로기 개념을 낳는다. 자연히 허위의식으로서의 마르크스적 이데올로기 개념으로부터 이 허위의식은 구체적 사회적 관계와 생의 주어진 조건들을 위한— 과학적 객관성을 위장한— 이론적 가장(occultamento(disguise))으로서 태어난다."[182]

---

182) U, Eco, *TSG*, 360쪽.

그러나 앞서 언급했듯이 에코의 기호학은 이런 메시지가 생겨나는 정치 및 경제적 이유를 따질 필요가 없다. 대신 기호학은 이 같은 새로운 약호가 이데올로기라고 불리는 이유를 밝혀야 한다. 즉 기호 외적 조건은 판단중지하고 어떤 의미에서 이 새로운 약호화가 이데올로기적이라고 불릴 수 있는가 하는 기호 내적 가능조건에 대해 묻는다.

이데올로기는 위에서 보듯 현실에 대한 부분적인 세계관으로서 부분적으로 사실적인 서술에서 출발해서 그 후 다음과 같은 (상위)약호화 과정을 통해 사회에 의해 받아들여지게 된다.

3) (상위)약호화(L'ipercodifica(overcoing))

에코에 의하면 기호란 어떤 것의 대체이며 이때 그 대체 이면에는 추리적인 메커니즘이 들어 있다. 그런데 이러한 기호의 추리적 본성은 퍼스의 기호학, 논리학으로부터 온 것이다. 에코는 약호화과정의 인식론적 과정을 다음과 같은 퍼스(C. S. Peirce)의 상정논법(abduction)에 기대고 있다.

> "나는 터키지방의 항구에 내린 적이 있다. 내가 방문하기로 한 집에 걸어가고 있을 때 나는 머리 위에 덮개를 쓰고 네 명의 기수에 둘러싸여 말 등에 앉아 있던 남자를 만났다. 내가 생각하기에 이 지역의 통치자만이 그러한 영예를 누릴 수 있다고 생각했기에 바로 이 사람이 '그'라고 추리했다. 이것은 하나의 가설이었다."[183]

---

183) C. S. Peirce, *CP*, 2.625.

여기서 퍼스는 그 머리에 쓴 덮개가 통치자를 구별하는 관례적 기호였음을 몰랐다. 그래서 그는 일반적인 규칙을 창안 혹은 가정한 것이다.[184] 상정논법은 이렇게 가설을 채택하는 것으로서 이 가설을 채택하는 과정이 바로 추리적 과정을 포함한다.[185] 그런데 이 (상정논법적) 추리가 바로 약호를 만들어 내서 해석할 때 쓰이는 인식론적 과정, 즉 약호화과정이다.

에코가 말하는 상위약호화란 이러한 퍼스의 상정논법을 좀 더 보충해서 단순한 것으로부터 복잡하고 시험적인 것에 이르기까지 다양한 종류[186]로 나눈 것 중 하나로서 법칙이 자동적으로 혹은 준자동적으로 주어질 때의 상정논법 혹은 가설이다.

예를 들어 보통 구어는 동치체계로서 한국어에서 /인간/은 '이성

---

184) U. Eco, *TSG*, 186쪽.

185) "상정논법(abduction)은 문제에 대한 설명을 할 수 있는 가설을 형성하는 과정이다. 어떤 새로운 아이디어가 들어올 수 있는 유일한 논리적 조작이다. 이에 반해서 귀납에 의해서는 하나의 가치가 결정될 뿐이고…… 연역에 의해서는 가설의 필연적 결과를 전개시킬 뿐이다. 따라서 연역이 어떤 것이 있어야만(must be) 함을 증명한다면, 귀납은 어떤 것이 실제로 작용하고(actually is) 있음을, 그러함을 보여 준다. 반면 상정논법은 그저 어떤 것이 그럴지도 모른다(may be)고 제시할 뿐이다……. 내가 찾아본 한 거기엔 특별히 주어질 만한 이유가 없다. 아니 이유가 필요가 없다. 그것은 단지 제안을 하고 있을 뿐이기 때문이다." C. S. Peirce, *CP*, 5.171.

186) 상위약호화 외에 하위약호화[L'ipocodifica(undercoded) abduction]와 창조적 상정논법이 있다. 하위약호화란 동등한 자격을 가진 대안들 중에서 규칙을 정해야 하는 경우를 말한다. 영어의 /man/은 모든 의미에서 이성적 동물이 아니다. /He is every inch a man/에서는 남성적인, 사나이다운이라는 뜻을 가진다. 그러므로 우리는 어떤 사람이 /This is a man/이라고 말했을 때, 그가 이성적 동물을 말했는지, 남성적임에 대한 예를 말했는지 부하나 하인을 말했는지 등등 중에서 어느 것을 말했는지를 결정해야 한다.
창조적인 상정논법(creative abduction)이란 설명할 규칙이 새로 발명되어야 하는 경우를 말한다. 코페르니쿠스가 태양중심설에 대한 직관을 가졌을 때, 시적 텍스트를 해석할 때나 탐정가홈즈가 범죄를 해결할 때 바로 이러한 창조적 상정논법이 쓰이고 있다.

적이고 죽음을 면치 못하는 동물'을 의미한다고 가정해 보자. 어떤 사람이 /인간/을 발음하면 이것이 한국어로 된 단어유형임을 짐작해야 한다. 우리는 일반적으로 이런 종류의 해석적 노력을 자동적으로 하는 것처럼 보인다. 그러나 사실은 사람들이 서로 다른 언어들을 사용하게 되어 있는 국제적인 환경 속에 살고 있으므로 우리가 /인간/이 한국어라고 아는 것은 사실 완전히 자동적은 아니다. 그런 의미에서 /인간/과 같은 어떤 말의 의미는 자동적이라기보다는 준자동적으로 주어진다 ― 즉 약호화된 것을 추리한 것이다 ― 고 할 수 있다.

에코가 여기서 하고자 하는 말은 다음과 같다. 하나의 주어진 현상을 하나의 주어진 유형에 대한 특징(토큰)으로 인식하는 것은 어떤 말이 말해진 환경, 말하는 사람의 성품, 그리고 광범위한 공동텍스트에 관해 어떤 가설을 전제로 해서 추리한 것이다. 그리고 이는 우리가 일상에서 대화를 하거나 무엇인가에 대한 약호를 생산(해석과 같은)할 때 늘 쓰는 것이다.

다시 우리의 논의로 돌아가 보면, /그는 마르크스를 따른다/ 혹은 /그는 김일성을 따른다/에서 /김일성/은 하나의 부분적인 세계관 혹은 의미체계를 지닌 박정희 정권하의 반공체제하에서라는 상황적 맥락 혹은 관습적 공동텍스트에 의해 '빨갱이' 혹은 '부정적인 것'으로서 상위약호화된 것으로 추리되어 읽힌다. 즉 이는 하나의 이데올로기가 들어 있는 문장이 되며, 우리는 이러한 관습적 맥락에 따라 이데올로기를 함께 읽게 되는 것이다.

지금까지는 이데올로기문제가 어떻게 기호학적 범주로서 파악될 수 있는가를 살펴보았다. 이제 이러한 이데올로기문제가 구체적으로 기호 외적인 배경을 배제하고 에코가 어떻게 기호 내적인 문제로 다루는가를 살펴볼 것이다.

6.3. 수사학적 장치를 통한 이데올로기 형성과정

1) 수사학과 이데올로기에 관한 기호학적 고찰

에코가 수사학적 공식과 이데올로기 입장의 관계를 검토하게 된 배경은 바르트(R. Barthes)의 『신화학(Mythologies)』(1957)과 신화학과 이데올로기라는 주제를 다룬 "이미지 수사학(Rhétorique de l'image)" <Communications 4>, (1964)의 영향이다.[187] 바르트는 초기에 언어학적 개념들의 도움을 얻어 투철한 역사－사회에 대한 비판의식을 '신화학'이라는 그 자신만의 독특한 기호학으로 설정한다. 그의 신화학 혹은 신화비판의 기호학은 쁘띠부르주아의 은폐된 이데올로기가 자명한 것으로 통용되고 있는 사실에 주목하며 가장된 이데올로기를 현대의 신화라고 규정짓고 그 신화비판을 위한 새로운 분석장치로서 고안된 것이다.[188]

신화학자로서 바르트는 현대사회의 온갖 현상들 속에서 자명하고 자연스러운 체 짐짓 가장하는 이데올로기와 수사학의 교묘한 결합이 은폐되고 있음을 분석한다. 신문이나 영화, 사진 또는 예술작품과 같은 다양한 문화형식들이 우리에게 제공하는 가공의 현실이미지가 자연스럽고 상식적인 현실로 수용되고 있지만 사실상 그 현실은 역사적이고 정치적인 따라서 이데올로기적인 상황적 조건들을

---

187) 기호학을 통해 이데올로기를 논의하는 방식에서 바르트와 에코의 차이는 다음과 같다. 바르트의 경우가 현실의 기호들을 직접 다루고 있는 반면 에코의 경우는 이 글에서 보듯 기호 내적인 접근을 통한 미시적인 방식이다.

188) 김인식, "바르트 기호학의 해체", 1996, 125쪽.

감추고 있는 가공된 신화라는 것이다.

에코가 바르트의 영향 속에 수사학적 공식과 이데올로기를 다룰 수 있는 것은 우선적으로는 2절에서 보았듯이 이데올로기를 기호학적으로 형식화시킬 수 있었기 때문이다.

> "이데올로기는 시니피앙의 역할을 하는 수사학적 공식과 짝을 이루는 문화적 단위로 간주될 수 있다. 사실 수사학적 공식들이 특정한 이데올로기적 입장을 대변한다는 생각은 이미 널리 알려진 사실이다.[189]"

그는 『부재하는 구조』에서 수사학을 진부한 표현 레퍼토리가 아닌 모든 언어적 설득 방법을 포괄하는 학문으로 제안하고, 이어 『기호학이론』에서는 의사소통의 기술로서의 수사학을 기호학의 틀 속에 넣으며[190] 이를 체계화하는 과정에서 이데올로기와의 관련성을 논의하고 있다. 과연 수사학은 어떻게 기호학적이며 또 수사학은 과연 어떻게 이데올로기와 관련되는가?

고전수사학은 그들의 학문을 설득의 기술로 보면서 변증법처럼 개연적인 논의에 대해 열려 있는 전제들을 다룬다. 그러나 변증법이 합리적인 논리적 토대 위에 있는 이들 전제들로부터 받아들일 수 있

---

189) *부재하는 구조*가 나온 4년 후 출판된 불어본은 단순한 번역본이 아니라 일부는 줄이고 다른 부분은 발전시킴으로써 재집필하고 있다. 따라서 이 부분은 원래 이탈리아본에는 없는 부분을 좀 더 명확히 발전시킨 부분에 해당된다. U. Eco, 기호와 현대예술, 김광현 옮김, 열린 책들, 223쪽.
시니피앙이란 표현에서 보듯 사실 *부재하는 구조(SA)* 시기에는 구조주의 기호학 영향이 크다. 이후 *기호학이론(TSG)*이 퍼스 기호학적 영향이 큰 것과 비교된다. 그러나 약호라는 구조주의 개념을 후자에서도 쓰듯이 양자의 영향을 용어에서 비교적 유연하게 쓰고 있다.

190) D. Robey, "Umberto Eco", 1984, 81쪽.

는 결론을 유도하려는 목적을 가진 반면 수사학은 공공연하게 생략삼단논법(enthymemes)을 다루고 있다.

다른 한편 변증법과 수사학은 공개적인 파롤(정치적이라든가)이며 그러면서도 대화적인(conversationnelle ou dialogique) 상황에서의 사사로운 파롤이라는 점에서 공통점을 갖는다.[191] 르불(O. Reboul)은 현대 수사학의 커다란 두 경향을 문학수사학과 논증수사학이라고 보면서, 1950년대부터 프렐망(C. Perelman)이 문체와 문채보다는 논증에 더 관심을 가지면서 논증수사학을 통해 아리스토텔레스와 퀸틸리아누스의 수사학을 재발견하고 있다고 본다.[192] 그런데 프렐망의 새로운 수사학에서 대화(Dialogue)는 논증과정의 형식이자 영혼으로서 수사학적 관점에서 담론(법정의 담론)이란 이러한 대화형식을 취한다. 그리고

---

191) Jacques Brunschwig, "Rhétorique et Dialetique, Rhétorique et Topiques", in *Arisotle's Rhetoric*, David J. Furley and Alexander Nehamas, Priceton University Press, 1994, 59쪽.

192) 올리비에 르불, *수사학*, 박인철 옮김, 한길크세주, 48쪽.
프렐망은 수사학이 철학의 훌륭한 방법이 될 수 있으며, 이러한 방법을 통해서만 철학은 실증주의에 의해 갇힌 막다른 골목에서 빠져나올 수 있다고 본다. 프렐망은 가치판단에서부터 출발, 선을 악보다, 정의를 불의보다, 민주주의를 독재보다 더 선호하게 하는 타당성 있고 합리적인 방법이 존재할까를 자문한다. 철학은 가치판단을 논리 - 수학적인 형식적 증명의 토대 위에 세울 수 없다. 그렇다고 가치판단이 완전히 자의적임을 의미하는 것은 아니다. 그가 보기에 이성의 영역은 형식적인 증명의 영역을 훨씬 넘어서기 때문이다. 그리하여 프렐망은 아리스토텔레스가 변증론이라고 부르고 자신이 논증 혹은 새로운 수사학이라고 부은 것을 포함시킨다. 그는 논리학을 형식적인 증명으로 수사학을 비합리적인 설득의 수단으로 축소시켜 보는 태도를 버린다면 철학은 수사학을 가치판단의 토대로 삼으면서도 여전히 합리적일 수 있다고 본다. 프렐망은 수사학이 애당초 철학의 방법이었음에도 불구하고 데카르트 이후 논리 - 수학적인 방법이 실존의 문제를 해결할 수 있다는 자멸적인 생각에 사로잡혀 철학 - 수사학적 방법을 버리고 말았다고 본다. 물론 철학은 변호사가 사용하는 것과 같은 특별한 청자를 목표로 하는 수사학을 사용하지는 않는다. 수사학은 보편적인 청중을 설득하는 것을 목표로 하며, 이것은 논증을 통해서이다. 그러나 르불은 여전히 수사학이 가치를 발견하고 증명하기 위한 방법이 아니라 자기가 믿고 있는 가치를 타인에게 설득하는 방법임을 상기하고자 한다. 같은 책, 165 - 166쪽.

이 대화에서 주요전제 중 하나가 참여자의 자유와 자유로운 대화로서 이때 청자 개념이 새로운 수사학에서는 매우 중요하다.[193]

따라서 수사학은 섬세한 속임수의 과정이 아니라 많은 논리 외적 조건들에 대한 공개적인 주제가 되는 그럴듯한(합리적인 reasonable) 인간 상호작용의 기술로 여겨진다. 프렐망의 새로운 수사학은 논리적 필연성의 담론을 공론(topos)[194] ― 일반에게 통용되고 진실임직한 견해로부터 출발하여 굳이 일의적이고 엄격하게 정의된 용어를 사용하지 않아도 되며 증명과 달리 준논리적인― 체계로 분명하게 환원시켰으며 철학, 정치학, 신학에 이르기까지 담론의 여러 유형들을 수사학의 제목하에 목록화한다. 따라서 이에 의하면 사실, 믿음, 가치, 의견에 대한 인간의 거의 모든 추론(reasoning)은 절대적 이성의 권위에 기초하기보다는 사실상 감정적 요소, 실용적 동기와 관련되어 있다.

그리하여 에코가 보기에 수사학이 이런 인간 상호작용의 기술인 한 기호학의 대상이다.

---

193) Mieczyslaw Maneli, *Perelman's New Rhetoric as Philosophy and Methodology for the Next Century*, Kluwer Academic Publishers, AH Dordrecht, The Netherlands, 1993, 22 - 23쪽.

194) 늘 사용되는 주제, 개념, 표현으로서 수사학이 논거를 두고 있는 공론이란 1) 유형적 논거로서의 공론이란 특별한 이유에 전이시킬 수 있는 공통된 믿음의 틀에 박힌 표현이다. ex) 내 의뢰자의 불행한 유년시절. 2) 증명의 요소로서의 공론은 가치와 위계관계의 토대를 세울 수 있게 하는 일반적인 전제들로서 이 전제들은 찬성이나 반대를 증명할 수 있게 해 주는 것들이다. 실상 공론은 단지 진실임 직한 것에 그치므로 늘 반대편 공론의 반박을 받을 수 있다. 3) 일반적인 공론은 프렐망이 크게 두 유형으로 나눈, 양의 공론과 질의 공론이다. 양의 공론: 모든 사람에게 이익을 주는 것이 몇 사람에게 이익을 주는 것보다 선호된다. 지속적 행복이 일시적 행복보다 선호된다. 질의 공론: 유일무이한 것, 독창적인 것, 드문 것, 재능 등을 우선시한다. 청중의 파토스를 고려해 전이에 가장 유리한 공론이 어떤 것인지 따져 보고, 제품의 안전성 혹은 차별성을 강조할 수 있다. 올리비에 르볼, 같은 책, 130 - 1쪽.

주어진 개연적 전제들의 선택과 수사학적 삼단논법의 (혹은 다가치적 논리학의 형식) 성격, 수사학의 모습으로 표현하는 것 등의 활동들은 그 자신의 규칙들을 가지고 있고 최종분석에서 **대화적인 상호작용의 기호학**(una semiotica dell'interazione conversazionale)의 대상을 이루게 된다.

앞으로 살펴보게 되겠지만 에코는 이러한 수사학, 그러니까 온갖 형태의 속임수적인 선전선동 대중설득뿐 아니라 소위 철학적 언명들도 모두 수사학을 사용하고 있다는 점에서 이데올로기적 담론이라고 본다. 물론 이들 이데올로기적 담론들은 동일한 유형의 기호생산 방식을 지닌다. 이때 그가 말하는 이데올로기적 담론이란 "하나의 논거방식, 즉 개연적인 전제들을 사용하고 주어진 의미의 장에서 일부분만을 고려하면서도 마치 진정한 논거를 개진시키는 양하고 그럼으로써 그것이 지닌 전체 의미론적 체계의 모순적 본성을 은폐하고 그 자신의 견해만을 유일하게 가능한 결론인 양 제시하는 그런 논거 방식을 말한다."[195] 이러한 태도는 소박한 수신인을 속이기 위해 송신인이 교묘하고 냉소적으로 채택한 것일 수도 있고 혹은 송신인 그 자신이 그런 편향된 사고의 희생양일 수도 있다.

> "모든 기호체제가 자의성에 의해 만들어지는 체제임에도 불구하고…… 권력자들은 자의적인 것을 역사적 당위로 고착시키려 하며…… 자연화, 신화화한다……. (따라서) 기호학은 신화를 읽는 사람들의 마음에 다중의 의미들을 생산하려 하는 데 반해서 이데올로기는 가능한 한 단일 차원의 통합된 의미를 유도하려 한다."[196]

---

195) U. Eco, *TSG*, 346쪽.
196) 김경용, *기호학이란 무엇인가*, 민음사, 238 – 240쪽.

이런 점에서 기호학은 전통적인 의사소통방식이 그 핵심에 내포하고 있는 이데올로기적 문제성에 대한 정면대응이라고 할 수 있다. 더불어 이데올로기가 근본적으로 정치적이기 때문에 그것에 대한 반동으로 일어나는 기호학도 불가피하게 정치적 색채를 띠지 않을 수 없다. 즉 이데올로기가 선호하는 신화 소비의 성향과 효과가 무엇인지 밝혀내려 하므로 기호학적 분석은 '정치적 행위'[197]가 된다.

그리하여 에코는 이데올로기적 담론의 문제가 전체 의미론적 체계의 구조에 시사점을 줄 것이라 기대하면서 그 이데올로기적 담론을 형성하는 메커니즘으로서의 수사학적 조작의 삼 단계(논거발견술, 논거배열술, 표현술)를 살펴보고자 하는 것이다. 그런데 에코의 이러한 수사학적 장치에 대한 고찰은 흥미롭게도 기호 외적 조건들을 배제하고 메시지 자체 내의 이데올로기 의미형성과정의 가능조건을 살펴보는 현상학적 방법을 사용하고 있다.

2) 논거발견술(inventio)

그러면 과연 어떤 기호학적 과정을 통해 이러한 이데올로기는 만들어지는가? 에코는 이데올로기가 형성되는 과정을 아리스토텔레스 또는 아리스토텔레스식의 고전수사학에서 말하는 수사적 기술 5가지 논거발견술(inventio), 논거배열술(dispositio), 표현술(elocutio), 암기술, 발표술 중에서 앞의 세 가지를 통해 제시한다. 이 기술들은 서로 긴밀하게 연결되어 있는 일종의 유기체로서 논거발견술에서 발표술에 이르기까지 점진적인 구조화과정이 강조된다는 점에서 수사

---

197) J. Fiske, *Intriduction to commmunication Studies*, 1982, 153쪽.

적 기술을 구성하는 능동적이고 조작적인 성격을 엿볼 수 있다. 그런데 암기술과 발표술은 구술문화에서 문자문화로 이동하면서 희생되고 또한 고대 이후의 수사학 발전에 자양분을 준 것이 세 부분이기에[198] 에코 역시 이들 세 가지를 택한 것으로 보인다.

라틴어 'inventio'는 창조적이라기보다는 추출적인 의미로 받아들여야 할 필요가 있으므로 논거발견술이란 이미 공론화되어 있는 논거들의 저장고에서 논증을 추출하고 또 논증을 이끌어 내서 활성화시키는 기술을 말한다. 즉 여기서 문제는 어떤 주장(광고나 캠페인)이 주제들을 어떻게 추출하였으며 또 추출해 낸 주제들을 어떤 논거에 의존해서 펼쳐 가고 있는가이다.

논거발견술은 크게 논리적인 측면과 정감적인 측면으로 나누어진다. 이는 수사학의 주된 기능이 설득이라고 볼 때 그것은 논증과 감동의 두 가지 방법을 동원하여 수행할 수 있음을 의미한다. 따라서 수사학의 목표인 설득의 기능에 도달하는 방식들은 합리적인 방식들일 수도 있고 정감적인 방식들일 수도 있다.

수사학에서는 이성과 감정, 합리적인 것과 정감적인 것을 서로 분리시키지 않으며 그 전체 속에서 고려하고자 한다……. 설득이란, 특히 설득의 대상이 불특정 다수, 익명의 대중일 경우에는 일반적으로 이성적인 판단이 아닌 감정적 상태에 호소함으로써 이루어지는 경우가 많다. 따라서 수사학이 지니는 이러한 정감적 차원에서 수사학은 이데올로기, 광고, 선전 등 설득의 전략과 만날 수 있게 된다.

그럼에도 불구하고 아리스토텔레스의 고전수사학은 인간의 제반

---

198) 박성창, *수사학*, 문학과 지성사, 43쪽.

정서들을 이해할 수 있는 능력(파토스)보다는 논리적으로 추론하고 사유할 수 있는 능력(로고스 또는 논증)을 강조하면서 논리적 체계가 설득의 기술에서 중요하다고 봄으로써 철학적이고 논리적인 학문으로서 수사학의 위상을 정립하고자 한다.[199]

이에 반해 앞서 보았듯이 프렐망의 새로운 수사학은 수사학의 의사소통적 차원을 강조한다. 그가 말하는 논증이란 공리(axiomes)에 근거해서 결론을 이끌어 내는 증명(demonstration)과 구분되며, 또한 의사소통하는 상호 개인들 밖에서 진행되는 논리적 추론으로서의 논증 개념과도 구별된다. 따라서 논증(argumentation)이란 주체의 간섭 밖에서 전개되는 순수한 논리적 추론 영역의 연역적 추론이 아니라 듣고 있는 사람들의 동의의 대상이 되어야 하는 전제에 근거하는 화자와 청자 간의 상호작용을 필요로 한다.

즉 수사학은 담화를 발언하는 연설자가 있고 연설자가 그의 논증으로 영향을 미치고자 하는 청중이 있다. 그리하여 "연설자는 그의 담화로 영향을 주기 위하여 그가 말을 거는 사람 또는 사람들에게 맞추어야 한다."[200] 연설자는 선택의 방향을 바꾸려고 하고, 행동을 야기하려 하며, 적어도 적절한 시기에 표명될 수 있는 행동에 의향을 만들어 내려고 하는데 이를 위하여 그는 그의 말을 듣고 있는 사람들의 믿음, 가치, 의견을 고려해야 한다. 특히 지배적인 의견이나 여론 혹은 만인이 인정하는 신념을 고려해야 한다.

따라서 논증과정은 이러한 일치의 지점에서 출발하여 공유된 추

---

199) Aristotle, *The Art of Rhetoric*, Ⅰ, trans. by John Henry Freese, Harvard Univ. Press, 1354a "수사학에 들어오는 유일한 것들은 증거(proofs)들일 뿐 그 외 다른 것은 단지 장식일 뿐이다……."
200) 올리비에 르불, *수사학*, 96쪽.

론도식에 근거하여 주장(자신의 논거포함)을 전개하면서 결론을 이 끌어 내는 것이다. 그리고 이 수사적 논증의 논리적 객관적인 논거 들은 예증법과 생략삼단논법이 있다.

에코 역시 표면상 드러나 있거나 드러나 있지 않거나 앞선 편견에 기초한 일련의 기호적 언명(메시지)을 이데올로기적 논거발견술이라 고 본다. 논거발견술의 정감적인 부분 중에는 청중의 관심을 끌고 신뢰를 획득하기 위해 변론가가 지녀야 할 인품(성격)인 에토스(ethos) 와, 청중들을 효과적으로 설득하기 위해 변론가가 반드시 알아 두어 야 할 청중의 심리적 상태 및 성향들로서의 파토스(pathos)가 있다.[201] 그런데 에토스란 청중들의 정서적 반응인 파토스와 구분되어 말하 는 사람의 인품을 의미하는 동시에 의사소통에서 일어나고 있는 사 회구성원들이 공통적으로 유지하고 있는 관습, 가치관, 습속을 또한 의미한다.

따라서 이러한 에토스에 근거해서, 공유하고 있는 기준이나 어떤 표준적 믿음이 발견될 수 있게 되면 그때의 가치평가는 합법적인 논 거(argument) 또는 논증[202]이 된다. 논거는 어떤 것이 옳다는 것을

---

201) 설득의 방향을 이성적이고 합리적으로 설정할 것인가 정감적으로 설정할 것인가의 문제와 관련하여 아리스토텔레스는 에토스, 파토스, 로고스로 구분하며, 위의 에토 스, 파토스의 정감적인 방향과 달리 로고스는 이념적이고 합리적인 방향의 설득으로 서 논증 또는 논거의 방식들과 관련된다. "첫 번째는 화자의 인품에, 둘째는 청중에 게 어떤 특정한 태도를 자아내는데, 셋째는 변론 자체가 그럴듯하게 입증되는 한에 서 변론 그 자체"가 변론에 의해 제공되는 증거들이다. Aristotle, *The Art of Rhetoric*, Ⅰ, 1356a.

202) 논증은 변론가가 담론에 반드시 도입해야 한다고 판단하는 논거들의 잘 배열된 전체이다. 따라서 수사적 논증은 과학적 논증이나 변증법적 논증과 매우 다른데 과학적 논증이 시공을 초월한 보편이성에 호소하며 필연적 진리로부터 도출된다 면 수사적 논증은 대다수 사람들에 의해 대부분 경우 받아들여지고 있는 일반적 진리에 근거한다. 증명을 요구하는 과학이 합리적인 담론의 세계라면 개연성과 그럴듯함에 근거하는 논증은 의사소통의 세계이다.

입증하는 데 도움이 되는 것으로서 아리스토텔레스는 설득에 있어 논거의 중요성을 강조하나 이론의 여지가 없는 확고부동한 명제나 사실로 이해한 것이 아니라 개연성 있는 명제나 논의로 이해했다는 점을 주목해야 한다.

우리는 종종 즐거움이나 승인, 분개 등 감정적인 이유에 대해 변호하지 않고 평가를 해 버리기도 하지만 만일 우리가 믿듯이 청중을 믿게 하고 싶다면 우리는 우리 자신의 감정들보다는 외적인 근거들을 가지고 논의해야 한다.[203] 즉 청중이 우리와 공유하고 있다고 믿는 기준들과 믿음들에 호소함으로써 이에 도달할 수 있는 것이다. 이런 의미에서 논거는 아리스토텔레스 이래 담론의 한 방식으로 여겨져 왔으며, 어떤 의미에서 모든 담론은 논거이다. 바르트 역시 외연적인 기표들 밑에 있는 내연적·이차적·내포적·문화적인 기의들이 들어가는 의미생산을 시각 이미지에서도 볼 수 있다고 보는데, 이러한 외연적 이미지는 이미지가 나타나는 공동체가 공유하는 지식의 안정성 덕분에 조절된 것이라고 본다.[204]

따라서 에코는 한 사회 안에 사람들끼리 공유한 믿음이나 가치체계와 신념이 있는데 이러한 것들에 기초한 일련의 기호학적 언명을 이데올로기적 논거발상법이라고 보는 것이다. 오늘날 '살과의 전쟁'은 우리 사회 안에 공유하는 가치란 점에서 논거발견술의 하나다. 에코가 이를 굳이 이데올로기적이라고 보는 이유는 한 사회 안의

---

203) Jeanne Fahnestock/ Marie Secor, *A Rgetoric of Argument*, McGraw-Hill Publishing Company, New York. 1990, 224쪽.

204) Jean-Michel Adam, marc Bonhomme, *광고논증*, 장인봉 옮김, 267쪽. 파스타 판자니 광고의 토마토, 피망 삼색(빨강, 노랑, 초록)의 조합은 이태리성이라는 내연적 의미를 지닌다.

공유된 믿음, 가치체계로 인해 한 의미소에 어떤 성질을 귀속시키지만 한편 그 의미적 공간의 모순적인 체제를 전제할 때 그 의미소에 똑같이 예견되는 다른 모순된 성질들을 감추거나 무시하고 있는 주어진 상황에서 하나를 선택한 믿음체계이기 때문이다.

그러므로 /그녀는 고분고분하지 못하며 고집이 세다/나 /그는 주장이 뚜렷하며 신념이 확실하다/라는 문장은 여성/남성, 음/양, 사적/공적, 순종(노예)/명령(주인), 열등/우월 등의 유교적인 믿음 체계들이 여전히 한국의 곳곳에서 전제하고 있거나 감추고 있는 상황에서 나온 논거발견술인 것이다.

3) 논거배열술(dispositio)

배열술은 논거들을 어떤 순서에 의거해서 배열하는 기술을 의미하며 우리가 흔히 초안이라 부르는 것이 이에 해당된다. 논거배열술은 담론의 구성, 즉 말해야 할 것을 담론의 어느 부분에서 말해야 하는가를 아는 것과 관련된 기술 또는 담론에 포함되는 모든 것을 가장 완벽한 순서에 따라 배열하는 기술 혹은 사물이나 부분들의 적절한 위치와 서열을 할당함으로써 그것들을 유용하게 배분하는 기술 등을 뜻한다. 이러한 배열법은 일반적으로 정념에 호소하는 감동주기와 사실과 이성에의 호소인 알려 주기(설득하기)라는 이분법으로 나눌 수 있다. 진술부(사실들의 진술)와 논증부(설득의 수단이나 논증의 확립)가 후자에 속하고 청중의 심금을 울림으로써 설득의 효과를 극대화하는 것을 목표로 하는 결론은 주로 청중의 정념에 호소하는 방식이 사용되곤 한다.

그런데 논거배열술은 논거발견술과 확연히 구분되는 것이 아니라

서로 긴밀하게 연결되어 있다. 왜냐하면 논증 그 자체가 이미 어떠한 순서나 질서를 포함하고 있기 때문이다.

그리하여 에코는 주요 전제 중 하나의 가능한 상황적 선택을 공개적으로 택하는 한편, 하나의 모순된 전제나 모순된 결론으로 인도하는 분명히 보완적인 하나의 전제가 존재한다는 것을 분명히 하지 않는, 그럼으로써 그 의미론적 공간의 모순적 성격을 감추는 논거[혹은 추론(argument)]를 이데올로기적 배열술이라고 부른다. 운동을 하지 않고 단 3주 만에 빼고 싶은 부위를 뺄 수 있다는 다이어트 식품들의 광고가 여기에 속한다.[205]

이를 설명하기 위해 드는 예를 보자. 다음은 난방을 위해 일정량의 열이 방 안을 안락하게 만들기 위해 생산하는 에너지형태를 통해 달라지는 표시소들이다.

압력 A	가열 B(난방)	생산성 C
최소량 vs 최대량	최소량 vs 최대량	최소량 vs 최대량
저 vs 고	저 vs 고	저 vs 고
부족 vs 풍부	부족 vs 풍부	부족 vs 풍부
안전 vs 위험	불편 vs 편안	−에너지 vs +에너지
좋음 vs 나쁨	나쁨 vs 좋음	나쁨 vs 좋음

일반적으로 논거의 배열은 수사학자마다 서로 다르게 말하지만

---

205) 또 다른 배열법, 즉 실은 그 식품을 중단했을 경우 요요현상이 온다든가, 식품 복용 중 운동을 않고 살을 빼는 데서 오는 몸의 무리와 부작용으로 건강을 해칠 수 있는 가능성의 배열법은 생략되어 있다.

대체로 머리말 - 진술부 - 논증부 - 맺음말 순이다. 위 표는 난방을 위해 열을 가했을 경우 가열을 통해 편안한 상태가 되기도 하고, 열이 올라감으로써 기압이 올라감을 의미한다. 그리고 열이 높이 올라가면 생산성의 상태가 좋아진다. 이것은 사실들을 이야기하거나 재구성하는 데 목적이 있는 진술부에 해당된다고 할 수 있다. 여기서는 에토스나 파토스보다는 로고스적 특성들이 잘 드러나므로 사실들이 잘 알려져 있지 않은 경우라면 이러한 진술부가 논거배열술에서 가장 중요한 부분이 된다.

그런데 여기서 최대량의 열이 가장 알맞은 난방이고 가장 알맞은 생산성의 상태 둘 다를 줄 수 있다고 믿는(혹은 믿기를 원하는) 사람이 있다고 가정해 보자. 이 사람은 위의 세 가지 상황 A, B, C를 다 제시하는 것이 아니라 B와 C 상황에서의 두 가지 경우만을 제시함으로써 최적의 난방과 최적의 생산성 추구 사이에 아무런 모순이 없음을 보여 준다. 이것은 그가 사용하는 생략삼단논법이다.[206] 논거

---

206) 논의가 수사학적 선상에 있어 그 흐름을 깨뜨리지 않기 위해 여기서 현상학적 방법 측면을 살펴보자. 물론 여기서의 현상학적 방법이란 문자 그대로의 현상학적 환원은 아니다. 즉 선험적 판단중지에 의해 일상생활과 실증과학의 자연적 태도를 버리고 선험적 주관성의 영역을 개방함으로써 후설이 말하듯이 대상들을 '자기 앞에' 두게 되어, 그 대상들이 순수한 의식현상이 되어 그들과 상관적으로 함께 속하는 순수한, 비경험적인 - 심리학적인 의식작용들과 더불어 현상학적 시야에 들어온다(W. 마르크스, *현상학*, 이길우 옮김, 서광사, 49쪽)는 의미는 아니다. 그러나 메시지의 외적 배경을 제외시키고 메시지의 가능조건을 따져 물으면서 대상(메시지)이 어떤 주체나 의식작용에 의해 이미 어떤 의미를 구성하고 있음을 살펴본다는 의미에서 현상학적 방법을 사용(혹은 응용)하고 있다고 할 수 있다.
따라서 이러한 생략삼단논법을 행하는 메시지 주체는 바로 앞에서 최대량의 열이 가장 알맞은 난방이고 가장 알맞은 생산성의 상태를 줄 수 있다고 믿기를 원하는 광고주기업(자본)이다. 즉 메시지의 주체인 광고주기업이 바로 이 생략삼단논법과 이러한 생략삼단논법을 사용하는 논거배열법의 주체이자 전체 메시지의 의미를 선택하고 형성하는 선험적 주체라고 할 수 있으며 이러한 광고자본의 입장은 곧 소비자의 입장이 된다. 여기서 경험적 자아, 즉 선험적인 관점에서 보아 세속적인 (광고주)자아는 동시에 선험적 자아이다. 그러나 물론 세속적 자아는 그 자신이 바

의 배열에서 사실들을 진술하는 진술부 다음에는 논거들을 제시하고 상대방의 논거를 반박하는 논증부가 위치하며, 이 논증부에서 예증법과 생략삼단논법207)이 사용된다.

사실상 위의 상황에서 배열법은 여러 가지이다. 즉 '난방 B와 생산성 C', '생산성 C와 기압 A', 그리고 '난방 B과 기압 A'. 그런데 이 중 어느 하나를 배제할 때 생략삼단논법이 되며, 특히 위에서처럼 '난방 B와 생산성 C 상태만을 제시함으로써 후자의 두 가지 상황에서의 잠재적 모순상황을 고려하지 않게 되면 이데올로기적이 된다. 왜냐하면 만일 기압이 높게 되는 상태는(이 사실은 가려졌음) 생산성이 좋은 상태이기는 하지만 높은 기압이 인간에게 좋은 상황일 수 없는 위험을 의미하기 때문이다.

이러한 연관들이 무시되면 다음과 같은 이데올로기적인 담론이 잠재적으로 나타난다. 난방과 생산성은 일반적인 행복을 위해 어떤 값을 치르고서라도 추구되어야 할 제1의 가치라는 주장이다. 여기서의 논거는 프렐망이 말하는 양의 공론과 질의 공론, 즉 최대열과 최대의 생산성이 좋은 것이라는 양의 공론과 난방과 생산성을 행복과 연관시키는 질의 공론을 모두 포함하고 있다. 물론 이것은 광고 소비자들의 파토스를 고려한 것으로서 요즈음 우리 사회에서 웰빙 화

로 선험적 자아임을 알지 못한다(W. 마르크스, 같은 책, 52쪽). 판단중지와 환원을 수행한 자아(철학하는 자 혹은 기호학자)에게 의식되어 있다는 점에서 선험적 자아, 주체라는 것이다.
"자연적으로 태도를 취하는 자아인 나는 또한 항상 선험적 자아이다. 그러나 나는 현상학적 환원을 수행함으로써 비로소 이 사실을 알게 된다."(E. 후설, E. 핑크, *데카르적 성찰*, 이종훈 옮김, 한길사, 84쪽)

207) 예증법은 실제 일어난 사건이나 사실 예를 바탕으로 귀납법과 유추를 통해 추리하는 논증이다. 생략삼단논법이란 두 전제들 중 하나 혹은 결론을 생략하는 것을 말한다. ex) 신들조차도 모든 것을 알지 못하니 인간은 더 말할 나위도 없다. 여기서 인간은 신보다 열등하다는 대전제가 생략되었다. 박성창, *수사학*, 63 – 4쪽.

장품, 웰빙 음식 등처럼 현재 우리 사회의 잘 먹고 잘 살자는 파토스에 호소하는 질의 광고이다. 그러나 이러한 사실을 인정할 수는 있지만 이는 난방(최대량)과 생산성(최대량)이 위험을 만들기 때문에 일반의 안전에 대해 양립할 수 없다는 사실을 감추고 있다.

물론 에코가 좋은 난방체계의 생산이 나쁜 목적이라고 논증하려는 것도 혹은 최대의 안전을 목표하는 것이 나쁜 생각이라는 것을 논증하려는 것도 아니다. 오히려 그가 주장하려는 것은 어떤 광고나 주의주장은 감추는 사실 없이 알려 줄 것을 다 알려 주어야 한다는 것이다. 즉

> "사회집단의 목표에 관한 양심적인 설득적 담론은 동시에 그것이 무슨 기초 위에 또는 어떤 전제에 따라 그 가치들이 선호되며 어느 정도 상호 배타적인가를 알려 주어야 한다."[208]

사실 위의 배열법 내에서의 가치들은 논리적으로 형식화되었을 때에만 상호 배타적일 수 있다. 그 가치들은 애매한 가치, 즉 그중 일부만으로는 좋다거나 나쁘다거나 분명히 할 수 없는 것이다. 여성이나 남성의 특성들에 대한 서술도 마찬가지이다. 어떤 사람이 주장이 강하거나 그래서 고분고분하지 않다는 것은 좋다고만 할 수도 없으며, 나쁘다고만 말할 수도 없는 특성이다. 더구나 어떤 여성은 주장이 강할 수도 있고 성취감이 높을 수 있으며 매우 활동적일 수 있다. 남성 중에서도 일부는 소극적이며 섬세하고 순종적이며 요리를 좋아하기도 한다. 그런데 여성/남성의 특성을 유교적인 이분법하

---

208) U. Eco, *TSG*, 367쪽.

에서 여성이 주장이 강하거나 능동적이면, 이를 /그녀는 고분고분하지 못하며 고집이 세다/는 표현을 통해 부정적인 함의를 포함함으로써 여성의 정체성을 수동적으로 움츠러들게 하는 것은 분명한 폭력이자 이데올로기이다. 그것은 여성의 특성을 있는 그대로 전부 나열하는 것이 아니라 논거발견술의 전제인 유교적인 남녀불평등 논리에 의해 어느 하나의 측면만을 택해서(여성들 중 일부 혹은 적어도 전부가 아닌) 그것을 마치 여성의 본성적 특성인 양 자연화하기 때문이다. 즉 논거의 배열에 있어서 이데올로기적이다. 반면 남성의 경우에는 /그는 주장이 뚜렷하며 신념이 확실하다/라는 긍정적 함의를 내포한 칭찬을 통해 그런 식의 행동을 격려함으로써 남성은 능동적으로 구성하게 함으로써 언어적 표현만으로도 남성성에 힘을 싣게 된다.

따라서 이들 모든 상황들을 고려하다 보면 우리는 비판적으로 설득적 담론을 수행함으로써 '이데올로기' 영역을 침범하게 되고 이러한 기호학적 작업은 현실세계와 관련을 갖게 된다.[209]

4) 표현술(미사여구법, elocutio)

논거발견술과 논거배열술에 이어 수사적 기술을 구성하는 표현술은 언어로 표현하는 일로서 앞의 두 부분에 의해 구성된 뼈대에 살을 붙이고 담론을 구체적으로 가시화한다는 점에서 담론의 귀결점이다. 즉 앞서 발견술에 의해 제시된 내용에 적절한 말과 문장들을 부여하는 기술로서 주로 문체(style)와 그 문체의 표현수단으로서 은

---

209) Michael Caesar, *Umberto Eco: Philosophy, Semiotics and the Work of Fiction*, Polity Press, 1999, 111쪽.

유나 환유와 같은 문채(figures)[210]를 그 내용으로 한다.

위에서 가열 B 상태에서는 높은 열이 좋은 난방을 만든다는 연속적인 내포를 가지며, 생산성 C 상태에서 역시 높은 열은 좋은 생산을 만들어 낸다는 내포를 지닌다. 이때 B 상태에 대해 C 상태는 서로 보완적이기 때문에 만일 최소량의 열로 인해 불편한 상황이 되면 '불편'은 −에너지에 대한 환유[211]이며, '편안'은 +에너지에 대한 환유로 생각할 수 있다. 에너지의 상실이 덜 편안한 난방상황의 원인일 수 있으므로 원인에 의한 효과의 대체 혹은 그 역은 환유의 뛰어난 예로서 표현술의 문채에 속한다.

에코가 들고 있는 또 다른 예를 보자. 1969년 이전부터 미국시장에서는 이미 다이어트식품이 범람하며 선전되고 있었는데, 설탕은 으레 비만을 낳는다고 여겨지고, 비만은 다시 심장병, 당뇨병 등 여러 다른 성인병을 유발한다고 알려져 일반적인 다이어트식품들은 설탕을 빼고 사이클라메이트라는 인공감미료를 넣었다. 그런데 1969년 11월 의학 연구팀이 사이클라메이트가 암을 유발할 수 있다는 사실을 발견하게 되자, 사이클라메이트가 주요성분이던 다이어트식품들은 시장에서 사라졌다. 대신 새로 등장한 다이어트식품들은 사이클라메이트가 들어 있지 않다고 선전하게 되고, 사이클라메이트가 들어 있지 않음

---

210) 문채란 각자가 생각한 방식을 표현하는 방식인 '문체'의 표현수단을 의미하는 것으로 은유, 환유, 제유, 과장, 생략 등을 그 내용으로 하며 이때 얼'음장 같이'와 같은 은유는 유사성을 통해 전달하려는 것이지만 유사성이란 사실상 부분적인 동일성과 차이를 포함하며, 또한 유사성이란 각자 문화에 따라 다르게 느끼는 전체적인 감정과 같은 것으로서 문화마다 개인의 수용능력이 다르기 마련이다.

211) 백악관은 미국대통령, 청와대는 한국대통령을 위한 환유로 사용하듯이 상위약호화의 단순한 사실로서 습관에 의해 성립된 문법연결적 접촉에 의한 대체처럼, 그 요소들 중 하나로 하여금 다른 것을 위해 대치되는 것을 허용한다. 은유가 유사성에 의한 대체라면 환유는 접촉성에 의해 대체된 것이다.

을 강조하기 위해 '설탕첨가'라는 표지를 달았다.

그런데 이러한 해결책은 아주 역설적이다. 다이어트식품을 팔면서 비만요소로 알려진 설탕을 포함하고 있다고 선전하고 있기 때문이다. 그럼에도 불구하고 이러한 광고는 소비자들에 의해 받아들여졌다. 새로운 의미체계 기반에 따른 상위약호화 과정이다.

1969년 11월 이전까지 미국사회가 받아들이고 있던 잠재적 약호화를 살펴보자.

설탕 =   비만 = 심장질환 (＋) =   죽음 = (－)

　vs　　　　　　vs　　　　vs　　　　　　　vs

사이클라메이트= 마름 = 심장질환(－) =   삶 = (＋)

여기서 비만, 심장질환, 죽음은 설탕의 내포이며, 마름, 심장질환 없음, 삶은 사이클라메이트의 내포이다. 따라서 맨 뒷부분의 긍정(＋)과 부정(－)은 일종의 내포 중의 내포이다. 이러한 약호화를 통해서 설탕은 비만을 만들며, 그러므로 심장마비를 일으키지만, 사이클라메이트는 마름을 만들며 따라서 생명연장이 보장된다는 기호적 언명이 된다.

그런데 1969년 11월 사이클라메이트가 암과 관련된다는 사실적 언명은 그것을 발표한 과학자들의 **권위**를 통해 사이클라메이트를 암과 죽음에 관련시키는 새로운 기호적 의미를 낳게 된다. 이를 다시 보면,

설탕   = 암 (−) = 생명 = (+)

vs   vs   vs

사이클라메이트   = 암 (+) = 죽음 = (−)

이렇게 해서 다이어트식품에서 설탕이 비만을 유발한다는 사실은 사라졌다. 많은 여론과 언론들은 우리 사회의 경우가 그렇듯이 암에 걸리는 것보다는 비만이 낫다는 판단 혹은 신념을 가지고 있음을 보여 주었고 소비자들도 이러한 새로운 약호화를 받아들였다. 여기서 설탕에 대한 수사학적 약호교환이 이루어지고 있다.

그러나 분명히 설탕의 의미소에는 변함없이 비만을 유발하는 것으로 약호화되어 있으며, 따라서 비만은 심장이나 순환계 질병과 관련됨으로써 건강에 해로운 어떤 것으로 상위약호화되어 있다. 변화된 것은 사이클라메이트가 '마름'이라는 표시소를 잃지 않았음에도 불구하고 '암'이라는 표시소를 얻었다는 사실이다.

여기서 에코는 아주 흥미로운 입장을 제시한다. 즉 이러한 새로운 약호화를 받아들이며 의사가 비만환자에게 "당신은 사이클라메이트를 복용할 경우 체중이 줄 테지만 아주 위험합니다. 그러니 당신은 잠시 다이어트 음식을 포기하는 것이 좋겠습니다……. 죽음보다는 비만이 낫지요."[212] 이러한 견해는 요즘 갱년기 이후의 여성들에게 여성호르몬 제재를 권하다가 다시 그것이 암을 유발한다는 이유로 그것을 막는 의학적 견해로 인해 그러한 여성들을 혼란에 빠뜨리는 상황과 유사하다.

---

212) U. Eco, *TS*, 288쪽.

그런데 어쨌든 사람들은 위의 논거를 받아들일 것이다. 그 이유는 이 경우 의사는 진리를 증명해야 하는 것이 아니라 단지 두 개의 상황 중에 하나를 선택해서 설득하는 문제, 즉 1969년 11월 이전과 이후라는 두 가지 '수사학적 전제들 중에서 하나'를 선택하는 문제이기 때문이다. 이러한 의미에서 수사학은 설득의 기술이다.

'죽음보다는 비만'이라는 믿음 혹은 과장 혹은 비유는 수사학적 전제이다. 전형적인 수사학이 그렇듯이 이 문구는 어떤 전제를 가지고 생략삼단논법적 추리규칙에 따라 설득적 담론을 사용하고 있는 것이다. 설탕은 결국 마름에 대해 아무것도 가지고 있지 않으면서도 마름에 대해 긍정적인 효과를 갖는 것으로 인식되는 것으로 나타나는 이러한 선전이 바로 이데올로기적 담론의 전형을 보여 준다.

여기서 이데올로기적 작용은 약호교환에 의해 수행된다. 왜냐하면 '설탕'의 수사학적 약호교환(la commutazione retorica di codice)은 특정한 기호의 의미 일부분을 억누르는 동시에 특수한 이해집단의 목적을 위해 다른 일부분에게 특권적 지위를 부여하는 역할을 하고 있기 때문이다. 그러면서 약호교환은 교묘하게 대중을 설득해 나가는 온갖 형태의 허위적 이데올로기적 본성을 드러낸다. 에코는 이 부분에 특히 커다란 비중을 두며『기호학이론』은 이에 대한 논의의 한 정점을 보여 준다.

> "기호학이론의 발견학습적이고 실천적인 힘은 의사소통행위가 문화를 구성하는 다양한 기호체계의 현실적인 복잡성을 '드러내거나 비켜 나가는' 방법을 보여 줄 수 있는 능력에 있다."[213]

---

213) D. Robey, "Umberto Eco", 1984, 82쪽.

이렇게 약호교환에 대한 확인과 폭로를 통해 기호학은 기호체계의 총체적인 모습과 그 체계에서 생성된 메시지의 구조를 묘사함으로써 메시지가 조작되고 그를 통해 세계에 대한 우리의 지식까지 왜곡하는 방법을 간파할 수 있도록 해 준다. 따라서 에코 스스로 언급하듯이 그의 기호학은 "일종의 사회비판 따라서 다양한 (사회적) 실천형식 중 하나(una forma di CRITICA SOCIALE, quindici una delle forme della prassi)"이다.

6.4. 이데올로기적 담론에 대한 비판적 고찰로서의 기호학

1) 사회적 실천으로서의 기호학

앞에서 에코의 논의에 의하면, 이데올로기적 담론은 한 사회 내의 믿음, 가치 등의 공론에 근거한 논거발견술과 여러 선택들 중 하나, 즉 특정 배열법 외 다른 배열법을 감추려고 노력하며 이를 위해 약호이동하는 과정과 상위약호화의 수사학적 노력을 통해 형성된다.

따라서 에코의 첫 번째 예(3.3.)에서 생산성과 난방 사이의 조화롭고 균형적인 상응을 받아들이는 사람은 그가 기초하고 있는 의미적 단위 '최대량'이 열과 에너지의 최대량을 나타낼 뿐 아니라 기압의 최대량(위험)을 동시에 나타낸다는 사실을 까맣게 모를 수(혹은 잊을 수) 있다. 이 경우 열과 에너지의 '최대량'이라는 의미적 단위에 연결된 내포(내포)들은 '풍부', '편안', '에너지' 들이며 이들은 그것을 대신하여 이름 붙여지게 된다.

결국 최대열의 난방은 '풍부', '편안', '에너지'라는 내포들을 낳으면서 이들 "단어들과 기호들은 마치 그것들이 말하는 것이 단순히 자의적이고 인위적으로 만들어진 것이며 우연적인 것임에도 불구하고 수용자(소비자)로 하여금 영원하고 필연적인 양 자연스럽게 받아들이게끔"[214] 내포들을 통해 이데올로기를 숨긴 채 신화화되는 것이다.

그러므로 에코에 의하면 /최대량의 열/이 '부유'와 '편안'을 암시하는 표현일 뿐 아니라 그것은 곧 기압의 상태가 증가하고 따라서 '위험'을 생산하기도 한다는 사실을 돌아보게 하는 것은 "머리로 서 있곤 했던 철학을 발로 서게 하는 것을 의미한다."[215] 이는 마치 마르크스가 물구나무로 서 있던 헤겔의 관념론적 변증법을 유물론적으로 전도시켜 그것을 탈신비화시킴으로써 비합리적인 껍데기로부터 합리적인 핵심을 분리시키는 것과 같으며 에코 스스로 자신의 기호학이 마르크스주의의 실천적 철학선상에 있음을 의미한다.

> "이데올로기는 부분적이고 비연결적인 세계관으로서 의미적 우주의 여러 갈래 상호연관을 무시함으로써 어떤 기호들이 그것을 위해 생산되어야 하는 실제적 이유를 은폐한다. 이 망각이 허위의식을 만드는 것이다."[216]

여기서 기호이론은 그 '발견술적이고 실천적인 힘'을 발휘한다. 즉 기호학은 "주어진 문화체계의 숨은 상호 관련성을 보여 줌으로써

---

214) Edward W Said, *Mythologies*(R. Barthes) 서평.

215) U. Eco, *TSG*, 369쪽.

216) U. Eco, *TSG*, 369쪽. 물론 에코가 여기서 사용하는 허위의식이란 개념은 2.2.에서 보듯 마르크스가 말하는 부르주아의 과학적 객관성을 가장한 계급적 허위의식이라는 개념보다는 더 넓은 의미에서의 부분적 세계관이다. 그러나 비록 에코 자신은 계급적 차원(경제적) 하나로만 환원시키는 것에는 반대할지라도 기본적으로 마르크스주의적인 측면을 견지하고 싶어 하는 것으로 보인다.

(특정 입장의) 기호생산 노력이 그러한 문화적 그물조직의 복잡성을 수용할 수도 있고 혹은 은폐할 수도 있으며, 또 그렇게 함으로써 세계의 상태를 변화시키려는"217) 인위적인 변형을 폭로한다.

이렇게 수사학과 이데올로기를 기호학적으로 고찰함으로써 사실, 결정, 의견, 신념, 가치에 대한 인간의 거의 모든 추리는 이미 절대적인 이성의 권위에 기초하는 것이 아니라 사실은 인간의 감정적 요소, 역사적 평가, 실용적 동기와 뒤얽혀 있음이 명백해진다. 이데올로기는 항상 알고 있는 이상의 것을 말한다. 즉 이데올로기는 외관상 합리성 밑에 항상 지적 차원이 아니라 감정의 차원에 속하는 편견을 감추고 있다.218)

2) 에코의 현상학적 방법

에코의 이데올로기에 대한 위와 같은 기호학적 고찰은 일차적으로 어떤 메시지의 실제적인 정치, 경제 등의 외적 현실을 괄호 치고 그 메시지 내에서의 언어학적, 기호학적 의미형성과정— 그 자체가 수사학적이기에 이데올로기적인 —을 살펴보는 현상학적 방법을 구

---

217) U. Eco, *TSG*, 370쪽.

218) 올리비에 르불, 『언어와 이데올로기』, 홍재성, 권오룡 옮김, 역사비평사, 267쪽. 바르트가 말하는 신화 혹은 이데올로기는 내포에서 나온다. 그리하여 모든 내포적 담론은 이데올로기적인데(R. Barthes, *Mythologies*, 115쪽), 이유인즉 내포적 담론은 지성에 호소할 수도 없고 또 지성에만 호소할 수도 없어서 무의식적인 감정과 정서를 움직이기 때문이다.
르불은 『언어와 이데올로기』에서 로만 야콥슨이 말하는 의사소통 행위의 6가지 구성요소에 따른 언어의 6가지 기능들과 이데올로기적 기능을 대비시키고 있다. 즉 언어형상으로서의 이데올로기적 언표는 특수한 한 가지 기능을 수행하는 것이 아니라 6가지 기능들을 특수한 방식으로 수행하며, 이때 특수한 방식이란 어떤 기능을 다른 기능으로 위장하는 것으로 이루어짐을 보여 주고 있다. 즉 수사학적 기술들을 통해 이데올로기적 조건들을 고찰하는 에코와는 다른 언어학적 방법을 통해 이데올로기란 무엇인가를 고찰하고 있다.

사하고 있다. 여기서 에코가 수사학적 장치과정을 통해 이데올로기적 의미가 메시지(대상) 자체 내에 구조화되어 있다는 논의방식에서 사용한 현상학적 방법이란 문자 그대로의 현상학적 환원은 아니다. 즉 "판단중지를 통해 가능하게 된 작업수행 ─ 선험적 환원─ …… 은 바로 '이' 세계를 선험적 현상인 '세계'로 환원하고, 이와 더불어 세계의 상관자인 선험적 주관성으로 환원하는 것"[219]은 아니다.

그러나 여기서 문자 그대로는 아니라도 분명히 "의식에 의한 의미내용을 밝혀내고, 한 대상(메시지)이 그것과 함께 주어져 있는 이런저런 의미내용이 이루어질 수 있기 위해서는 어떤 의식(자본이나 광고주)의 수행성과가, 어떤 의식결합, 즉 종합(수사학적 3단계 장치 통한 이데올로기적 의미형성)이" 들어 있는가를 살펴본다는 의미에서 현상학적 방법이 사용되고 있다고 볼 수 있다. 즉

"선험적 환원에 이르는 길이 우리로 하여금 주관성에로 향하도록 그리고 주관성 속에서 구성의 원천을 동기 지어 주는 것이라고 생각되는 고찰"[220]

이라는 점에서 에코의 이데올로기 논의방식은 판단중지를 통해 기호 외적 조건을 배제하고 나서 하나의 광고 메시지가 지니고 있는 수사학적 특징 속에서 그 메시지의 구성 주체를 밝혀내고, 그 의식

219) E. 후설, 『유럽학문의 위기와 선험적 현상학』, 이종훈 옮김, 이론과 실천, 206쪽.
220) 로버트 소콜로브스키, 『현상학적 구성이란 무엇인가』, 최경호 옮김, 이론과 실천, 204쪽. 물론 에코의 논의에서 논자가 사용하는 주관성 혹은 주체는 메시지를 만드는 주체(광고주 혹은 자본)이며, 이것을 의식하는 주체는 철학하는 자 혹은 기호학자이다. 따라서 자본 혹은 광고주는 자신이 선험적 주체임을 알지 못한다. 주 54), 주 82) 참조.

주체의 수행성과와 종합을 드러낸다. 이 때문에 에코의 메시지 수사학적 특징을 통해 이데올로기를 논의하는 방식은 자체가 에코 기호학의 특징이기도 하면서 현상학적 방법을 구사하고 있다고 말할 수 있지 않을까 한다. 에코의 다른 논의, 예를 들어 영화의 리얼리즘에 대한 논의에서도 그랬듯이 이런 면모는 에코 기호학의 방법이 가지고 있는 현상학적 방법과의 관련성을 시사한다는 점에서 앞으로 연구영역의 확대를 가져올 수 있을 것으로 보인다.

사실상 논자가 에코의 이데올로기 논의방식이 다분히 현상학적 방법임을 추출했지만 에코 자신이 바로 이 부분의 현상학적 특징을 의식했는지는 알 수 없다. 아마도 에코의 이데올로기 연구가 현상학적일 수 있는 이유는 기호학과 현상학의 공통점, 즉 우리가 실재하는 세계로 지각하는 것이 사실은 우리가 그것을 재현하기 위해 사용하는 의미화체계에 의해 구축된 것이라는 점에서 갖는 인식론적 공통점 때문일 것이다. 조금 단순화해 보자면 현상학이 세계를 구성하는 인간의 의식, 의식의 지향작용에 초점을 맞추고 있는 데 반해 기호학은 그러한 인간의식작용의 (사회적) 도구이자 매체인 기호를 다룬다는 점에서 다르다고 할까? 따라서 에코가 후설의 『논리연구』를 인용하면서 언급하고 있듯이

"기호학적 의미란 현상학적 판단중지가 도달하고자 하는 지각 체험에 대한 사회화된 약호화"[221]

라고 할 수 있다. 나아가 에코는 지각 현상학에서의 의미가 과연

---

221) U. Eco, *TSG*, 225쪽.

어느 정도까지 자신의 기호학적 개념으로서의 문화적 단위와 일치하는지에 대해 의문시한다. 그런데 이는 사실상 현상학과 기호학에 대한 보다 깊이 있는 비교와 연구를 요하며 이 글의 주제를 넘어설 뿐 아니라 논자의 역량을 넘어서는 문제이므로 훗날의 과제로 남기고, 다만 이 글에서는 에코의 이데올로기에 대한 연구가 다음과 같은 기호 내적 의미형성과정에 대한 현상학적 방법이 적용되고 있음을 밝히고 마치고자 한다.

광고, 선전선동, 대중적 설득 그리고 철학까지도 그 메시지들의 정치, 사회, 경제적 관련들을 판단중지하고 그 메시지 자체의 내적 형성조건에 대해 현상학적 환원을 해 보면 메시지는 다음과 같은 수사학적 메커니즘을 통해 의미를 형성한다. 하나의 메시지는 1) 한 사회 내 사람들이 공유하는 믿음, 가치체계 등 공론(topos)에 기초하며(논거발견술) 2) 그 메시지의 주요전제 중 가능한 여러 상황들 중 어느 하나(모순을 가지고 있으나 이를 숨기고)를 가장 최선의 선택임을 설득시키면서(논거배열술) 3) 이를 은유나 과장 등의 미사여구를 통해 설득하고자 하는 뚜렷한 목적을 가지고 의도적으로 구성된다.

그런데 바로 수사학적 장치를 통해 메시지의 의미가 형성되므로 메시지의 형성 메커니즘으로서 이 수사학적 장치는 메시지의 의미를 만드는 의미구성장치인 셈이다. 그런데 이때 의미구성의 주체는 여러 논거배열 중 하나를 택하고 이를 위해 생략삼단논법을 행하며 미사여구를 통해 수신자(소비자)를 설득하려고 하는 광고주기업(자본)이라고 할 수 있으며 이는 은폐되어 있다.[222] 그리하여 메시지가

---

222) 외적 조건들에 대한 판단중지를 통해 수사학적 장치를 들여다봄으로써 은폐된 자본가 혹은 광고주가 선험적 주체임을 의식하는 것은 철학하는 자이다. "특히 그리

형성되기 위해서 거치는 이 수사학적 장치과정을 통해 하나의 메시지는 단순히 부분적이고 비연결적인 기호들이 특정한 주체에 의한 자의적·인위적·선택적이었음에도 불구하고 수신자(소비자)들로 하여금 마치 필연적이고 자연스러운 것인 양 받아들이게끔 하는 이데올로기를 그 안에 담지하게 되는 것이다. 즉 수사학적 장치(노에시스적223))를 통해 하나의 메시지는 그 자체가 이미 이데올로기적 담론(노에마적)이 되는 것이다.

다시 말해서 메시지 자체가 이미 의미구성장치를 가지고 있으므로 그 자체 내에 이미 이데올로기적 의미를 형성하게 된다. 그런데 에코가 볼 때 광고나 대중설득뿐 아니라 철학도 사실은 정치, 경제적 외적 관심과 연구분야를 배제하더라도 이미 그 자체가 수사학적인 장치를 통한 이데올로기적 담론에 속한다.

이상에서 보듯 에코 기호학은 위와 같은 현상학적 방법을 통해 철학적 언명들, 광고, 대중설득의 메시지들이 수사학적 기술과정을 통해 형성됨으로써 그 메시지형성구조 자체 내에 이미 이데올로기를

고 무엇보다도 우선 다음과 같은 사실을 지적하는 것이 중요하다. 즉 철학하는 자에게는 판단중지를 통해 새로운 종류의 경험작용, 사고작용, 이론화작용이 열려져 나타난다는 사실이다."

223) 대상성이 어떻게 우리의 의식 속에 발생할 수 있는가? 감각소여는 어떤 양식으로 정리되어야 하는지, 그리고 감각에다 혼을 불어넣어 주며 이들을 한데 모으는 노에시스 자체는 어떤 양식으로 서로서로 엮여 그 결과 어떤 대상이 그 상관자로서 구성될 수 있는지 설명한다. 즉 여기서 논자가 노에시스적이라고 말하는 것은 약간의 무리가 있을 수 있으나 노에시스적 분석이 주어진 대상의 구성에 있어서 필수적인 다양성으로서 작용의 유형, 작용 사이의 관계, 작용의 연속, 양식 발전 등을 기술을(로버트 스콜로브스키, 앞의 책, 217 - 221쪽.) 의미한다면 다음과 같은 주장도 가능할 것이다. 즉 수사학적 3단계 작용의 유형이나 그 작용들 관계 연속(노에시스)을 통해 대상(메시지)이 구성되고, 이를 통해 노에시스의 상관자이자 이 작용의 이념적 구성요소인 노에마(이데올로기적 의미)를 갖는다. 특히 질료적 요소에서 보다 주관성의 노에시스적 요소에서 의미(이데올로기)가 발생한다는 점에서 이렇게 비유해 보았다.

배태하고 있음을 폭로하고 있다. 결국 광고의 메시지가 사실상 우리가 그것을 재현하기 위해 사용하는 의미화체계에 의해, 수사학적 체계(기호체계)를 통해 창조,[224] 구축된 이데올로기를 숨기고 있음을 폭로함으로써 기호학은 주어진 문화체계 내의 은폐된 상호연관성을 보여 주고 그 결과 세계와 현실을 변화시킬 수 있는 사회비판이자 사회적 실천일 수 있는 것이다.

특히 앞서 보았듯 /그는 김일성을 따른다/와 같은 명백한 사회, 정치적 신념에 근거하는 메시지뿐만 아니라 그러한 기호 외적인 조건들로서의 정치, 경제, 사회적 배경을 배제하고 기호 내적인 수사학적 과정을 현상학적 방법을 통해 들여다봄으로써 광고와 철학과 같은 일상과 이념적 영역들이 암묵적으로 지니고 있는 이데올로기적 특성을 드러낼 수 있게 한다는 점에서 에코의 이데올로기연구는 독창성과 그 의의를 지닌다.

이상의 논의를 통해 논자는 에코가 기호학 자체를 마르크스주의적인 역사주의와 화해가능한 이론임을 보여 줌으로써 머리말에서 박상진 교수의 논의에 대한 반박을 보여 주고자 했다. 로비도 말하듯이 에코는 단순히 기호체계의 구조를 제국주의적으로 축조하려 한 것이 아니라

> "기호학 자체를 역사과정에 대한 개입의 수단, 문화적 – 사회적인 변화에 따라서 잠재적으로 정치적 변화를 가져올 수 있는 강력한 실천수단으로 이해"[225]

---

224) 현상학적 의미에서의 구성은 물론 '창조'를 포함하고 있지 않지만 여기서 논의는 문화생산물인 광고의 수사학적 과정에 대한 논의이므로 이데올로기를 구축하고 있어 이에 대한 비판을 강조하기 위해 이 용어를 사용했다.

하고 있는 것이다. 따라서 에코의 기호학은 사회적 참여를 강력하게 촉구하는 『열린 예술작품』의 연장선상에 있다. 그러나 기호학이 기호체계에서 생성된 메시지 구조를 묘사함으로써 메시지가 조작되고 이를 통해 우리의 지식이 왜곡되는 방법을 폭로하고, 또 다양한 이데올로기적 선택을 분석할 수 있도록 해 주지만 선택 자체에 도움이 되는 것은 아니다. 이데올로기적 담론에 대해 비판적인 기호적 고찰은 화자의 실용적이고 물질적인 동기화를 배제하지 않으나 세계 혹은 삶의 물질적 기호를 변화시키지는 않는다. 기호학은 단지 그러한 물질적 동기화들을 드러나게 만드는 데 기여할 뿐이다.

기호학은 사회적 – 문화적 인식의 원인을 제공하며, 정치행동의 토대를 제공한다. 그렇다고 어떤 종류의 정치적 행동을 취해야 할 것인가 하는 지침까지 마련해 주는 것은 아니라는 말이다. 그럼에도 불구하고 이러한 에코의 기호학은 그가 "지식인의 과제로 간주하고 있는 문화비판작업을 위한 명료하고 믿음직한 합목적적인 틀을 마련해 준다."[226]

7. 에코 기호학에 대한 평가

로티(R. Rorty)는 에코의 소설 『푸코의 진자』가 마치 경직된 초기의 언어에 대한 논리적 이상을 버리고 삶의 형식으로서의 언어로 돌아온 비트겐스타인의 경우처럼 현상의 껍질을 벗겨 실재(reality)의 본질만을 추출해서 드러내려는 『기호론』으로부터 벗어나 반본질주

---

225) D. Robey, "Introduction", in *The Open Work*, Harvard Univ. press, 1989 xxiii쪽.
226) D. Robey, "Umberto Eco", 82쪽.

의적인 면모를 보이고 있다고 지적한다. 그런데 그가 사실상 하고자 하는 바는 소설에 대한 평가가 아니라 에코의 기호이론이 코드의 코드를 캐고자 시도하는 본질주의에 속한다는 비판이다. 그렇지만 그가 보기에 그 소설은 에코 기호론이 지니는 구조주의적 요소, 즉 신체에 대해 뼈대 혹은 골격으로서의 텍스트나 문화를 주장하고 컴퓨터에서 프로그램만을 내세우는 입장을 벗어나 있다는 것이다.

이에 대해 에코는 텍스트의 진정한 의미는 없다는 발레리(Valery)의 주장에 대해 자신은 도전한다고 말하면서 하나의 텍스트가 다양한 의미를 지닐 수는 있지만 그렇다고 하나의 텍스트가 있을 수 있는 모든 의미를 다 지니고 있을 수 있다는 것에는 반대한다고 말한다. 그러면서 그 소설이 로티가 말하듯 『기호론』과 다른 입장에 서있는 것은 아니고 다만 소설 속에서 모순의 상황을 그대로 둔 채 결론을 내리려고 하지 않은 것은 그것이 이론서와는 달리 독자가 자유롭게 해석을 선택할 수 있게 하는 창조적 텍스트로서 열린 예술작품이기 때문이라고 말한다. 즉 일반적인 이론과 소설은 서로 다른 것으로서 로티가 소설을 그렇게 읽고 해석했다고 해서 ― 에코가 볼 때 그것은 어디까지나 그의 해석이다 ― 그 소설 속에서도 일관되게 관철되고 있는 이론적 입장이 『기호론』의 접근 태도와 달라지는 것은 아니라고 한다. 즉 하나의 텍스트는 수용할 만한 해석의 변수가 있기는 하지만 그 한계가 있다.

이를 통해 그의 사상의 발전경로에 따른 변화를 논자는 다음과 같이 결론짓고자 한다. 그는 Ⅰ장에서 보았듯이 『열린 예술작품』에서는 수용자의 경험과 기호, 선입견 등의 개인적 상황에 따라 예술작품에 대한 해석은 무한하다고 본다. 말 그대로 무한하게 열린 해석이다. 그러나 『기호론』과 이를 더 체계적으로 정리한 『기호학과 언어철학』에서는 기호에 대한 해석이 상정논법적 추리에 따라 무한기호작용을 통해 무한한 해석체의 미로를 낳지만 결국 각기 다른 사회와 문화의 프레임과 스크립트 그리고 상황적 문맥에 따라 그 해석은 한계를 지닐 수밖에 없다. 그리하여 일반적으로 그의 사상적 경로는 초기의 열린 태도와 달리 후기에 와서 공동체적 관습에 얽매이는 해석을 주장함으로써 보수적인 입장으로 선회하고 있다는 비판을 듣는다. 그리고 그의 중심적 사고를 극명하게 드러내 주는 '백과사전'은 사실상 공동체의 관습과 같은 것으로서 어떤 면에서는 하버마스의 의사소통적 합리성 혹은 공동체의 합의로서의 진리와 유사하다. 다시 말해서 하나의 예술작품에 대한 해석은 부르디외가 지적하듯이 하나의 의사소통 행위로서 해석의 기준이 되는 약호, 즉 공동체 내의 합의 혹은 약속 혹은 관습적 규칙을 숙지하고 있어야 한다. 그러므로 논자는 그의 초기와 후기의 사상경로는 연장선상에 있으면서 동시에 더 제한된 입장으로 변화되었다고 본다. 즉 프레임과 스크립트 및 사회문화적 문맥과 상황에 따른 해석의 제한을 주장하는 후기의 입장은 분명 초기의 무한해석이 가능하다는 태도와 달리 제한적이다. 즉 그가 보기에 하나의 기호에 대한 해석은 지레짐작 능력으로 무턱대고 상정논법 추리를 하는 것이 아니다. 거기에는 미로와 같이 꼬리에 꼬리를 물고 뒤엉켜 있는 백과사전이라는 그물망이 있다. 그리고 그 그물망은 바로 사회, 역사적 문맥과 문화적인 맥락, 프레임이나 스크립트들 그리고 토픽, 즉 문화권마다 다르기 마련인 여러 가지 관습과 문화제도들, 삶의 양식들로 짜여 있어 그때그때 해석이 필요할 때마다 각각에 맞는 그물망에 따라 상정논법적 추리를 하는 것이다. 즉 에코는 언뜻 보기에 단지 상상적인 듯이 보이나 추리과정을 통해 도달되는 상정논법의 논리적인 본성을 밝힘으로써 기호가 지니고 있는 화용론적 측면, 기호(언어)와 서로 다른 문화로부터 일어나는 차이들을 드러내고자 하는 것이다. 그리하여 기호의 추리적인 성격이 모든 문화에서 공통적으로 행해지는 하나의 축을 형성하고 있다면, 각 문화의 문맥과 상황들은 이를 가로지르는 또 다른 축을 형성하고 있어 이 두 축을 통해 우리는 씨실과 날실로 이루어진 우리의 문화세계를 더 투명하게 들여다볼 수 있다는 것이다.

따라서 데리다가 의미의 어떠한 동일성(identity)도 거부하고 의미와 해석의 결정불가능성을 내세우는 것과 달리 에코의 백과사전 안에서의 상정논법적 추리는 무한한 해석이 아니다. 하나의 기호는 문맥과 상황을 벗어나서 그 해석체의 운동에 의해 미로로서의 백과사전과 같은 그물망을 짤 수 있다. 오직 그 그물망만이 무한한 것이다. 하나의 기호를 누군가가 해석하려 한다면 이미 그는 그가 가지고 있는 상황과 문맥과 프레임 등에 의해 그물망의 일정 부분에서 물고기가 잡혀 있음을 보게 되는 것이다. 그러나 어떻게 보면 이미 그의 초기에 수신자의 선입견과 기호와 성향 등을 고려하고 있음은 후에 기호에 대한 해석작용은 무한하나 각 문화권마다 다른 프레임, 스크립트, 문맥에 따라 그 의미가 결정된다는 그의 주장으로 체계화되고 구체적인 내용으로 갖추어 간다. 이러한 면에서 초기와 후기가 같은 연장선상에 있다고 할 수 있다.

칸트는 예술작품이나 자연의 아름다움에 관한 한 사람의 주관적인 쾌·불쾌의 감정판단, 즉 미적 취미판단이 다른 사람에게도 동일한 판단이 되기를 **요구**하였다. 즉 그는 인간에게 일어나는 미학적 현상들을 가능한 한 있는 그대로 서술하기보다는 자신이 생각하기에 마땅히 있어야 할 당위를 좇아 주관적이면서도 객관적인 혹은 상호주관적인 쾌·불쾌와 같은 인간의 감정에 대한 판단을 내린다고 가정했다. 문제는 과연 감정에만 전적으로 달린 것은 아니지만 적어도 감정과 관련된 판단이 어떻게 상호주관성을 가질 수 있는가였다. 그는 우선 취미판단을 하는 인간의 능력을 구상력과 오성의 작용이라고 보고, 이 두 기관은 누구나 지녔으므로 세상의 어떤 이익이나 목적으로 갖지 않고 무관심한 태도를 취하게 되면 동일한 판단능력을 지닌 다른 사람에게 동일한 판단을 전달할 수 있다고 보았다. 더욱이 칸트에 의하면 인간은 선험적으로 갖고 있는 공통감이 있어서 그 판단의 필연성을 확고하게 해 준다.

그러나 에코에 의하면 우리는 동일한 문화적 약호를 갖고 있을 경우에만 어떤 것에 대한 타인의 취미판단에 동의할 수 있다. 즉 대부분의 모든 사람이 그가 말하는 백과사전적 그물망의 짜임새가 동일하거나 유사해야만 모두가 같은 혹은 유사한 취미판단을 내릴 수 있다는 것이다. 다시 말해서 각 문화권과 시대가 다르고 따라서 프레임과 스크립트가 다르면 하나의 기호에 대해서 서로 다른 해석을 내릴 수밖에 없는 것이다. 따라서 에코는 『해석과 과잉해석(Interpretation and Overinterpretation)』에서 『기호론』과 『기호학과 언어철학』을 통해 정교화시킨 무한기호작용이 해석의 한계가 없다는 결론을 이끌고 있지는 않다227)고 말하고 있지 않아도, 또한 『해석의 한계』에서 명확하게 공동체 내의 합의로서 관습을 내세우지 않아도 이미 그의 백과사전적 그물망은 하

---

227) U. Eco, *Interpretation and Overinterpretation*, 23쪽.

나의 기호에 대한 해석이 무한할 수 없음을 보여 주고 있다.

에코는 찰스 모리스가 기호학을 구문론, 의미론, 그리고 화용론으로 분류하는 것[228])에 대해 이러한 분리가 서로를 소외시킬 수 있다고 보아 의미작용을 배타적으로 의미론으로, 그리고 의사소통작용을 배타적으로 화용론으로 분류하지 않고자 했다. 그리하여 그의 의미론을 선호하는 백과사전적 모델은 의미론 영역에 이상적인 화용론을 도입시켜 놓았다[229])고 할 수 있다. 즉 그가 기호학에 기여한 공로는 인간의 다양한 문화세계에서 행해지는 행위에 있어서 사람들은 늘 어떠한 외적 현상이나 징후들을 기호로서 읽고 해석하고 있으며, 이러한 읽기에는 그것이 예술작품이든 자연에 관한 것이든 과학의 발견과 동일한 논리적 과정으로서 상정논법적 추리가 행해지고 있음을 밝힌 일이다. 다시 말해서 그는 기호의 해석에 있어서 인식론적인 측면을 밝힘으로써 기호들의 우주, 곧 외적으로 나타나는 인간의 문화세계가 지니고 있는 논리적인 비밀의 일면을 보여 주고 있다고 할 수 있다.

이상의 에코 작업의 성과들을 다음과 같이 요약해 볼 수 있다. 첫째, 그는 프레임, 스크립트 등 인공지능의 인식론적 성과들과 영미의 의미론과 화용론적 성과들 그리고 상정논법적 추리를 종합해 백과사전 개념을 도입하여 기호해석에 대한 구체적인 내용과 형식을

---

228) C. Morris, *Signs, Language and Behavior*: An Original, Important Contribution to Semantics, George Braziller, Inc., New York, 1946, 217쪽. 모리스에 의하면, 우선 구문론(syntatics)은 기호들이 결합하는 방식들을 연구하며 의미론(semantics)은 기호의 의미작용(signification)을 연구하는데, 이때 해석체가 없이는 어떠한 의미작용도 없다. 마지막으로 화용론(pragmatics)은 기호의 해석자 행위를 통해서 기호들의 기원, 쓰임새, 효과들에 관해 연구한다.

229) Lubomir Dolezel, "*The Themata of Eco's semiotics of Literature*", in Reading Eco, Indiana Univ. Press, 1997, 118쪽.

제시, 하이데거의 선이해나 선입견 혹은 가다머의 과거(텍스트)와 현재(독자)의 지평융합이라는 다소 추상적인 생각들을 상세하게 구체화시킴으로써 해석학적 도정에 한 걸음 진일보를 가져왔다고 할 수 있다. 그런데 딜타이가 이해를 과학적 설명의 이성적이고 합리적인 작업과는 구분된 것으로 본 데 반해 에코는 퍼스의 작업에 힘입어 해석 역시 과학과 마찬가지로 논리적인 추리작업을 하는 합리적인 것이되 자연적 기호를 다루는 과학이 검증가능성이라는 기준에 근거를 두는(과학적 추리) 반면 언어적 기호는 사회적 관습에 근거를 두는 기호학적 추리를 행하며 따라서 사회와 문화마다 다르게 나타날 수밖에 없다고 본다.

두 번째로 지적할 수 있는 특징은 기호학에의 기여이다. 그는 백과사전과 기호의 추리적 성격을 통해 기호학의 인식론적 정당성을 제시하였다. 프레임이나 스크립트란 인간의 심상과 관련을 맺고 있는 것으로 심리적으로 느끼면서 행동을 지도할 수 있는 개념 혹은 상으로서 이전의 고정되고 초시간적인 개념 혹은 정의와는 달리 더욱 역동적인 인식틀들이다. 에코는 이러한 인공지능의 성과들과 퍼스의 상정논법적 추리방식이 바로 기호를 생산하거나 해석할 때 쓰이고 있음을 상세하게 제시함으로써 기호학의 인식론을 확립하고자 했다고 할 수 있다.

세 번째는 두 번째의 특징과 관련된 것으로서 프레임이나 스크립트가 인간의 심상과 관련됨으로 인해서 사실상 서로 다른 문화권에 속한 사람들은 서로 다른 프레임과 스크립트를 지닐 수밖에 없기에 일종의 사회적 관습의 규칙과 같은 역할을 하게 된다. 즉 사회나 문화적 맥락에 따라 동일한 하나의 기호에 대한 해석은 달라지게 마련이다. 다른 한편 에코가 볼 때 기호에 대한 해석은 언뜻 보기에 탐정이 범인을 잡아내거나 점쟁이가 관상을 보고 알아맞히는 행위처럼 과학자가 새로운 사실을 발견하는 일과는 달리 상상력에 의존하는 듯이 보이나, 실은 과학의 발견과 마찬가지로 본능과 지레짐작(guesswork)에 의존하되 의식적이지는 않지만 논리적인 추리를 행하고 있다는 것이다. 즉 약호화된 실체들은 사회적 관습과 혁신의 문턱을 넘나들면서 — 상위약호화와 하위약호화를 통해 — 상황적인 문맥에 따라 해석되고 재해석되고 굳어진다. 에코는 인간의 삶과 관련된 전 분야, 날씨와 같이 자연에 관한 인간의 관계에서 비롯된 분야들 외에도 동물들의 생활에 이르기까지 모든 문화가 이처럼 기호로서 읽힐 수 있다고 보는데, 이들 문화의 의사소통적 측면과 의미작용이 바로 에코 기호학의 바탕을 이룬다. 논자는 에코가 바로 이러한 문화영역도 과학적 영역과 다를 바 없는 논리적 행위가 행해짐을 증명함으로써 그 결과 문화철학적 기반 혹은 문화기호학을 확립시키고 있다고 본다.

마지막으로, 20세기 이래 영미와 유럽 철학의 주요 테마가 언어라고 할 때 언어에 대한 여러 가지 방향의 연구가 있어 왔지만 사실상 언어에 대한 연구에 있어서 가장 기초가 되는 것은 언어가 바로 기호라는 점이다. 에코는 이 점에서 기호 자체에 대한 철학적 반성을 하고 있는 셈이며, 기호 자체에 대한 연구에 공헌하고 있다는 점이 바로 그가 철학에 기여한 바라고 할 수 있다.

에코 기호학의 적용 :
대중문화와 예술의 기호학

1. 은유, 추리와 기호: 예술에 대한 해석

1.1. 아리스토텔레스의 은유

  백과사전이라는 개념은 앞에서 보았듯이 기호들의 의미가 추리에 의해 그리고 공동텍스트적으로 해석될 수 있는가를 설명하기 위한 에코의 제안이다. 한편 은유는 기호가 의미를 나르는 가장 기본적인 수단이다. 인간의 관념세계는 수많은 개념들로 이루어져 있으며 그것의 대부분이 사실상 은유로 되어 있다. 따라서 인간의 사고과정 역시 대체로 은유적이다. 은유는 또한 일상생활의 바탕이 되는 정치적, 경제적, 문화적 그리고 종교적인 현실을 축조하고 있다.[230] 에코는 이러한 은유의 생성과 해석이 이루어지는 과정을 분석함으로써 백과사전의 심층구조를 드러내고자 한다. 즉 은유와 상징 같은 개념들은 전통적으로 수사학이나 문학에서 논의되어 왔는데 에코는 은유의 생성

---

230) 예를 들어 미국이 세계를 구원하였다. 빠른 것일수록 좋은 것이다. 시간은 돈이다.

과 해석의 과정에서 백과사전적 체제의 그물망을 통해 어떻게 상정 논법과 무한 기호작용이 일어나며, 또한 어떻게 상황과 문맥이라는 격자를 통해 걸러지는가를 보여 주고자 한다. 우선 에코는 자신의 논리를 펴기 전에 기존의 은유에 대한 설명들을 되짚어 본다.

기본적으로 에코는 일반기호학을 하나의 언어철학이며, 플라톤의 『크라틸루스(Cratylus)』[231]로부터 비트겐스타인의 『철학연구』에 이르기까지 뛰어난 언어철학들은 모두 기호학적 질문들을 다루고 있다고 본다. 비록 그는 이 '일반기호학'이 지난 이천 년 동안 여러 언어학자들에 의해 제기된 질문들에 모두 답할 수는 없지만 최소한 '일반기호학'이 다루는 모든 문제는 어떤 언어철학의 틀 안에 자리 잡아질 수 있을 것으로 본다. 따라서 그는 기호적 개념들의 근원으로 돌아가기 위하여 철학의 전 역사에로 되돌아갈 것을 주장한다. 이는 은유에 있어서도 해당된다.

에코는 특별히 아리스토텔레스의 은유에 관한 논의에 많은 페이지를 할애하고 있다. 그도 그럴 것이 아리스토텔레스의 은유에 관한 논의는 은유에 대한 최초의 이론이기도 하거니와 이후로 수많은 해석자들이 그의 논의를 따랐기 때문에 이에 대한 검토는 필수적이다.

아리스토텔레스는 언어예술을 세 가지의 뚜렷한 범주들, 즉 논리

---

231) *Cratyus*, 이 대화편에서 플라톤은 명칭들의 기원에 관한 토론에 관해 집중적으로 서술하고 있다. 우선 변론은 다음과 같은 것을 의문시하고 있다. 언어가 세상에 대한 관계에서 근본적으로 관례적이고 독단적이라고 말할 수 있는지, 명칭들 속에 어떤 종류의 '고유한 정확성'이 존재하는지, 낱말들을 사물들에 귀속시키는 결정적인 요인이 일반적인 용법인지, 아니면 이 과정을 지배하는 자연법칙이 있는지. 이 변론으로부터 나온 결론은 다음과 같다. 언어는 관습과 관례에 당연히 지불할 것을 주려는 놀라운 준비태세를 갖추고 있으며, 언어는 그 자체에서 솟아나는 유기적인 원칙들에 의하여 추상적인 상태에서 착상되고 외부로부터 부과된 어떤 법칙과 마찬가지로 정확하게 지배를 당한다는 각성이다.

학과 수사학 그리고 시학으로 나눈다. 특히 시의 언어는 논리학이나 수사학의 언어와 다르며 상이한 목적을 갖는다. 그 차이가 바로 은유의 사용으로써, 시는 모방의 작용과 관련되어 있으며 표현의 특이성을 추구하므로 은유에 크게 의지하게 된다. 반면 논리학과 수사학은 명확성과 설득력을 각각의 목표로 삼고 있고, 비록 이들도 때로 은유를 사용할 수는 있으나 어디까지나 산문이라는 매개체와 일상적인 언어에 더욱 긴밀하게 관련되어 있다. 이를 통해 볼 때 아리스토텔레스에게 있어 산문적인 용법과 시적인 용법에는 근본적인 차이가 있으며, 은유가 언어의 일상적인 양상으로부터 일탈된 것으로 보는 관념이 그의 저술을 통해 나타나 있다.

『시학』에 보면 은유(meta - phora)란 "하나의 이름(그것이 적절하게 지시하고 있는 사물의 이름)을 다른 사물에로 전이(transference:epi - phora)하는 것"[232]이라는 정의가 있는데, 이 유명한 정의로부터 은유의 떠들썩한 생이 시작된다.[233] 일반적으로 언어를 생생하게, 살아 있게 하기 위해서 보통 단어들 외에 낯선 단어들, 인위적 언어(coinages), 확장시키거나 축소시키거나 변형시킨 표현들 그리고 은유가 쓰인다.[234] 그중 "은유는 하나의 이름을 다른 사물에로 전이하는 것", 다시 말해 어떤 한 사물의 명칭을 다른 사물에로 적용시키는 것으로서, 아리스토텔레스는 네 종류의 전이를 들고 있다.

232) Aristotle, *Poetics* in *Aristotle*, ed. by Wheelwright, selected and trans from the original Greek into the English, The Odyssey Press, New York, 1935, Ⅹ . 1457b6 - 7.

233) M. Johnson, "introduction", Philosophical Perspectives On metaphor, Univ. of Minnesota Press, Minneapolis, 1981, 5쪽.

234) Aristotle, Poetics, Ⅹ , 1457b1 - 3.

1) 첫 번째 은유: 유(Genus)에서 종(Species)으로의 전이이다

This ship of mine stands there.[235]

여기서 서 있다(standing)는 유(Genus)로서 정박해 있다(lying at anchor)는 종(Species)을 포함한다. 또 다른 예로서 '인간' 대신 '동물'을 사용할 때 인간은 동물이란 속 중 하나의 종이다. 이렇게 두 가지 사물이 그것들의 공통된 유에 따라 명명될 경우(인간, 소를 동물이라고 부를 경우) 포리피리우스 수형도로 볼 때 이는 은유의 생성과 해석상 일종의 동의어 형태이다. 에코가 볼 때 이는 타당치 못한 추론인 $((p \supset q) \cdot q) \supset p$에 의존하므로 논리적으로 볼 때 타당하지 못하다. 또한 하나의 유는 그에 내재하는 기본적인 종들을 수반하지 않기에 하나의 종을 정의하기에 충분하지 못하다.

2) 두 번째 은유는 종에서 유로의 전이형태를 띤다

"Indeed ten thousand noble things Odysseus did."[236]

여기서 일만의(ten thousand: 종)는 많은(many, 유)을 대신한다. 따라서 many 아래 ten thousand가 속하게 된다. 에코는 이 형태의 은유는 다행히도 올바른 추론인 modus ponens$((p \supset q) \cdot p) \supset q$를 나타내고 있다고 본다.[237] BC 4세기 그리스 언어의 약호에 따르면 '일만'이란 상위약호환된 개념으로서 엄청난 양을 나타냈다. 그러나 '일만'이란 어떤 특정한 크기의 기준에 기초를 둔 포르피리우스 수

---

235) Aristotle, 앞의 책, Χ, 1457b10.
236) Aristotle, 앞의 책, Χ, 1457b11 - 13.
237) U. Eco, PL, 91쪽.

형도 내에서 many일 뿐으로서 천문학적 크기의 다른 척도에서는 일만, 심지어 십만조차도 작은 양일 수 있다. 따라서 에코가 볼 때 문화적 그물망이 무시되어 있는 이 은유 역시 불만스럽다.

결국 첫 번째와 두 번째의 은유는 사실상 제유[238]에 속하며, 첫 번째 은유는 수사학적으로는 받아들일 수 있지만 논리적으로는 옳지 않은 반면, 두 번째 은유형태는 논리적으로는 옳으나 수사학적으로는 김빠진 것이다.

3) 세 번째 은유는 하나의 종에서 종으로의 형태를 띤다

"Then he drew off his life with the bronze"

"Then with the bronze cup he cut the water"[239]

퍼냄(drawing off)과 자름(cutting)은 보다 일반적인 가져감 혹은 제거(taking away)의 두 경우라고 할 수 있다.

에코가 볼 때 이 세 번째 형태야말로 진정한 은유다. 여기서 퍼냄과 자름 사이에 유사한 그 무엇이 있음을 알 수 있다. 따라서 이에 대한 논리적 구조와 해석을 보면 다음과 같다.

taking away

↑   ↓

cutting   drawing off

---

238) synedoche: 어떤 것의 일부를 표상하는 기호체. 예를 들면 우편엽서에 있는 남대문의 사진은 한국의 수도 서울의 제유가 된다.

239) Aristotle, 앞의 책, Ⅹ, 1457b13 - 16.

하나의 종으로부터 그것의 유로, 다시 그 유에서 다른 종으로 건너간다. 이를 또한 다음과 같은 도표로 그릴 수 있는데, 이때 x는 은유하는 항목이고 y는 은유당하는 항목이고, z는 명료함을 보여 주는 중개적 항목(유로서)이다.

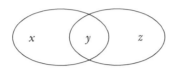

이 도표는 산의 이(the tooth of the mountain: 봉오리와 이는 '날카로운 형태'라는 유에 속함), 그녀는 자작나무였다(소녀와 자작나무는 '유연한 몸'이라는 유에 함께 속함)와 같은 표현들을 설명해 준다. 그러나 에코는 여기서 두 가지 문제가 발생하고 있음을 지적한다.

첫째, 어떤 특질들은 살아남고(예를 들어 자작나무가 인간의 특질을 획득했거나 소녀가 식물의 특질을 얻는다) 어떤 특질들은 없어지게 된다. 이 경우 무엇이 살아남고 다른 어떤 것이 사라지는가를 결정해야 한다. 그런데 이를 결정하기 위해서 필요한 것이 그가 말하는 공동텍스트로서의 일정한 담론의 세계나 참조 틀이다.

위의 지적과 밀접하게 관련된 것으로서 둘째, '산의 이'라는 은유의 생산과 해석에 있어 수형도를 세워 보면 다음과 같은 이중의 진행이 있다.

에코가 보기에 봉오리를 날카로운 어떤 것이라고 부르는 제유법
에서 봉오리는 그것이 지닌 '광물성'이라는 특징적인 성질을 잃고
대신 '날카로움'이라는 형태론적인 특질로 환원되는 유를 공유하게
된다. 이 경우 봉오리와 이는 날카로움이라는 특질을 공유하고 있기
는 하나, 그것들을 서로 비유할 수 있는 것은 그것들이 서로 대립되
어 있는 특성들에 초점을 맞추는 것이기 때문이다. 이것이 바로 특
질들의 전이 현상이다.

4) 아리스토텔레스는 마지막 비례적인 유형의 은유240)에 다른 세
가지 유형들보다 훨씬 긴 지면을 할애하고 있는데 위의 세 유형들이
비교적 단순한 은유라고 말할 수 있다면 네 번째 은유는 비교적 복
잡한 유추를 사용하고 있다. 이에 따라 앞의 세 가지 유형의 은유와
다른 논의대상을 다루고 있는 셈인데, 즉 아리스토텔레스는 앞의 세
가지 형태의 은유에 대해 말할 때는 어떻게 하나의 은유가 생성되고
이해되는가를 설명하는 데 반해 네 번째 형태의 은유에 대해 말할
때는 이와 달리 하나의 은유가 무엇을 우리로 하여금 알도록 해 주
는가를 설명한다.

네 번째 은유는 유추 혹은 비례(analogy or proportion)를 통해 이

---

240) Aristotle, 앞의 책, Ⅹ, 1457b16 – 33.

루어진 형태이다. 이는 네 번째 항이 세 번째 항에 대한 관계에서처럼 두 번째 항이 첫 번째 항과 관계를 맺을 때 나타나는 은유이다. 즉 4개의 항목들 A, B, C, D는 B가 A와의 관계가 D가 C와의 관계에 대해 유사한 방식으로 관련된다. 따라서 더 이상 A/B = C/B(세 번째 은유에서처럼 봉오리가 이와 마찬가지 방법으로 날카로운 것들의 유에 속한다)가 아니라 A/B = C/D이다.

A/B = C/D란 봉오리의 은유와 달리 컵은 마치 방패가 아레스(Ares) 군신에 관련되어 있는 것처럼 디오니수스(Dionysus) 주신에게 관련되어 있는 그런 관계이다. 그러므로 컵은 디오니수스의 방패라고, 방패를 아레스의 컵이라고 은유적으로 묘사할 수 있다. 또 다른 예로써 노년은 저녁때가 하루에 대한 관계처럼 인생에 관련된다. 따라서 이 경우에도 저녁때를 '하루의 노년'이라고 혹은 노년을 인생의 저녁(황혼)이라고 부를 수 있다.

그런데 에코가 볼 때 컵/디오니수스라는 관계는 후대의 수사학 이론에 따르면 하나의 환유법적 형태이다. 다시 말해서 컵과 디오니수스는 주체/도구라는 관계를 통해서 문화적 관습 — 이것이 없었다면 컵은 다른 많은 대상들을 대신할 수 있었을 것이다 — 을 통해서 인접성(continguity)에 의해 연관되어 있다. 따라서 인간/동물의 경우는 우리에게 분석적 특성을 보여 주는 반면 컵/디오니수스의 경우는 종합적인 특성들을 보여 주고 있다고 할 수 있다. 인간은 그 정의 덕택에 동물이지만 수많은 로마 신들이 그들의 특징적인 상징들(속성들)을 도상적으로 나열해 놓은 공동텍스트적 상황이 아니고는 컵은 반듯이 디오니수스를 지시하지 않는다. 동물이 아닌 인간을 생각할 수는 없지만 디오니수스를 생각하지 않고 컵을 생각하는 것은 가능하다.

에코는 여기서 왜 굳이 디오니수스가 다른 여타의 신, 예를 들어 아테네Athena 혹은 케레스(Ceres, 농업의 여신)나 불칸(Vulcan, 불과 대장일의 신)이 아닌 아레스와 관련되어 있는가를 묻는다. 무엇이 디오니수스와 아레스를 연관시켜 주는가? 그리스 신들의 신전에서는 군중 속의 고독(crowded solitude)이나 잔인한 친절(cruel kindness)과 같은 특이한 모순어법(oxymoron)에서 보여 주듯이 서로 다른 차이와 다양성이 그들을 통일시켜 준다. 그리하여 기쁨과 평화의 신 디오니수스와 죽음과 전쟁의 신 아레스, 그 두 신 사이에는 상이성과 유사성이 혼합되어 있다. 즉 컵과 방패는 둥글다는 것 때문에 유사하나 기능이 다르므로 상이하다. 마찬가지로 디오니수스와 아레스는 둘 모두 신이므로 유사하나 각각의 활동영역이 다르므로 상이하다.

이상의 아리스토텔레스의 은유에 대한 논의를 분석해 보건대 세 번째 은유와 네 번째 은유형태는 단순한 동일화 혹은 종에서 속으로의 흡수가 아니라 유사성과 대립 혹은 동일성과 차이라는 점에서 유사하다. 또 한편 1), 2), 3)의 은유형태들과 달리 네 번째의 은유는 그 논의대상이 다르다. 즉 에코가 볼 때 아리스토텔레스는 첫 세 가지 형태의 은유를 말할 때는 어떻게 하나의 은유가 생성되고 이해되는가를 설명하는 데 반해 네 번째 형태의 은유에 대해 말할 때는 하나의 은유가 우리로 하여금 무엇을 알도록 해 주는가를 설명한다.[241] 다시 말해서 전자의 경우에서 아리스토텔레스는 은유적 생성과 해석이 어떻게 기능하는가를 말하고 있다. 그런데 네 번째 경우에서 그는 은유가 무엇을 말하고 있는가 혹은 비록 부분적으로만 설

---

241) U. Eco, *PL.*, 99－100쪽.

명하고 있지만 특정한 방식으로, 예를 들어 미약하나마 공동텍스트 내에서 유추를 통해 추리함으로써 은유가 사물들 사이의 관계에 대한 우리의 지식을 증가시키는가에 대해 말하고 있다. 즉 '아레스의 컵'이라는 은유는 컵과 방패 사이에 그리고 아레스와 디오니수스 사이에 어떤 막연한 관계가 있을 거라는 의심을 불러일으킨다. 이에 따라 아레스의 컵은 곧 그의 방패를 은유하는바, 술이 없는 컵이라고 할 수 있다. 이 컵이 둥글고 오목한 것인 한 술이 가득 채워진다는 특질을 잃을 때까지 그 방패는 컵이 된다. 또한 역으로 아레스가 술이 가득 차는 특질을 소유하는 이미지를 우리는 만들어 낼 수 있다. 그리하여 두 개의 이미지는 융합된다. 에코는 여기서 '둥근'과 '오목한', '전쟁'과 '평화', '삶'과 '죽음'과 같은 특질들 혹은 의소를 작동시킴으로써 컵/방패라는 응축이 있음을 본다. 즉 아리스토텔레스가 말하듯 A/B = C/D라는 비례(균형, proportion) 혹은 유추(analogy), 컵과 방패, 아레스와 디오니수스 사이에는 어떤 실제적인 관계가 있는 것이 아니라 (비례가 아닌 어떤 것) 프로이트가 말하는 응축[242]이 들어 있는 것이요 응축에는 일치하지 않은 특징들은 제거될 수 있는 반면 공통된 특징들은 강화된다는 것이다.

　이상을 통해서 에코는 아리스토텔레스의 은유에 대한 논의를 살펴보면서 두 가지 결론을 내린다. 첫째, 그의 은유에는 비례적 관계로는 설명하기 어려운 응축절차들의 존재가 있다. 따라서 아리스토텔레스가 말하는 비례(응축에 의한 비례)는 차라리 무한한 백과사전

---

242) 응축(condensation) 일치하지 않은 특징들은 제거될 수 있는 반면, 공통된 특징들은 강화된다. 예를 들어 아레스의 방패는 술이 없는 컵으로서 컵의 둥글고 오목한 특징에서 일치하므로 방패는 컵이 될 수 있는 반면 그 외의 컵과 방패의 특질들은 제거된다. U. Eco, PL, 96쪽.

적 정보들이 삽입될 수 있는 하나의 텅 빈 설계, 즉 문화적 공동텍스트망이다. 두 번째, 우리는 문맥적 요구에 따라 구별될 수 있는 사전적인 특질들과 백과사전적 특질들 사이의 관계에 대해 보다 유연하게 고려해야 한다.[243]

아리스토텔레스에 의하면 은유를 능숙하게 다룬다는 것은 사물들 사이의 숨겨진 유사성을 파악하는 것[244]이다. 따라서 그는 은유가 단지 장식이 아니라 하나의 인지적인 도구라고 본다. 그에게 있어 가장 좋은 은유는 사물들을 활동상태 그대로 보여 주는 것이다. 따라서 은유적인 지식은 곧 실체의 역동성에 대한 지식이다. 에코가 보기에 아리스토텔레스는 여기서 무엇보다도 가장 큰 오류를 범하고 있다. 즉 그는 사물들의 닮음(존재의 존재양식)과 언어가 사물들을 정의하는 방법에서의 닮음들(언어의 존재양식)을 동일시하고 있다. 이것이 에코가 볼 때 아리스토텔레스의 한계이다.[245]

만일 컵과 방패, 아레스와 디오니수스 사이의 비례가 이미 상위약호화된 것이라면 그 은유는 이미 알려진 것 이외에 어떤 것도 말하지 않는 셈이다. 만일 그것이 어떤 새로운 것을 말한다면 그것은 그 비례가 그렇게 흔하게 받아들여지지 않았거나 혹은 받아들여졌다 해도 그 후 곧 잊혔음을 의미한다. 그리하여 이 은유는 하나의 새로

---

243) U. Eco, *PL*, 99쪽.

244) Aristotle, 앞의 책, 1459a6 - 8.

245) U. Eco, *PL.*, 103쪽. 그러나 이러한 에코의 단정은 반론의 여지가 있다. 즉 아리스토텔레스가 언어(기호)와 사고 그리고 존재(대상세계)의 관련성을 이야기하고는 있어 언어는 바깥의 실재를 반영하지만 기호가 쓰이거나 받아들일 때 그 기호가 주는 mental image를 어느 정도 수용하고 있어 언어와 대상세계가 완전히 일치되지 않음을 인정하고 있다. 또한 은유에 있어서도 아리스토텔레스 역시 문화적 문맥을 간과하고 있지 않다. 예) 아프리카에서 데려온 흑인을 까르뜨섬 사람들이 산토끼(토끼가 농작물을 다 해침)라고 할 때.

운 비례를 만드는 — 철학적 의미에서뿐만 아니라 물리적인 의미에서 눈앞에 두다는 의미도 포함해서 — 셈이다. 이 비례가 어디에 배치되었든 간에 눈앞에 있지 않았거나 혹은 눈앞에 있었지만 눈이 그것을 보지 못했다. 그러므로 어떻게 그것을 볼 것인가? 이 경우 무엇을 볼 것인가? 사물들 사이의 유사성인가 아니면 문화적 단위들마다 다르게 가지고 있는 미묘한 비례그물망인가? 물론 에코가 보기에 아리스토텔레스는 존재와 사고를 동일시함으로써 이에 대한 답을 할 수가 없다. 그는 그 두 범주를 동일시함으로써 은유의 전이를 보증해 주는 것이 존재론적인 관계가 아니라 언어의 구조로부터 오는 것이며, 따라서 서로 다른 언어를 가지고 있는 각 문화마다 다르게 가지고 있는 유추 혹은 비례들의 그물망, 즉 백과사전적 그물망을 전혀 간과하고 있다. 그리하여 언어의 범주와 존재의 범주를 동일시하는 한 아리스토텔레스는 에코가 말하는 은유의 백과사전적 그물망, 즉 언어와 문화적 관습이 다른 각 나라의 문화권마다 동일한 사물에 대한 은유가 필연적으로 다를 수밖에 없음을 알 수 없으며, 따라서 그 그물망을 통해 일어나는 다중의 추리적 진행들(상정논법들)을 발견할 수 없다.

에코는 아리스토텔레스의 논의 외에도 은유학의 역사를 돌아보고 있는데,[246] 특별히 그는 기호의 생산과 해석 측면에서의 역사를 다

---

246) 이에 반해 범은유적(panmetaphorical) 태도를 가지고 있는 중세는 비록 존재의 범주와 언어의 범주를 동일시하고는 있으나 아리스토텔레스보다는 진일보한 입장을 가지고 있다는 면에서 주목할 만하다. 중세 모든 동물과 식물, 세계의 각 지방들 혹은 자연에서의 사건들에는 특정한 특질들이 부여된다. 그리고 그러한 특질들 중의 하나와 은유될 초자연적 존재 — 성서적 — 의 특질들 중 하나 사이의 동일성을 근거로 해서 하나의 상호관계가 성립된다. 그리하여 하나의 우주론적 약호로서 기능하게 되는 문화적 정보망이 존재하게 된다. 그럼에도 불구하고 그 약호는 애매한데 그 이유는 그 양호가 선택해야 할 특질들 중 오직 몇 개만을 선택하고 있으

루고 한다. 따라서 그의 논의에 부적절한 담론들은 빠져 있다. 예를

며 그것들은 때로 모순되기 때문이다. 예를 들어 사자는 사냥꾼의 추적으로부터 벗어나기 위해 꼬리로 자신의 흔적을 지우는데, 이는 죄의 흔적을 지우는 그리스도에 대한 문채(figure)이다. 다른 한편 시편(Psalm)에서 "나를 사자의 입에서 구하소서"에서 사자는 지옥에 대한 은유가 된다.에코가 보기에 중세의 신플라톤주의자들은 그들이 말하는 우주가 사실상 문화적 특질들이 미로처럼 얽혀 있는 그물망이었음을 깨닫지 못하고 실제의 특질들이 미로처럼 얽혀 있는 것으로 보고 있다. 이 점에서 아리스토텔레스와 다를 바가 없다. 그러나 다른 한편 그들은 사자를 그리스도에 대한 표상으로 보아야 할지 혹은 反그리스도적 표상으로 보아야 할지를 결정하기 위해서는 하나의 공동텍스트(co‐text)가 요구됨을 알고 있었다. 전통적으로 하나의 가능한 공동텍스트(유형학)가 존재했었는데, 이에 의하면 가장 좋은 해석은 언제나 어떤 상호 텍스트적인 권위에 의한 것이다. 이때 중요한 것은 문화적 그물망이며 결코 존재론적 실재(realities)의 문제가 아님을 토마스 아퀴나스는 잘 알고 있었다.따라서 그는 이 문제를 두 가지 방식으로 해결하고자 한다. 한편으로는 신이 이 세계의 사물과 사건들을 창조하고 배치하였으므로 각 사물과 사건들은 그에 맞는 은유적, 알레고리적 가치를 갖는다. 즉 존재론적으로 모든 존재는 신으로부터 부여받은 질서와 가치가 있다. 다른 한편 신이 인간에게 부여한 이성에 따라서 신에 관해 논할 때는 신은 신플라톤적인 3동일성대에 있지 않고 참여활동을 통해 창조된 세계 속에 살아 있는 한 아퀴나스는 존재의 유추(alaogio entis)에 의존할 수 있다. 즉 신이 피조물의 완전함을 능가하는 완전함을 지니고 있는 한 우리가 신에 대해 명료하게 말한다는 것은 불가능하며, 신에 대해 두 가지 양의적인 뜻으로 말할 수도 없다. 그렇다면 오직 유추를 통해서, 즉 원인과 결과 사이의 어떤 비례를 통해 말할 수 있다. 그러나 이 경우 유추의 근거는 무엇인가? 언어학적, 논리적, 인위적인 조작인가? 아니면 실재적, 존재론적 그물조직에 의해서인가? 이에 대해 의견이 일치하지 않으나 에코는 이때의 유추라는 것은 인간들이 실재세계에 대해서 그리고 개념들의 명명방식에 대해서 가지고 있는 지식에 관해서만 행해지고 있는 것이지 실제 세계 자체에 대해서 행해지는 것이 아니라고 본다. 따라서 이런 식으로 유추의 근거를 보게 되면 토마스 아퀴나스의 교리에 전혀 위협이 되지 않는다.테사우로(Tesauro)는 한 걸음 나아가 아리스토텔레스의 범주들(실체 양, 질 관계, 장소, 시간, 위치, 소유, 능동, 수동)로부터 시작해서 이러한 각각의 범주들 아래 포함되리라 생각되는 모든 것들의 요소를 조직화한 의미론적 우주에 대한 하나의 모형을 이끌어 낸다. 이때 이 범주적 색인은 바로 하나의 백과사전으로서 조직화된 내용체계라고 할 수 있다. 그러므로 이 범주적 색인으로 보건대 테사우로는 은유적 전이들을 보증해 주는 것은 존재론적인 관계들이 아니라 언어구조 자체임을 인식하고 있다고 할 수 있다. 즉 에코가 보기에 테사우로의 모델은 비록 여전히 중세의 신플라톤주의라는 틀을 지니고 있기는 하지만 하나의 해석체들의 망(network)으로서 무한한 기호현상을 만들기에 충분하다.비코(Vico)는 생명체들을 사용하여 말하는 비유들, 예를 들어 바늘귀(the eyes of needles), 꽃병의 주둥이(the lips of a vase) 등과 같이 자연적 대상과 현상들이 인간의 육체를 빗대어 명명되는 것에 대해 논의하면서 은유를 창조하는 것은 인간 자신의 지적 능력단계가 깨어나게 됨으로써 이루어지는 생득적 능력에 의해서라고 본다. 즉 그는 은유가 존재의 문제가 아니라 인간의 언어에서 비롯됨을 알고 있었

들어 데리다 역시 은유에 대한 논의를 하고 있는데 그 역시 아리스토텔레스의 은유에 대한 논의가 지니고 있는 명사주의를 그 존재론과 인식론의 동일시라는 시각에서 비판하고 있다는 점에서 에코의 분석과 유사하다. 그러나 비판의 초점이 양자 서로 다르다. 데리다가 볼 때 아리스토텔레스에게 있어 은유를 가능하게 하는 기반은 名辭화가 가능한 것들로서 명사는 그 자체로 존재하는 독립적인 어떤 것을 의미한다. 그러므로 대상의 존재가 관념들 혹은 언어들보다 우위에 있어 실체적인 것이 상대적으로 우위를 차지하고 있다. 그러나 데리다가 볼 때 이름은 어떤 유일한 것의 고유한 명칭이 아니다. 오히려 그러한 이름은 이미 다양한 것을 말해 왔다. 다만 "아리스토텔레스의 은유이론과 그의 단순한 이름들에 관한 이론을 지배하는 모든 명사주의는 진리와 타당성의 항구(des harvres)를 확보하기 위해 정교하게 만들어졌"[247]을 뿐이다.

다는 것이다. 뿐만 아니라 그는 기후들이 다름에 따라 서로 다른 자연환경에서 살게 되고 그에 따라 그만큼 다른 관습들이 발생하며, 마찬가지로 그만큼 다른 언어들이 발생하게 된다는 사실을 이미 깨닫고 있었다. 즉 언어들이란 관습들처럼 인간집단이 그 안에서 살고 있는 물질적 환경에 대해 나타내는 반응으로서 각각의 사회는 생활에 필요한 것들을 서로 다른 관점에서 바라봄으로써 자신들의 우주에 맞는 서로 다른 양상들을 만들어 낸다는 것이다.에코가 보기에 이는 바로 문화적 그물조직의 존재를 의미하며, 이 문화적 그물조직의 의미론적 장(fields)들과 우주들의 존재는 바로 은유들의 생성과 해석에 선행한다. 그러므로 은유들이 기초로 하고 있는 범주적 지표들의 역사적 조건들, 탄생, 그리고 다양성을 탐구하는 문화적 모음체(anthology)와 같은 것이 곧 비코의 기호학이다.그 외 형식적 의미론은 은유적 표현들이 합법성을 얻기 위해 진리조건들의 논리를 넓히고자 해 왔다. 그러나 형식적 의미론은 기껏해야 은유가 그 구성체계 내에서 차지하고 있을지 모르는 위치소를 정의할 수 있을 뿐 은유에 대해 제대로 설명하고 있지 못하다는 것이 에코의 생각이다. 왜냐하면 에코는 모름지기 언어라는 기호 중에서 큰 부분을 차지하고 있는 은유의 생성과 해석에 초점을 두고 있는데 그러한 시각에서 볼 때 형식 의미론은 은유에 대해 아무것도 말하고 있지 않다.

247) J. Derrida, *Marge de La Philosophie*, Les Editions de Minuit, 1972, 291쪽.

결국 데리다가 아리스토텔레스의 은유에 관한 철학적 주장인 동시에 그 전체적인 측면에서 은유에 의해 이루어져 온 철학적 담론들을 비판하고 있는 이유는 그가 철학적 텍스트에 나타난 은유의 문제를 통해 서구 형이상학의 보편적인 개념들에 대한 비판을 하기 위해서이다. 그에 따르면 철학적 개념들은 그 외양에도 불구하고 은유와 분리되는 것이 아니라 은유를 통해서[248] 성립되기 때문이다. 그러나 에코가 은유에 대한 논의에서 이끌어 내고자 하는 것은 아리스토텔레스가 간과하고 있는 은유가 지니고 있는 백과사전적 그물망과 그 그물망이 속해 있는 문화적 맥락들, 그리고 그 백과사전 내에서 이루어지는 은유가 지니고 있는 철학적 추론방식이다. 더불어 이 추론과정을 따라 기호들은 무한한 기호작용을 낳게 되므로, 에코는 퍼스의 해석체 개념을 바로 은유라는 대표적이고, 현실적인 기호의 쓰임새를 통해 설명하고자 하는 것이다.

1.2. 은유의 생성과 해석

통상 은유를 이해하는 것으로 보이는 방법이 간단하기 때문에 은유란 단순한 범주에 의해 정의될 수 있을 것이라고 생각하기 쉽다. 그러나 에코가 볼 때 그러한 단순성은 순전히 신경생리학적인 측면

---

248) 데리다가 볼 때 철학적 텍스트 속에 나타나는 말의 모든 사용이 은유라고 할 수 있으며, 은유를 작동시켜 끊임없이 의미를 생성시켜 철학 텍스트를 만들었다. 따라서 철학과 은유의 과정은 서로를 전제로 해서만 성립될 수 있으며 이러한 상호작용의 역사가 바로 서구 형이상학철학의 역사라고 할 수 있다. 즉 서구 형이상학이 근거하고 있는 감각적인 것과 비감각적인 것의 대립이나 정신적인 것과 물질적인 것의 대립은 이러한 유추적인 은유의 계속적인 과정을 통해서 형성된 것이라고 할 수 있다. 같은 책. 249, 261쪽.

일 뿐이고 기호학적으로 볼 때 은유의 생산과 해석의 과정은 단순해 보이는 외양과는 달리 멀고도 먼 노정이다. 에코가 가고 있는 이 길은 바로 은유라는 기호의 숨겨진 그 과정, 즉 그 생산에 있어서뿐만 아니라 그 이해에 있어서도 창조적인 노력[249]이 요구되는 과정이다.

아리스토텔레스로부터 비코, 현대의 형식적 의미론에 이르기까지를 거쳐 그들의 은유에 대한 논의에서 에코가 이끌어 내는 것은 다음과 같은 두 가지이다. 첫째, 은유란 앞에서 보았듯이 백과사전 체제를 가지고 있는[250] 구성적 의미론(componential semantics) 위에 기초해 있으며, 둘째, 은유란 동시에 문맥적인 삽입에 대한 규칙들, 즉 문화적 그물망을 고려하고 있다는 사실이다. 구성적 의미론은 Ⅱ장 5절 3에서 보았듯이 어떤 일정한 특질들이 다른 특질들의 해석체(interpretant)가 되는 특질들의 다차원적 그물망인 모델 Q에 바탕을 둔 의미론을 말한다.

이 모델 안에서 모든 기호는 그것이 언어적이건 비언어적이건 다른 기호들에 의해 정의되고, 다시 그 다른 기호들은 다른 해석체에 의해 정의된다. 이러한 무한한 해석의 원리에 기초를 둔 백과사전적 재현은 특질들 사이의 '유사성'을 순수한 기호학적 용어로 설명할 수 있게 된다. 예를 들어 솔로몬의 노래(The song of Solomon)에서

---

249) D. Davison, "What Metaphor Mean", in *The Philosophy of Language*, 415쪽.

250) 사전의 체제를 통해서는 제유의 기제만 이해할 수 있을 뿐 은유의 기제는 이해할 수 없다. 따라서 사전의 체제는 특질들의 전이가 일어남을 보여 줄 뿐 은유의 생성과 해석에서 무엇이 일어났는가를 보여 주지 않는다. 예를 들어 '그녀는 자작나무이다(She is a birch)'라는 문장에서 소녀가 '식물의'라는 의소를 혹은 자작나무가 '인간의'라는 의소를 획득하는 전이가 일어남은 보여 주고 있으나 여기서 진정한 논점, 즉 유연성에 관한 것은 이와 같은 사전적 체제의 의미론에서는 설명되지 않는다. U. Eco, *PL*, 113쪽.

소녀의 치아는 오직 그 주어진 문화권 안에서 '흰색(white)'이라는 해석체가 치아의 색과 양의 털(sheep's fleece)색을 가리키는 데 사용될 때만이 양(sheep)과 유사하다. 그러나 은유는 유사성뿐만 아니라 대립 위에서도 성립한다. 앞에서 보았듯이 컵과 방패는 형태로 보면 유사하나 그 기능 면에서는 (평화와 전쟁) 대립된다. 아레스 신과 디오니소스 신도 신이라는 점에서는 유사하나 추구하는 목적이나 사용하는 도구 면에서는 서로 대립된다.

여기서 에코는 백과사전적 의미론체제가 그 목적이라는 측면, 기능의 측면, 형태의 측면 등등에서 어떤 개념의 의미를 설명할 수 있는 만큼 백과사전적 재현을 위해 경우의 문법(case of grammar)이란 형식을 제안한다. 경우의 문법은, 하나의 개념이 있을 때 주체로서의 행위자가 있고 그 주체가 자신의 갈등을 가하는 대상, 그 활동에 대해 대립되는 위치에 있는 상대 행위자, 행위자가 사용하는 도구, 행위의 목적 등등을 포함한다.

그런데 이러한 형태의 재현은 동사들에는 합당해 보이나 명사들에 대해서는 문제점이 있다. 예를 들어 집, 바다, 나무 등과 같은 언어적 실체에 대해서는 행위자 A, 대상 O, 도구 I를 말할 수 없다. 그리하여 에코는 명사들을 동사들처럼 번역하는 것을 대체할 만한 재현형식을 제안한다. 다름 아닌 아리스토텔레스의 4원인, 작용인, 형상인, 질료인, 목적인에 근거를 둔 재현이다. 이에 따르면 명사/x/는 다음과 같은 형식을 취한다.

/x/ ⊃   F   A   M   P

x의 지각적   x를 누가 혹은   무엇으로 x는   x는 무엇을

양상   무엇이 산출하나   만들어지나   목적으로 하나

전통적으로 인식론에서 사물들은 처음에는 그것들의 형태적인 특
성들에 따라 지각되고 인식된다. 물체는 둥글거나 무겁고, 소리는
크거나 깊으며, 촉감은 뜨겁거나 거칠고 등등. 그러므로 이러한 형
태적인 특성들은 모델 안에서 F 아래 묶일 수 있다. 더불어 어떤 사
물이 원인을 가지고 A, 어떤 질료로 만들어지는가 M 혹은 어떤 기
능을 갖는가 P에 대한 것들은 더 이상의 추리, 즉 단순한 파악행위
로부터 판단행위를 필요로 한다.

그런데 보통 F 특질들이 특권적 지위를 갖는 것은 일반적으로 사
물의 형식적 특성들을 지각하고 인지하는 것이 곧 그것의 '보편적
인' 본질을 파악하는 것이며 종을 어떤 속과 관련된 개체로 인식하
게 해 주기 때문이다. 그러나 에코가 보기에 명백히 이러한 가정은
대상을 제대로 알고 분류하기 위해서는 보다 복잡한 추론적 노고— F
외의 A, M, P — 가 요구되는 복잡한 과정을 간과하고 있다. 모델 Q
에서는 바로 이러한 철학적 가정을 버리고 어느 하나의 특질들이 우
세함이 아닌 모든 특질들이 백과사전적으로 고려된다.[251)

그런데 에코의 백과사전적 체제에 따라 이렇게 제한 없이 무한한

---

251) U. Eco, *PL*, 117쪽. 이에 따르면 전통적인 수사학에서 설명하지 못했던 속/종의 대
체와 부분/전체의 대체는 제유이고, 반면 다른 종류의 대체들, 즉 대상/목적, 표현
container/내용, 원인/결과, 질료/대상 등은 환유임이 드러난다. 다시 말해서 제유와
환유의 차이는 사물과 그것의 부분들이나 혹은 여타의 인접한 사물들 사이의 관
계와 관련이 있는 것이 아니다. 같은 책, 116쪽.

기호현상의 과정이 일단 출발하게 되면 대체 어디에서 하나의 은유에 대한 해석은 멈출 것인가? 즉 에코가 제안한 재현형태에 따르면 컵의 양상 P(목적 혹은 기능) 아래 어떠한 해석체들이 포함되며, 어떠한 해석체들이 F, A, M 아래 포함되는가? 이때 포함을 시키는 것은 바로 공동텍스트에 의해서이다. 백과사전의 우주란 기호로의 무한한 해석이 가능하므로 너무나도 광대해서 어떠한 특정한 공동텍스트 아래서 백과사전의 주어진 한 부분만이 은유를 설명하기 위해 채택된다. 그렇다면 이 공동텍스트는 어떻게 형성되는가? 5절에서 보았듯이 우선 그것은 하나의 토픽을 정함으로써 형성되며, 그 다음으로 우리로 하여금 이야기되고 있는 대상뿐만 아니라 어떤 목적을 가지고 어떤 윤곽을 따라 어떤 전망을 가지고 이야기되는가를 정하게 해 주는 다양한 프레임들을 고려함으로써 형성된다.[252]

그런데 이렇게 공동텍스트를 찾아 어떤 주제나 목적, 전망에 따라 하나의 은유를 생산하고 해석하고자 함에는 눈에 보이지 않는 추리가 요구된다. 즉 눈에 보이는 형태적 지각 외의 전체적 특질들 A, M, P를 이끌어 내기 위해서는 육안으로 파악하는 행위 외에 판단이라는 추리적 행위가 필요하다. 에코는 은유를 다루면서 은유가 단순한 감각적 파악이 아닌 길고 힘든 노정임을 언급하면서 백과사전과 문화적 그물조직, 그리고 그것들 안에서의 추리과정을 구체적으로 제시하고 있다. 에코가 보여 주는 예를 살펴보자.

> '벤치'에 대해서 '앉음을 위한 그 나무'
> '하늘'에 대해서 '새들의 그 집'이라는 은유가 있다.

---

252) U. Eco. *PL*, 118쪽.

우선 전자에 대해 Q모델에 따라 구성적 의미들의 스펙트럼을 만들어 보자.

```
나무 ⊃ F        A       M        P
       줄기    자연   자연의 나무  과일들
       가지
       ……
       수직적
```

그림 A

백과사전적 구성의미론은 이러한 표현들이 무한함을 보여 준다. 그렇다면 어느 것들이 문맥적으로 필요한 의소들인가? 우선 '앉음을 위한 그 나무'란 문맥은 '앉음을 위한'이란 지시를 하고 있다. 그렇다면 정관사 그(the tree for sitting)는 왜 사용되었을까? 나무의 특질들 중 어느 것을 가진, 즉 다른 나무들이 가지지 않은 특질들을 가진 어떤 것이 있어야 한다.

에코에 의하면 이때 바로 이 어떤 것을 발견하기 위해서 상정논법이 필요하다. 즉 일련의 가설들 중 수평적인 어떤 것을 찾기 위해 나무줄기에서 '수직성'의 요소를 뽑아낸다. '앉다'라는 표현을 살펴보면 주체가 앉아 있는 대상들 중에서 '수평적'이라는 의소를 갖고 있는 것들을 찾는다.

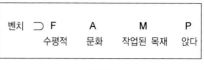

그림 B

언뜻 볼 때 그림 A, B에서 두 의미소들은 공통의 특질이 없다. 그러므로 두 번째 작업을 수행한다. 즉 포르피리우스 수형도를 그려 서로 다른 특질들 중 동일한 가지를 이루는 부분을 찾는다.

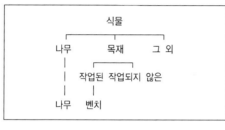

그림 C

여기 나무와 벤치는 식물이라는 수형도 높은 매듭에서는 통일되고 낮은 매듭들에서는 대립된다. 프로이트의 응축을 엿볼 수 있다. 보다 복잡한 두 번째 예 '새들의 그 집'을 보자

집 ⊃ F　　　A　　　M　　　P
　　사각형　　문화　　땅　　땅 위의 피난처
　　닫힌　　　　　　(비유기적)
　　덮인

새들 ⊃ F   A   M   P
  날개 있는   자연   땅   하늘을 낢
  기타   (유기적)

물론 이 의소들은 일련의 가설들일 뿐이며 따라서 다른 것들로 대체될 수 있다. 우선 집의 경우 질료는 흙이 머릿속에 떠올려지되, 집이 땅에 얽매여 있다면 새들은 공기에 매인 본성을 지니고 있다는 차이를 보여 주고 있다. 한편 이 은유는 에코가 보기에 첫째 것보다 더 어렵고 따라서 보다 대담한 추리를 요구한다. 즉 (닫힌) 집과 (열린) 하늘 간의 대립으로부터 '그럴듯한 추측'을 할 수 있으므로 집과의 유사성과 차이를 염두에 두면서 이번엔 '하늘'을 제시할 수 있다.

하늘 ⊃ F   A   M   P
  형태 없는   자연   공기   피난처 아님
  열린

이러한 방식으로 다양한 시도와 실수, 즉 추리를 통해 해석에로 나아간다. 우선 '집'에서 피난처란 의소가 존재하기에 하늘의 목적을 P 중 '피난처'에 관한 것이 채택되었다. 여기서 채택된 의소들에 관해 다시 추리를 해야 한다. 이 채택된 의소들은 새로운 의미론적, 구성적 재현을 위해 출발점이 된다. 즉 인간들이 장악하는 영역은 닫힌, 둘러싸인 영역에서 살며, 새들은 열린 영역에서 산다. 그러므로 닫힌 거주지 對 열린 거주지라는 사는 영역으로서의 틀이 부과된다. 더 나아가 외부로부터 위협받게 되면 새는 하늘에 가 숨으며, 인간은 집에서 숨으므로 닫힌 피신처 對 열린 피신처에서 어떤 존재들에게는 위협의 장소(바람, 비, 폭풍을 만들어 내는)가 다른 존재들에게는 은신처가 된다. 이런 식으로 기호현상의 과정은 무한히 계속된다. 그러므로 이것은 아주 시적이며 어려운, 열린 은유이다. 열린 은유란 에코에 따르면 부득이해서 멈추지 않으면 안 되는 해석(벤치의 경우처럼)이 아닐 뿐만 아니라 오히려 다양하고 상호 보충적이며 모순적인 검색이 가능하다.[253] 그런데 그 모든 다차원적인 복잡성을 다 탐색하게 되면 얼마나 많은 시간을 빼앗기겠는가? 그러나 에코가 볼 때 미로로서의 백과사전적 그물망을 통해 그 지름길을 찾을 수 있다.

이상에서 보듯이 백과사전 체제에서 의소들은 유사성과 차이 혹은 대립을 지니고 있으며, 이 유사성과 차이들은 그 은유의 공동텍스트적 성공 여부에 따라 발견될 수 있다. 따라서 백과사전은 상상력이 계속 질주하는 것을 허용하며,[254] 기호작용의 연속적인 망은 서로 유사한 것들과 양립할 수 없는, 모순되는 것들로 가득 차 활기를 띠게 된다.

이상 은유에 대한 공동텍스트적 해석을 위한 규칙을 에코는 다음과 같이 정리하고 있다.

---

253) 이에 반해 빈약한 poor은유는 이미 알려진 것을 말하는 은유, 예를 들어 '그녀는 장미였다(she was a rose)'와 같은 은유이다. 그녀는 인간으로서의 여성 이외 다른 것이 될 수 없으므로 '여자'와 '장미'의 비교는 이미 친숙해진 틀로써, 예를 들어 여자의 뺨과 꽃의 붉은색, 신선한 인간육체의 건강과 꽃의 건강 등이 해석체가 될 수 있다. 단지 대립이 있다면 식물/동물의 축이 있을 뿐이다. 그러므로 이 은유는 닫혀 있다고 할 수 있으며, 따라서 그 닫힘은 화용론적(pragmatics)이다. 그리고 이러한 은유는 특정한 사회, 문화적 상황 내에서만 존재한다. U. Eco, *PL*, 121 – 122쪽.

254) D. Davison, 앞의 책, 415쪽 데이비슨 역시 해석의 행위는 상상력의 활동이라고 본다.

1) 우선 은유하는 의미소들에 대한 잠정적이고 부분적인 구성적 스펙트럼을 만들어 본다. 이때 가능한 공동텍스트가 인정한 것이라고 볼 수 있는 의소 혹은 특질들을 선택하되, 이때 첫 번째 상정논법을 행한다(그림 A).

2) 첫 번째 의미소들의 특질들을 공유하면서 다른 특질들을 드러내 보이는 다른 의미소를 백과사전에서 상정논법적으로 찾아본다(그림 C). 이때 경쟁적인 것들이 있을 때는 공동텍스트에 실마리를 두고 더 이상의 추리를 행한다.

3) 포르피리우스 수형도를 세우는데, 우선 한 가지 이상 서로 다른 특질들을 골라내서 그 대립쌍이 위에서는 서로 결합될 수 있어야 한다.

4) 은유하는 의미소(vehicle, 매개)와 은유 받는 의미소(tenor)는 서로 다른 특질들이 수형도의 가능한 높은 매듭에서 만난다. 이때 흥미 있는 관계가 드러난다.

5) 문제의 비유가 더 많은 인식적인 능력을 갖도록 상정논법적으로 추리된 은유들의 근거 위에서 새로운 관계들이 보완될 수 있는지 검사해 본다.

이에 근거해서 또 다른 예 '그리고 그녀는 장미였다. 장미들이 살고 있는 곳, 즉 아침의 공간을 활기 있게 해 주었다'를 보자. 비동물적 실체들의 기간에 대해 삶으로 은유하는 것은 이미 전통처럼 되었다. 그러므로 기간, 어린 소녀, 장미, 아침 사이의 관계를 보자. 장미는 우선 새벽에 피어 석양에 지는 덧없음의 의소를 지닌다. 장미와 소녀 간의 유사성은 이미 검토되었고, 아침은 하루 중 가장 아름답고 활동적인 시간이다. 그러면 자연히 장미처럼 예쁜 소녀가 덧없는 삶을 살았고 비록 짧지만 그중 최고 부분을 살았다가 된다. 그러나 몇 가지 모호함이 남는다. 장미는 피었다가 지지만 이튿날 다시 피어난다. 그러나 소녀는 다시 태어나지 못한다. 장미의 삶과 소녀의 죽음, 그 외 재탄생이 인간에게 있는가? 이에 대해 또 이견이 가능하다. 결국 이 은유는 상호 텍스트적으로 친숙해진 상위약호들이 있기는 하지만 이렇게 열려 있다.

2. 대중문화와 예술

2.1. 매스미디어문화

오늘날 문화를 지배하는 것은 순수예술이라기보다는 매스미디어문화[255]이다. 산업의 발전, 자본주의 경제체제의 발달 및 소비사회의 돌연한 출현은 전통적인 예술가들이 실질적으로 영향을 끼쳐 왔던 사회적 맥락을 심각하게 바꾸어 놓았다. 비록 전통적인 예술형식들이 사장된 것은 아니지만 그 지위와 힘 그리고 권위가 쇠퇴함에 따라 그 사회적 기능도 변화되었다.

다른 한편 매스미디어문화는 이미지와 음향, 그리고 스펙터클을 통해 일상생활을 구조화하고 여가시간을 지배하며, 정치적 관점과

---

255) 라디오나 텔레비전과 같이 일상적이고 친근한 형식으로 우리 생활에 밀접하게 침윤해 있는 mass media 문화의 속성을 묘사하기 위해 어떤 용어가 적합할지에 대해서는 논란이 많다. 대표적으로 mass에 대한 범위를 어떻게 설정 지을지와 함께 엘리트주의적인 입장을 통해 경멸이 내포될 수도 있는데, 에코의 경우는 이와는 전혀 다른 입장을 취하므로 이를 살려 매스미디어문화라고 쓰되, 다른 입장에 서 있는 약자의 경우는 그대로 대중문화라는 개념을 함께 쓰기도 하겠다. U. Eco, "Apocalyptic and Integrated intellectuals: Mass Communications and Theories of Mass Culture" in *Apocalypse Postpone*, Indiana Univ. Press, 1994, 23쪽 참조.

사회적 행동을 구성하고 사람들이 그것으로부터 자신들의 정체성을 형성할 수 있는 재료를 제공한다. 매스미디어문화는 라디오와 음향 재생산 체제(CD, 카세트 레코더, MP3 등), 영화와 그것의 배급양식 체제(극장, 비디오, TV방영), 신문에서 만화, 잡지에 이르는 인쇄매체 체제 그리고 미디어문화의 중심에 있는 TV 등으로 구성되며, 주로 이미지의 문화이며 영상과 음향을 즐겨 이용한다. 이러한 미디어문화는 산업문화의 산물로서 대량생산을 모델로 하여 조직되어 있고 대규모의 수용자를 대상으로 해서 유형별로 제작되며, 관습적인 공식과 코드 그리고 규칙에 따른다.[256]

그런데 과연 전통적인 예술과 매스미디어문화는 서로 완전히 이질적이고 질적으로 다른 수준을 보이는 것인가? 혹은 그 양자는 우리들이 살고 있는 세계와 우주의 실재를 담아내는 데 있어 한쪽은 리얼리즘적이고 다른 한쪽은 현실의 피상만을 보여 줄 뿐인가? 각자가 상대적으로 확보하고 있는 자율적 영역의 차이점과 공통점은 무엇인가?

매스미디어문화 혹은 대중문화에 대한 논의들은 시대마다 다른 관점에서 논의되어 왔는데 주로 초기의 논의들은 대중사회의 특성과 관련지어 그 사회적 영향력에 주목하여 이에 대한 부정적인 입장과 긍정적인 입장을 통해 대중문화에 대한 가치판단에 초점이 맞추어졌다. 이후 대중문화에 대한 연구는 그 생산과 분배, 수용의 전 과정에 대해 심도 깊게 연구가 이루어지는데 1980년대 초반까지 주로 구조주의나 문화연구에서 확립된 지배이데올로기의 생산과 주체 구

---

256) D. 켈너, 『미디어문화』, 김수정, 정종희 옮김, 새물결, 12쪽.

성에 의한 지배이데올로기의 이념작용 혹은 문화텍스트의 선호된 해독과 같은 이론들이 그 중심을 이루었다. 그리고 1980년대 중반부터서야 수용자에 관한 논의가 문화연구의 중심에 들어서면서 문화연구의 패러다임을 바꾸게 된다.

움베르토 에코의 매스미디어문화에 관한 논의는 주로 텍스트분석이다. 그의 기호학 연구가 수용자에 관한 것을 감안하면 사실 의외일 수도 있으나 그의 대중매체에 관한 글들이 주로 1960년대부터 쏟아져 나왔음을 감안하면 그의 글들이 갖는 시대적인 위치를 생각해 보게 한다.

대중문화에 대한 연구를 출발시킨 영국의 초기 연구자들이 주로 문학비평의 가치와 기준을 가지고 미디어 상품과 대중문화 양태들을 다룬 것이 1960년대 초반의 상황이었다. 이들 문화와 문명전통의 연구자들은 급속한 대중문화, 즉 대중소설, 여성잡지, 영화, 대중신문, 대중가요, 그리고 텔레비전 등의 상품화를 몰고 온 20세기 기술에 대해 도덕적이고 미학적인 내용으로 대중문화에 대한 연구를 집중했다. 이들의 연구는 주로 문학비평의 방법론과 이에 기초한 이데올로기적, 미학적 가정들에 대한 믿음을 고수함으로써 대중문화에 대한 부정적인 평가가 주를 이루었다.

다시 말해 이들의 연구는 대중문화가 도덕적 심각성이나 미학적 가치를 결여하고 있는 개탄스러운 것이라는 당당한 엘리트 입장의 반영이었다. 이들이 대중문화에 대해 특별한 관심을 가진 것은 다양한 대중문화의 형태들, 산업사회에서 일상생활을 이루는 많은 종류의 문화형태들을 비판하기 위한 것이 일반적이었기 때문에 이는 당연한 귀결이었다. 즉 이들에 의하면 대중문화는 도덕적이며 미학적 가치를 침해하는 대상으로 인식되었다. 그리하여 이는 '문화'가 없는 사람들의 '문화에 대한' 문화적인 사람들의 담론인 셈이었다.[257] 이들의 논의는 기껏해야 대중문화의 몇몇, 즉 재즈, 블루스나 영화 등만이 미학적 요소나 전통을 포함하고 있다고 주장할 뿐으로 아직도 사회적인 즐거움이나 의미보다는 미학적 측면에 관심을 둔 대중문화에 대한 고급문화의 시각이었다.

이러한 상황에서 1960년대 후반과 1970년대 초 바르뜨(R. Barthes)와 에코(U. Eco)의 기호학 도입을 통해 이러한 입장에 대한 본격적인 수정과 변화가 일어난다. 물론 1970년대 영국의 문화연구 내에서도 대중문화에 대한 분석에 문학적 분석을 적용하는 것에 대한 오류가 지적되기도 했다. 예를 들어 신문의 내용과 형식을 그들의 사회적 역할과 관련시킨다든지 하는 시도가 이루어지기도 하고, 대중예술과 고급예술 간의 동질성을 발견하고자 함으로써 대중예술을 정당화시키고자 하였다.

이는 마치 르네상스의 예술가들이 학예(liberal arts)에 포함되지 못했던 회화를 학예의 하나인 시와 동등함을 주장하려 하거나 회화가 명암법이나 해부학 혹은 원근법과 같은 자연의 법칙을 포함함으로써 그 학적 지위를 정당화시켜 회화와 화가들의 지위를 끌어올려 마침내 미술(fine arts)이란 호칭을 얻게 되는 노력과 견줄 수 있다.

이 글에서 다루려고 하는 에코의 매스미디어문화에 관한 논의도 이와 같은 맥락에 위치한다. 사실상 미학적 가치만을 기준으로 삼는 것은 기존의 주류 전통문화를 누려 온 고급문화 입장에서의 평가기

---

257) Graeme Turner, 『문화연구입문』, 김연종 옮김, 한나래, 58쪽.

준이나 관점을 벗어날 수가 없게 된다. 따라서 그의 논의는 고급문화가 비판하는 대중문화에서의 어떠한 구조나 면모가 실은 기존의 전통예술과 동일한 면모임을 보여 줌으로써 대중문화에 대한 일방적인 비판과 매도 혹은 지나친 낙관주의 양자로부터 대중문화의 독자적인 가치를 도출해 내고자 하는 시도라고 할 수 있다.

보드리야르(J. Baudrillard)는 대중매체시대에 사물의 내면적 실재성이 증발해 버린다는 의미로 "실재가 이미지들과 기호들의 안개 속으로 사라진다"고 본다.258) 사물의 내면적 실재성이란 무엇이며, 이미지와 기호들은 무엇인가? 원래 있던 사물의 실재가 그 표피에 못이겨 실재를 잃은 것인가? 아니면 이미지와 기호라는 표피와 상관없이 사물의 내면적 실재라는 것이 존재한다는 말인가? 실은 그러한 표피 이전에 사물 자체의 실재성이니 내면성이라는 것이 존재하지 않는 것은 아닐까? 과연 이미지와 기호로 이루어진 매스미디어문화는 그 자율적 영역을 가지고 있지 않은 표피에 불과한 것인가?

이에 대한 절대답안을 찾아가는 길은 두 가지가 있을 것이다. 첫번째 원정은 매스미디어문화가 가지고 있는 자율영역을 그 자체로 논구해 보는 일이며, 다른 하나의 원정은 포스트모던 시대 이전의 고·중세나 르네상스기 문화가 가지고 있는 특징을 매스미디어문화와 비교함으로써 사물의 실재와 각 시대 문화의 관계를 살펴보면 오늘날의 매스미디어가 어떻게 이전의 예술과 차이가 있고 또 어떤 공통점이 있는지 드러나게 해 줄 것이다.

이 글은 후자의 길을 택하되, 에코의 논의를 주로 반복 혹은 복제

---

258) 김상환, 매체와 공간의 형이상학, *매체의 철학*, 나남출판, 29쪽.

의 문제를 중심으로 전개해 볼 것이다. 물론 에코가 이러한 반복의 문제를 통해 기실은 이전의 전통예술과 미디어문화 간의 차이가 없음을 지적하는 데 있어서는 그의 인식론적·존재론적 근거와 전제가 있다.

2.2. 대중문화의 반복과 되풀이

1) 일반적인 기소사항들

오늘날의 매스미디어문화를 비판 혹은 비난하는 입장들은 다양하다. 위에서처럼 그것이 존재론적으로 표피에 불과할 뿐이라는 입장이 있고, 잘 알려져 있다시피 아도르노(T. Adorno)의 경우처럼 그것이 현실과의 거리를 취함으로써 오는 부정성의 원리를 지니지 못한 채 현실과 공모함으로써 지배이데올로기를 강요한다는 입장이 있다.

에코는 매스미디어뿐만 아니라 기호의 세계 자체가 지배이데올로기를 강요하고 있음을 부정하지 않는다. 그러나 그람시(A. Gramsci)의 문화이론이나 헤게모니이론을 수용하고 있는 에코가 볼 때 매스미디어문화는 전적으로 지배이데올로기의 강요만이 있는 일방 통로의 의사소통 형식이 아니다.

대체로 현대의 대중문화를 비판하는 입장은 위의 근거 외에도 다음과 같은 기소사유를 제출한다.

1) 매스미디어는 잡다한 대중을 겨냥하며 특히 대중의 평균적인 취향에 영합함으로써 근원적인 해결을 방해한다. 그리고 동질적인 문화를 전 세계적으로 확산시키는 가운데 대중문화는 모든 인종집단의 문화적 특성을 파괴한다.

2) 매스미디어는 개성 있는 사회집단이라는 정체성을 가지고 있지 못한 대중에게 호소한다. 따라서 대중문화가 제시하는 대로 받아들일 뿐 어떠한 요구나 저항도 하지 못한다.

3) 매스미디어는 직접적인 반응을 자극, 감정을 자극하는데, 개념을 이미지로 바꾸어 보여 주는 방식이 이를 전형적으로 보여 준다.

4) 매스미디어는 아주 단순하고 누구에게나 친숙한 상징과 신화를 확산시켜, 즉각 자신의 경험에서 재인식할 수 있는 유형을 만들어 냄으로써 경험을 구체적으로 표현해 주는 표상의 개별성이나 구체성을 증발시켜 버린다.259)

이러한 기소사항 외에도 더 많은 고발목록이 제시될 수 있겠지만 가장 비판받는 항목이 매스미디어는, 형태는 새롭고 전과 다른 척하지만 실제로는 항상 동일한 내용만을 표현하고 있다는 것이다. 예를 들어 상업영화, 만화, 댄스뮤직, 그리고 특히 TV의 연속극이 언제나 똑같은 이야기를 반복하고 있다는 것이다. 그런데도 우매한 대중은 이것들을 뭔가 새로운 내용을 읽고 보고 듣는다고 생각한다는 것이다.

더구나 매스미디어문화는 (매스미디어의 이미지를 사용하는 팝아트도) 현실적인 것을 지니고 있지 못하며, 사물 및 그 이미지를 어떤 이미지 및 그것의 반복된 이미지만을 보여 줌으로써 알파벳의 사용과 분할, 분열, 추상, 반복의 도식만이 우리에게 강요되고 있다고 비판받고 있다. 이를 통해 예술은 그저 반복되는 시리즈를 통해 스타일과 제스처, 주제만 차이 날 뿐 여러 가지 변이를 통해 되풀이되고 되풀이될 뿐이라는 것이다.260)

---

259) U. Eco, *Apocalittici e Integrati*, 스누피에게도 철학은 있다, 조형준 옮김, 새물결, 60 – 63쪽.

2) 반복과 시리즈문제: 반복의 유형들

동일한 <제임스 본드>를 분석할 때도 그레이마스(A. J. Greimas)가 주로 미시적인 방법을 취하는 반면(예를 들어, <제임스 본드: 복합적 내러티브>), 에코의 경우는 아이언 플레밍(Ian Fleming)의 11권 소설, 그러니까 제임스 본드 시리즈 전체 혹은 헤라클레스부터 피터 팬, 셜록 홈즈 등에 이르기까지의 슈퍼맨들 시리즈를 검토하면서 보다 거시적인 방법으로 분석하는 것이 특징이다.261) 이와 마찬가지로 에코는 반복의 문제와 관련해서 현대의 영화나 텔레비전 혹은 대중소설에서 반복의 양식들을 추출해서 과거 전통예술의 그것과 비교분석하고 있다.

매스미디어문화가 가장 크게 공격받는 면은 바로 반복될 수 있고 또 수신자들이 원하는 내용만을 전달해 주기 위해 언제나 똑같은 모델을 기준으로 구성되기 일쑤라는 점이다. 즉 이들 작품들이 형태는 항상 새롭고 전과 다른 척하지만 실제로는 항상 동일한 내용만을 표현하고 있다는 것이다. 예를 들어 매스미디어의 상업분야, 만화, 댄스뮤직, 그리고 텔레비전의 연속극이 결국 언제나 똑같은 이야기를 반복하는데도 사람들은 항상 뭔가 새로운 내용을 읽고 보고, 듣는다고 생각한다. 따라서 모던 미학의 입장에서는 이러한 작품을 시리즈 작품, 정해진 모델에 따라 대규모로 생산되는 자동차와 같은 공업제품으로 치부하며 이 작품들은 예술적 가치를 지니지 않는다.

에코는 현대의 매스미디어가 주말연속극이나, 연속 코미디 등의

---

260) Timothy W. Luke, "Aesthetic Production and Cultural Politics: Baudrillard and Contemporary Art" in *Baudrillard: A Critical Reader*, Basil Blackwell Ltd, 1994, 216쪽.

261) P. Perron & P. Debbèche, *"On Truth and Lying: U. Eco and A. J. Greimas"* in *Reading Eco: An anthology*, Indiana Univ. Press, 1997, 186쪽.

텔레비전 장르들을 통해 이러한 시리즈물을 홍수처럼 쏟아 내고 있기 때문에 이들 시리즈와 관련된 문제를 근본적으로 재구성해서 분석해 보고자 한다. 이때 에코의 분석적 관점은 과연 매스미디어의 이러한 시리즈적 성격은 과거의 수많은 예술형태의 시리즈적 성격과 얼마나 다른가이다. 즉 그는 이전의 예술형태에서는 이러한 성격이 없었는지, 그래서 이러한 시리즈적 성격 자체가 예술이라는 기준에 부적합한 것인지를 검토해 보고자 한다.

이를 위해 에코는 뭔가 독창적인 새로운 내용과 기법을 제시하는 듯하지만 실상은 익히 잘 알고 있는 내용을 반복하는 작품들을 다음과 같이 유형화시킨다.[262]

① 재탕(retake), 베끼기(remake)

재탕은 반복의 최초 유형으로서 이미 대성공한 이야기의 몇몇 특징을 새롭게 각색하거나 후속편을 만들어 내는 것을 말한다. 최근의 <스타워즈> 시리즈, <007> 시리즈, <슈퍼맨> 시리즈가 여기에 속한다. 물론 첫 번째 이야기를 약간만 변형시켜 두 번째 에피소드를 만들 것인지 아니면 기본 성격은 비슷하게 만들면서 전혀 다른 이야기를 만들 것인지 등 재탕의 여부와 방식은 전적으로 상업적인 결정에 따른다. 이를 결정하는 특정 법칙이 있는 것은 아니고 또 언제나 똑같은 이야기를 반복할 필요도 없다.

베끼기는 이전에 성공한 이야기를 형태만 살짝 바꾸어 다시 내놓는 경우로, 싸구려 서부영화들, 다양한 버전으로 나오면서 리메이크

---

262) U. Eco, "Innovation and Repetition: Between Modern and Post-Modern Aesthetics" in *Reading Eco*, Indiana Univ. Press, 1997, 19-24쪽.

한(개작) <지킬박사와 하이드>, <보물섬>, 그리고 <친구>, <조폭 마누라> 등의 조폭 시리즈 등이 여기에 속한다. 이전과 다른 식으로 해석하려는 의도에서 만들어지는 짜깁기, 가령 <썸머스 빌>, <링>도 여기에 속한다.

② 시리즈

시리즈물에는 몇 가지 유형이 있는데, 우선 <형사콜롬보>와 같이 탐정물과 연속코미디, 주부대상의 주말연속극 등과 같이 반복되는 구조나 매스커뮤니케이션의 반복적인 유형의 시리즈물 도식, 즉 이미 정해진 상황과 마찬가지로 미리 정해진 주인공을 중심으로 구성되어 이들의 주변을 부착적인 인물과 우연히 등장하는 인물들이 둘러싸는 도식이 있다. 이런 인물들은 매회 바뀌기 때문에 이야기의 주제는 사실 전혀 바뀌지 않는데도 새로운 이야기가 전개되고 있는 듯이 보인다. 따라서 소비자들은 이야기의 새로움을 즐기고 있는 것 같지만 실제로는 언제나 변함없는 이야기 구조가 반복되는 것을 즐기게 되며 아주 특징적인 외모나 말투 그리고 문제해결방식 등, 익히 알고 있는 인물이 똑같은 동작을 반복하는 것을 확인하면서 다시 즐거워하는 것이다.

에코가 볼 때 이러한 의미에서 똑같은 이야기를 외양만 살짝 바꾸어서 계속 반복해서 보는 것은 동일한 것의 반복에서 위안을 얻고자 하는 어린이의 욕망(항상 두 번씩 보여 주는 <텔레토비>처럼)을 충족시켜 주고 있는 셈이다. 또한 이런 시리즈물이 소비자들에게 위안을 주는 또 다른 이유는 예언자적 자질을 충족시켜 주는 것, 즉 작가가 이야기의 결말을 뻔히 예상할 수 있도록 꾸며 놓았다고 생각하기보다는 소비자가 자기 자신의 영특함으로 인해 작가가 속이려 했던 것을 알아맞혔다고 생각하게 함으로써 예견한 일이 벌어지는 것에 대해 흡족해한다는 것이다.[263]

두 번째 시리즈물은 <슈퍼맨> 만화의 경우처럼 주인공의 모험이 연대기적 순서에 따라 전개되지 않고, 장삿속에서 새로운 이야기를 늘어놓기 위해 매회 끊임없이 그의 삶의 다양한 단계를 종횡으로 왔다 갔다 하는 회상의 구조이다.

세 번째 시리즈물은 <찰리 브라운>과 같이 외견상으로는 똑같은 이야기가 반복되며, 따라서 아무 일도 벌어지지 않는데도 불구하고 매회 찰리 브라운의 성격은 이전보다 풍부하고 심오하게 나타나는 연속적 변주곡이다.

마지막 변종은 서사구조보다는 배우의 성격에 의존하는 시리즈 형태로서 존 웨인(John Wayne)은 똑같은 표정연기와 정형화된 행동 방식으로 모든 영화에서 거의 그대로 반복되는 영화주인공의 몇 가지 특징을 갖고 있어 그가 등장하는 영화는 언제나 똑같아 보이게 된다.

③ 사가(saga)

사가는 새로운 듯이 보이는 사건을 연속적으로 보여 주되 한 인물 혹은 가족의 역사적 성장과정을 이야기하는 것으로 주로 주인공이 태어나 죽을 때까지, 그 아들 그 다음에는 손자까지 계속 이어지며 잠재적으로 가계(家系)도를 따라 무한대로 이어지며, 중심에는 조상

---

263) U. Eco, "Innovation and Repetition" 20쪽.

이 있다. 이 조상을 중심으로 이야기는 다양하게 갈라지며 직계 후손뿐 아니라 방계 혹은 먼 친척에 관한 이야기까지 곁들이게 된다. 사가는 위장된 시리즈물로서 시리즈물의 인물과 달리 서로 늘고 대체하는 가운데 주인공은 변화하며 역사적으로 다양한 형태를 취하고 외견상으로는 시간의 흐름을 보여 주지만 실은 언제나 동일한 이야기 — 부와 권력을 위한 투쟁, 삶과 죽음, 패배와 승리, 간통과 사랑, 증오와 질투, 사기와 환상 켈트 숲 속의 기사들 — 를 하며, 따라서 자세히 분석해 보면 비역사적이고 무목적적이다. 최근의 <반지의 제왕>이 여기에 속한다.

④ 상호 텍스트성

스티븐 스필버그의 <E.T.>에 나오는 한 장면, 즉 외계인이 할로윈 축제 때 거리를 나돌아 다니다가 조지 루카스의 <제국의 역습>에서 노움(Gnom)으로 분장하고 나오는 다른 인물과 만나는 장면은 미디어의 상호 텍스트성과 인용(대화)의 즐거움을 보여 주는 재미있는 예이다. E.T.는 벌떡 일어나 오랜 친구라도 만난 양 노움을 포옹하기 위해 달려가는데 이 장면에서 관객들은 많은 사실을 알고 있어야 한다. <E.T.> 텍스는 당연히 <제국의 역습>을 봤어야 하며(상호 텍스트적 지식) 두 영화감독은 이유는 다르지만 실은 같은 부류의 감독임을 알고 있어야 하며, 이 두 괴물은 동일한 사람, 램발디(Rambaldi)가 만들었으며…… 등등 관객들은 신문과 잡지를 통해 텍스트뿐 아니라 세계 혹은 텍스트 밖의 상황에 대한 지식도 갖추고 있음이 전제하고 있는 것이다.

영화 <펄프 픽션>에서 존 트라볼타가 우마 써먼과 한 레스토랑에 들어갔는데 그곳은 웨이터들이 모두 마릴린 먼로와 같은 헐리웃의 아이콘으로 옷을 입고 있고, 더구나 존 트라볼타가 그의 생전 댄스영화인 <토요일밤의 열기 (Saturday Night Fever)>에서 보여 주었던 것과 관련해서 춤솜씨를 뽐내고 있다. 이러한 상호 텍스트성은 향수를 자극하며 소비자들로 하여금 다른 예전의 기억들을 건드리게 하는 수단이다.[264] 이러한 현상은 실험주의 예술의 전형적인 특징이기도 했으며 이와 유사한 기법이 매스미디어에서도 만연하고 있다. <주유소 습격사건>에서 주인공들에게 당하는 주유소 사장인 박영규가 함께 출연했던 이요원(당시에는 주요소에서 일했음)의 <고양이를 부탁해>에서 다시금 이요원과 맞닥뜨리며 주유소 사장으로 분통을 터뜨리는 장면 또한 이전 영화를 보았을 것을 전제로 한다.

2.3. 전통적 '예술'과 대중문화

1) 모던 미학(고급예술)과 매스미디어문화

일반적으로 모던 미학은 낭만주의가 맹위를 떨치던 시기에 발전하고 20세기 초에는 아방가르드 운동을 통해 새롭고 도발적으로 정식화된다. 이 미학은 일회적이고 따라서 반복될 수 없는, 독창적인 작품만을 예술작품으로 간주해 왔다. 여기서 독창성 혹은 혁신이란 예상했던 기대와는 달리 전혀 다른 결과를 가져다주며, 전혀 새로운 세계의 모습을 제시함으로써 경험을 확대해 주는 기법을 말한다.[265]

---

264) M. Sturken and L. Cartwright, *Practices Of Looking*, 2001, 265 - 266쪽.

265) U. Eco, "Innovation and Repetition", 14쪽.

이러한 모더니즘적 미학관 입장에서 그들이 비판적으로 보는 이러한 반복적 시리즈물을 에코는 다시금 검토해 본다. 과연 모던 미학이 예술작품으로 보는 고전예술에서는 이러한 반복의 유형이 존재하지 않는가?

셰익스피어(W. Shakespeare)의 문학작품들의 독창성은 의심할 여지가 없다고 일반적으로 평가되고 있다. 그러나 사실상 셰익스피어가 한 일은 그가 살던 당시 이전부터 내려오며 여러 가지로 개작되어 오던 작품들을 모아 자신의 혹은 당대 유행했던 문체로 다듬어 놓았을 뿐이다. 즉 이미 사람들에게 잘 알려졌던 많은 이야깃거리들을 개작(remake)한 것이 셰익스피어의 공로요 독창성 혹은 창조성인 셈이다.

아리스토텔레스(Aristoteles)의 『시학』을 읽다 보면 그리스 비극의 모델들이 시리즈적 성격을 지니고 있음을 알 수 있다. 그가 인용하고 있는 문장을 보면, 그는 오늘날 우리가 아는 것보다 훨씬 많은 당대의 비극을 알고 있었고, 그의 설명 중 당대의 비극이 모두 한결같은 도식을 따르고 있거나 동일한 도식을 변주하고 있음을 알 수 있다. 당연히 오늘날까지 전해져 온 작품들이 다른 작품들보다 그리스·로마인의 미학적 감수성 기준에 더 부합했을 것이라고 가정할 수 있다. 따라서 당시의 특정한 문화정책에 따라 수많은 작가가 무명으로 묻혔을 것이란 사실을 가정해 볼 수 있다. 마치 오늘날 헐리웃의 블록버스터의 도식에 따르지 못한 작품들이 사장되거나 우리나라의 경우 조폭의 도식에 가려 좋은 작품으로 평가되면서도 <고양이를 부탁해>, <와이키키 브라더스>가 흥행에서 실패한 것[266]과 마찬가지의 경우이다.

만일 오늘날 우리가 당대의 작품 전체를 볼 수 있다면 소포클레스
(Sophocles)나 유리피데스(Euripides)의 독창성이 실은 오늘날 우리의
미학적 감수성이나 삶의 환경에서 보지 못한 예이기에 그 독창성을
말할 수 있지만 당대의 작품들이 다 모아지면 실은 그들의 작품들이
당대의 다른 무수한 작품들과 마찬가지의 도식을 따라 반복적인 시
리즈나 사가를 형성하고 있음을 볼 수 있게 됨으로써 전혀 다르게
평가하게 될 것이다.

다시 말해서 오늘날 우리는 혁신이나 새로움이라고 생각하지만
실은 그리스인들은 단지 특정한 도식에 대한 정확한 변주라고 생각
하고, 개개 작품의 독창성으로 인해 탁월함을 매기기보다는 그러한
도식을 잘 담은 작품을 작품의 탁월함의 기준으로 보았을 가능성이
얼마든지 있을 것이라는 사실이다.

이런 의미에서 발작(Balzac)의 『인간희곡』도 계보도 형태로 된 멋
진 사가(saga)의 예로서, 당대 사회에 관한 새로운 이야기를 들려주
면서도 실은 매스미디어문화의 사가와 마찬가지로 똑같은 이야기
수법을 사용하고 있다.

시리즈물의 경우, 첫 번째 단계의 독자는 작품을 '문자 그대로',
순수하게 의미론적으로 받아들이면서 작가의 서사전략에 안달이 나
기대하며, 텍스트의 구성을 주목하는 것이 목적이다.[267] 그러나 두
번째 단계의 독자는 보다 아카데믹한 독자로서 작품을 미학적 생산
물로 평가, 즉 텍스트가 구사하는 전략을 평가한다. 텍스트의 똑같

---

266) 그런 이유로 몇몇 사람들이 동호회를 마련해서 특정 극장에서 재상영케 하기도
했다.

267) P. Perron, "On Truth and Lying" 187쪽.

은 내용을 즐기는 것이 아니라 똑같은 것이 매번 전혀 다르게 보이도록 하는 변주전략을 즐기며 시리즈의 시리즈적 성격을 즐긴다. 이두 번째 비판적 독자는 <형사콜롬보>에서 일부러 살인자가 누구인지를 미리 밝혀 놓고 시작하는 추리에서 뻔한 수수께끼 내용에 관심을 갖는 것이 아니라 콜롬보의 어떤 수사기법을 쓰고 있는지에 관심을 기울인다.

이는 마치 고전적인 변주곡에서 소박한 소비자들이 언제나 똑같은 음이 되풀이되는 것을 즐길 수 있도록 해 주는 배경음악으로 이해하는 것과 달리 비판적 감상자는 혁신적인 상상력을 동원해서 익히 알려진 주제를 어떻게 변주하고 있는가에 관심을 기울이고, 작곡가 역시 이 비판적 감상자의 동의를 얻고자 하는 것과 같다.

따라서 에코가 보기에 시리즈는 반드시 혁신과 대립되는 것은 아니다. 즉 한쪽에는 독창적이며 반복이 없는, 그리하여 시리즈적이지 않은 미학의 고급예술이 따로 존재하고 다른 한쪽에 시리즈물의 저급예술이 따로 있는 것이 아니다. 설령 모던 미학의 고급예술에서 보아도 그렇다는 것이다. 제임스 조이스의 『율리시즈』는 호머의 『오디세이아』를 형식적으로 차용하며, 내용적으로는 고대의 장대한 모험과 달리 단 하루의 의식세계가 모험의 전부이며, 정숙한 아내가 기다리고 있는 고향으로의 희망찬 항해와 달리 아내의 간통 때문에 괴로워하는 현대의 율리시즈를 그림으로써 현대의 서구문명에 대한 반성을 시도한다. 『율리시즈』는 호머의 『오디세이아』를 읽은 독자를 전제로 한다는 면에서 일종의 상호 텍스트주의라고 할 수 있다.

실은 상호 텍스트적 대화주의는 소위 고급예술에 관한 미학적이고 기호학적 논의의 틀 안에서 발전한 것으로서 매스미디어문화가 상호 텍스트성을 여러 형태로 대중적 생산의 영역으로 가져간 것뿐이다.

이상 고급예술을 검토해 보아도 반복의 유형이 실은 매스미디어문화에 국한된 것이 아니라는 결론이 나온다. 오히려 모든 반복적 유형은 예술창조의 역사 전체에서 찾아볼 수 있다.

표절과 인용, 패러디, 아이러니컬한 재탕, 상호 텍스트적 유희 등의 모든 기법은 예술과 문화의 모든 전통에서 전형적으로 나타난다. 따라서 많은 예술은 시리즈적이었으며 지금도 그렇다. 이전의 작품이나 장르의 규칙과 관련이 없는 절대적으로 새로운 창작품이라는 사고는 낭만주의와 함께 등장한 현대적 개념이다. 실은 고전주의 예술은 대부분 시리즈물이었으며 역사적으로 등장한 여러 아방가르드(뒤샹(M. Duchamp)이 레오나르도 다빈치(L. Davinci)의 <모나리자>에 콧수염을 단 <L.H.O.O.Q>에서처럼)는 다양한 방식으로 절대 새로운 창조라는 낭만주의적인 창작 이념을 위기로 몰아넣었다.[268]

따라서 반복의 유형은 소위 고급예술과 매스미디어 간의 미학적 가치의 차이, 질적인 수준의 차이를 규정할 수 있는 기준이나 평가를 할 수 있는 어떤 실마리도 제공해 줄 수 없다는 것이 에코의 생각이다. 오히려 이처럼 서로 다른 유형의 반복적 기법이 사실은 예술적 기법의 특징적인 상수(常數)라는 점을 받아들이면, 예술에서 시리즈적 기법은 사실상 질을 높여 줄 수도 있고 통속성을 가져다줄 수 있다는 가치척도로 작용할 수가 있다.

---

268) U. Eco, "Innovation and Repetition", 28쪽.

2) 포스트모던 미학과 매스미디어문화

이러한 반복적 유형을 포스트모던 미학 입장에서 보면 문제는 훨씬 가볍다. 1960년대 반(反)예술적 사조가 맹위를 떨쳤던 미국을 중심으로 크게 유행했던 미술사조로서 최소한의 조형수단만으로 작품을 만들려 했던 미니멀 아트(minimal art)의 작품이나 추상예술의 경우 소박한 독자들은 사라지고 비판적 독자만이 남아야 한다. 이들 작품들은 그 안에 있는 내용이 아니라 오직 작품의 형성방법 혹은 변주방법만이 흥미를 끄는 것이기 때문에 언제나 단지 비판적으로만 얽힐 뿐이기 때문이다.

그런데 텔레비전 시리즈물도 무슨 얘기인지는 빤히 알고 있기에 이야기의 내용은 아무래도 좋고(우리나라 여성드라마 신데렐라 시리즈물들처럼) 그저 반복과 미묘한 변주나 즐기려 드는 새로운 대중이 탄생한 것으로 본다면 텔레비전 시리즈물과 위의 미니멀 아트의 감상방법은 다를 바 없진 않을까 하는 것이 다소 과격하기는 하지만 에코의 생각이다. 조직적인 분화와 다중심성, 규칙적인 변칙이 바로 바하(J. S. Bach) 변주곡의 바로크 미학이라면 이는 의미론적 미학이 아니라 미니멀 아트와 동일하게 비의미론적 예술, 즉 아무런 내용이 들어 있지 않은 예술이다(통사론적 예술과 의미론적 예술을 가르는 것에 대해 논란의 여지는 있지만).

매스미디어 시리즈물과 마찬가지로 바로크 예술과 미니멀 아트의 시리즈는 순수하고 단순한 신화만을 제공한다. 어찌 보면 독창성이나 창조성이라는 예술과는 아무런 관련이 없다. 언제나 같은 이야기만을 내놓고 반복한다. 그런데 왜 그래서는 안 되는가? 사실상은 그것이 오히려 예술의 특징 아닌가?

모던 미학이 새로움 혹은 참신함, 독창성을 내세우며 이것들을 예술적 가치로 내세우며, 이미 알려진 패턴을 반복하는 것은 예술이 아니라 산업적 장인이라고 비판하고 따라서 모던 예술작품들은 새로운 법칙과 세계를 보는 새로운 시각, 새로운 패러다임을 제공한다고 주장한다.[269]

그러나 과연 완전히 새로운 것이라는 것이 있는가? 이에 대해 의문을 품는 것이 포스트모던 예술의 기본적인 전제이다. 즉 완전히 새롭다는 것, 이전에 없는 것을 새로이 만들어 낸다는 사고 자체가 실은 오류이며 반복이나 복사된 것도 원본과 동일한 가치를 지닌다.

세상에 우리가 이전에 생각해 본 적도 없거나 보지도 못한 그런 새로운 생각이나 이미지가 있을 수 있는가? 오늘날 이미지들의 세계는 엄청난 리메이크와 복사물, 패러디, 반복과 재생산된 것들로 이루어져 있다. 대중문화뿐 아니라 예술과 건축에 있어서 이미지나 형식의 독창성이라는 사고는 철저하게 전복되어 왔다.[270]

각각의 시대는 신화를 만들어 내는 생산도구, 성스러움에 대한 시대 나름대로의 특유한 감수성을 지니고 있다. 대중들은 신화의 구상적 묘사(내용)에 대해 열광적 향유를 통해 카타르시스를 느끼는 단계를 넘어서게 되면 두 번째 단계로 옮겨 가 신화적 주제의 변주기술을 미학적으로 평가할 수 있는 가증성이 나타나게 되는 것이 일반적이다.

다시 논의를 우리 시대를 바라보는 서기 3000년의 세계로 가서 현재의 시리즈물을 검토해 본다면 어떤 일들이 벌어질까? 그리스시

---

269) U. Eco, "Innovation and Repetition", 14쪽.

270) M. Sturken and L. Cartwright, *Practices Of Looking*, 259 – 260쪽.

대에 그랬던 것처럼 오늘날의 문화생산물 중 대부분이 사라지고 모든 텔레비전 시리즈물 중 <형사콜롬보>만이 살아남아 있다고 가정해 보자. 3000년대 미래 사람들은 <형사콜롬보>를 반복의 시리즈라고 보기보다는 우리가 소포클레스의 작품이 독창성이 있다고 보듯이 자기들의 삶의 형식에서는 볼 수 없는 기록들의 엄청난 독창성과 기발함에 경탄할 수 있지 않을까? 그리하여 모든 내용을 이미 전회(前回)에서 보여 주었기에 반복적으로 끌어가는 이야기에서 그들은 어떤 숭고한 능력, 고급스런 종합예술의 독창성으로 높이 평가할지도 모른다.

2.4. 매스 커뮤니케이션의 체계

에코에게 있어 문화란 예술과 예술가만이 독점할 수 있는 것이 아니라 '일상적인' 것이다. 이는 문화가 어떤 것들로 이루어져 있으며 문화를 어떻게 분석할 것인가를 말해 준다.[271] 그에게 있어 매스미디어문화는 역사적 맥락 속에서 우리가 그 속에서 살고 있는 인류학적 규정이다.[272] 따라서 이러한 상황을 인정하고 현재의 세계와 이 세계 속의 문화가 지니고 있는 가치를 수용하며 이에 대한 분석과 비판이 필요하다.

인간을 기준으로 해서 만들어진 세계 속에서 우리에게 맞는 세계를 만들려면 우리는 기존의 조건에 따를 것이 아니라 이 조건을 출

---

271) R. Lymley, "Introduction" in *Apocalypse Postpone*, Indiana Univ. Press, 1994. 5쪽.

272) U. Eco, "Apocalyptic and Integrated intellectuals: Mass Communications the Theories of Mass Culture" in *Apocalypse Postpone*, Indiana Univ. Press, 1994, 23쪽.

발점으로 이용해서 인간적 세계를 규정해야 한다고 믿는다. 매스커뮤니케이션 세계는 우리가 그것을 의식하든 않든 바로 우리의 세계이다. 따라서 가치에 대해 논하려면 우리는 벌써 신문, 라디오, 텔레비전, 복제된 음악 등의 새로운 비디오, 오디오-비디오 커뮤니케이션 형식에 의해 제공되는 객관적인 커뮤니케이션조건을 통해서 가능하다. 심지어 정보로 가득한 세계의 비인간적 속성에 대해 분개하는 지식인이라도 주요일간지 독자투고란이나 지하철매점에서 파는 자동주조 식자기로 짠 싸구려 종이 책자를 통해 발표하게 되므로 아무도 이러한 조건으로부터 자유로울 수 없다.[273]

이러한 세계 파악과 매스미디어문화에 관한 인식은 포스터의 정보양식에 의한 세 가지 분류와 유사하다. 포스터(M. Poster)는 모든 시대가 상징적 의사소통의 형태를 취하는데, 이러한 형태는 그 내적, 외적 구조와 의미작용의 수단 및 관계를 포함한다고 본다. 그는 가설적으로 정보양식의 단계를, 첫째, 대면적이고 구어적으로 매개된 의사소통, 둘째, 인쇄를 매개로 해서 글로 쓰인 의사소통, 셋째, 전자적으로 매개된 의사소통으로 개괄한다. 그리고 각 단계마다 언어와 사회, 생각과 행동, 자아와 타자 등 관계가 다르게 나타난다고 보는 것이다.[274]

비록 용어와 설명방식의 차이는 있지만 에코의 경우는 셋째의 전자적으로 매개된 매스미디어 세계가 그 의사소통의 특성상 세계를 보는 방식이 이전 단계와 다르며 문화양식도 다를 수밖에 없다는 것이다. 그것이 바로 그가 말하는 매스미디어, 매스커뮤니케이션 세계이다.

---

273) U. Eco, "Innovation and Repetition", 20쪽.
274) 마크 포스터, 『뉴미디어의 철학』, 김성기 옮김, 민음사, 22쪽.

팝 이전의 모든 예술이 심층적인 세계상이란 것에 근거하며, 사물의 본질을 꿰뚫으려 한다고 주장하는 보드리야르의 주장은 사실상 루카치가 인간이 사물의 총체적인 본질을 파악할 수 있다고 보는 입장과 다를 바가 없다. 여기에서 일상이란 성스러운 예술에 비하면 보잘것없는 소비만이 난무한 세계이다. 그에 의하면 문화란 작품 사상 전통의 유산이 지속되고 이론적·비판적 사고가 지속되어 비판적 초월성 및 상징기능이라는 의미를 지니는 것이다.

보드리야르는 세계의 다양성과 차이를 어떤 통일성과 본질 안에서 사유하려는 전통적인 존재론을 벗어나지 않는다. 이에 반해 에코의 세계에 대한 파악은 이와는 전적으로 다르다. 그의 세계에 대한 존재론은 주로 <카오스모스의 미학: 제임스 조이스의 증세>의 조이스의 입을 빌려 드러난다.

『율리시즈』에서 제임스 조이스는 이미 아리스토텔레스의 시학으로부터 시작된 비극적 플롯구성에 따르는 'well made' 시학을 포기하고 'coupe en largeur(옆으로 자르기)'를 시도한다. 플롯이란 것이 역사의 우연성을 제거하고 소설적 관습에 따르며 소위 인과관계가 성립되는 역사[275]에 따르는 방식인데 반해 '옆으로 자르기'는 역사와 다른 일상적 삶을 구현하고자 한다. 역사와 달리 인상적 삶은 특정한 시기 동안 뒤죽박죽된 무질서의 사건들의 연속이나 복합체이다. 따라서 시와 예술은 이 복잡한 사실들 중에서 하나의 논리적인 연관관계를 찾아 어떤 사건들은 선택하고 어떤 사건들은 배제함으로써 사실적인 박진(迫眞)성의 요구에 따라 필연적인 연관관계를 만

---

275) U. Eco, *The Aesthetics of Chaosmos: the Middle Ages of James Joyce*, 1989, 39쪽.

들어야 한다.

이에 따라 플롯의 필연성에 따르는 것이 아니므로 한 주인공이 코를 푸는 대목들이 플롯을 중시하는 세계관과 시학에서는 배제되거나 무시되는 데 반해 조이스는 이러한 행위가 중요하지 않고 바보 같은 행위가 아님을 위해 묘사한다. 즉 조이스는 일상적 삶의 모든 사소한 행위들을 서술재료로 삼는데 이는 바로 비본질적인 것으로 여겨졌던 것이 행동의 중심으로 서게 됨을 의미한다. 아니 더 이상 중요한 일이란 존재하지 않는다. 오히려 사소한 사건, 생각, 제스처, 무의식적 행동이나 심리적 연상까지 무질서하고 불연속적으로 흩트려 있는 것이 일상이자 세계라는 것이다. 조이스는 아리스토텔레스적인 사건들 간의 위계질서의 조직적 플롯화를 폐기함으로써 전통의 가치와 판단의 조건 자체를 제거하고 전통적 존재론과 결별한다는 것이다.

이제 사건들의 취사선택을 폐기하고 사건들의 무분별한 열거와 나열, 사소하다고 여겨져 온 사실들을 끌어올리게 됨으로써 더 이상 어떤 것보다 어떤 것이 더 혹은 덜 중요한 것이란 없으며 모든 것은 다 똑같은 의미와 무게를 갖게 된다.[276] 즉 더 이상 사물의 일차적 본질이나 현상 뒤의 중요한 본질과 내재성, 그리고 그에 따른 위계질서적인 중심과 주변, 인과관계가 없다는 것이다. "우연과 새로운 인과성 관계의 도입은…… 우리가 데카르트적인 합리주의와 결별했음을 보여 주는 또 하나의 증거이다."[277] 우리가 살고 있는 우주는 질서 정연하다고 하는데…… 실은 전혀 그렇지 않다. 우리의 우주는

---

276) U. Eco, 위의 책, 41쪽.
277) U. Eco, *OW*, 89쪽.

위기로 가득 차 있다. 말의 질서는 더 이상 사물의 질서와 조응하지 않는다. 말의 질서는 전통적 체계를 따르기를 고집하는 반면 사물의 질서는 대부분 무질서와 불연속에 의해 특징지어져 있다. 과학의 설명에 의하면 그렇다……. 사회규범은 여전히 우리 시대의 사회적 불안정성을 전혀 반영하고 있지 못한 질서 정연한 체계에 기반을 두고 있다. 다시 말해 언어는 우리가 일상생활에서 부딪히는 세계와는 전혀 무관한 현상세계를 재현해 줄 뿐이다. 실제로 우리 세계는 언어가 제시하는 질서 정연하고 수미일관된 세계와는 전혀 다르며, 오히려 기성체제와 단호하게 결별한 아방가르드 예술가들이 제시하는 무질서하고 파편화된 이미지에 훨씬 가깝다고 할 수 있다.[278)]

이러한 카오스적인 세계에 대한 인상을 에코는 카오스모스(caosmos)라 부르며, 세계를 카오스모스와 microchasm으로 정의하며 극도의 불안정성과 애매한 의미들로 파악한다. 이는 마치 카오스이론과 복잡계 과학을 연상시키는데, 특히 혼돈(카오스)으로부터의 질서라는 프리고진(Ilya Prigogine)의 과학사상과 맥락을 함께한다. 프리고진의 주장에 따르면 모든 수준에서 비평형은 질서의 근원으로서 혼돈으로부터 질서를 가져다주는 기구이다. 평형으로부터 멀리 떨어져 있는 불안정한 비평형 상태에서 미시적인 요동의 효과로 거시적인 안정적 구조가 나타날 수 있는데(소산구조dissipative structure), 이런 과정이 바로 자기조직화과정이며 이러한 소산구조와 자기조직화가 바로 카오스로부터 질서를 가져다주는 메커니즘이라는 것이다. 에코 자신은 자신의 세계관과 미학이 양자역학과 아인슈타인의 상대성이론에 따른 세계

---

278) U. Eco, OW, T 141쪽.

관과 이를 반영한 미학이라고 말하지만 논자가 볼 때 그의 존재론적 세계관과 매스미디어문화에 대한 생각은 기계적인 세계관과 전통적인 세계관을 거부하는 이 새로운 카오스이론과 더 유사해 보인다.

에코가 볼 때 세계의 본질이나 질서 혹은 중심은 있을 수 없다. 현상의 불연속성은 통일적이고 확정적인 세계상의 가능성을 의문시하게 된다. 따라서 예술형태나 문화의 양식도 이러한 불확정적인 세계를 반영하며, 전통예술과 매스미디어문화 사이에서 어느 것이 중심이 되고 주변이 될 수 없다. 물론 매스미디어문화가 지니고 있는 커다란 약점이 있기는 하다. 종종 혹은 자주 획일화되고 지나치게 단순화하고 정적이며 현실 만족적이어서 사물이 지니고 있는 복잡한 현실을 가리고 변화의 가능성을 거부하기도 하는 부족한 대중적 엔터테인먼트나 예술을 사칭하는 키치(Kitsch)가 있기 때문이다.[279] 그러나 그렇다고 해서 반복이나 되풀이 양식이 기존의 예술과 비교되어 비난받을 것은 못 된다. 그리고 예술 중에서도 또 수준이 낮은 예술들이 있기 마련이다.

그러므로 우리는 때로는 제임스 본드 소설이나 영화를 때로는 팝음악을 때로는 클래식 음악을 듣고 싶고 실제로 그런 욕구를 그렇게 충족한다. 사실상 매스미디어문화는 또한 300년 동안 부르주아 사회의 문화였던 고급문화라는 전범을 모델로 해서 이루어진 것이다. 그런데 모던 미학은 이를 간파하지 못하고 하위나 저급문화로 동일시하고 있다.

사실상 예술의 역사에서 고대의 예술개념인 테크네에서 예술과

---

279) D. Robey, "Umberto Eco", 1984, 71쪽.

장인의 구분은 없었으며, 소위 고전미학은 혁신(innovation)에 그렇게 안달하지도 않았으며, 오히려 곧잘 지속적인 유형을 유지하는 작품(그것이 배를 짓는 것이든 그림을 그리는 것이든)을 아름답다고 간주했다.280) 오늘날 대량생산되는 매스미디어문화 생산물과 우리가 맺는 관계뿐 아니라 매스미디어문화 산물과 고급예술 생산물 사이의 관계 또한 변해 왔다. 서로 간의 차이들은 미세해졌거나 사라졌다. 그런데 전통적인 비평가들은 오늘날 이러한 차이를 없애 버리고 있는 것이 사실은 예술 자체의 발전이라는 점을 깨닫지 못하고 있다…….281)

이상 매스미디어문화가 지니고 있는 반복과 되풀이를 통한 에코의 논의가 지니고 있는 의의는 다음과 같이 말할 수 있을 것이다. 문화연구가 발전시킨 가장 중요한 전략은 문화상품과 사회적 실천들, 제도들을 하나의 텍스트로 해독했다는 점이라고 할 수 있을 것이다. 그런데 텍스트분석은 본래 문학비평에서 유래한 것이었는데 기호학자인 바르트와 에코에 힘입어 대중매체의 내용을 해독하는 데 유용한 수준 높은 방법론으로 발전하게 된 것이라는 점이다. 그리하여 1960년대 시작한 이러한 매스미디어 분석을 통해 에코는 매스미디어문화를 텍스트로 분석하면서 고급예술로 치부되는 소위 전통예술과의 공통점을 비교함으로써 대중문화 텍스트에 대한 분석과 연구 방법론을 열고 있으며, 그 뒤엔 그의 새로운 세계에 대한 인식론과 철저하고 편견 없는 지적 태도가 놓여 있다.

---

280) U. Eco, "Innovation and Repetition", 14쪽.

281) U. Eco, *Travels in Hyperreality*, trans. by William Weaver, Harcourt Brace & Company, 1976, 147쪽.

3. 리얼리즘 영화이론에 반대하는 영화 기호학

3.1. 부정적 준거점으로서의 리얼리즘론

이미지를 통해 현실계나 상상된 세계를 재현하려는 욕망은 역사를 통해 극적으로 변화해 왔으며, 이미지를 리얼하게 만드는 것에 대한 개념 역시 역사를 통해 변화해 왔다. 이때 이미지의 미학적 스타일 변화는 예술과 시각적 문화사기록 이상의 것을 의미한다. 즉 이미지의 미학적 스타일의 변화는 세계를 보는 서로 다른 방법, 서로 다른 '세계관'의 변화를 의미한다.[282] 따라서 리얼리즘 문제는 문학에서뿐 아니라 정치적, 철학적인 그리고 실제적인 사안이기도 하다.[283]

영화에서의 리얼리즘문제, 영화와 현실과의 관계에 대한 논의는 일찍이 1920년대부터 시작된다. 세르게이 에이젠슈타인(S. Eisenstein), 루돌프 아른하임(Rudolf Arnheim) 등등의 형식주의자들은 영화의 의미가 분절된 쇼트들의 결합에서 나온다고 보고, 영화이미지의 참의미는 이들 쇼트들의 몽타주(편집)에서 발생한다고 주장한다. 반면, 바쟁(A. Bazin)이나 크라카우어(S. Krakauer) 등등의 리얼리즘주의자들은 현실을 훼손할 위험이 있는 몽타주방식의 사용을 가능한 한 피하고 현실적 다양성과 모호성을 담아야 한다고 보면서 영화가 실제에 아주 가깝다고 주장한다. 이 고전적 리얼리즘이론은 이후 영화이

---

282) Marita Sturken & Lisa Cartwright, *Practices of Looking,* Oxford University Press, 2001, 111 – 112쪽.

283) Bertolt Brecht, *Gesammelte Werke* 20 vols, vol.19, 307쪽, Antony Easthope, *Contemporary Film Theory,* Longman, 1993, 53쪽에서 재인용.

론들이 이에 대한 비판을 통해 발전하는 준거점으로서 작용한다.

고전적 리얼리즘영화이론의 전제는 우리가 지각하는 세계를 복사할 수 있으며, 복사하는 것이라는 믿음이다. 그리하여 고전이론은 다음과 같은 자연주의적 태도를 견지한다. 현실세계는 이데아 세계에 대한 복사일 뿐이며, 텍스트들은 리얼리티를 모방하고자 하므로, 얼마나 그 리얼리티를 잘 모방했는가에 따라 텍스트의 성공 여부를 평가할 수 있다.[284)

따라서 고전적 리얼리즘론은 데카르트적인 인식 주체를 근거로 한다. 인식 주체는 명석판명하게 세계를 보는 전지전능한 주체로서, 인간은 세계를 투명하게 파악할 수 있는 이성의 빛을 지닌 존재이다. 인간은 그 이성의 빛을 사용하기만 하면 질서 잡힌 세계의 리얼리티를 명석판명하게 인식할 수 있다. 이에 따르면, 예술 역시 세계에 대한 총체적 인식인 셈이다.[285)

에코의 기호학적 영화이론은 이러한 자연주의적 태도와 결별을 취한다. 과연 영화는 실재 혹은 현실(reality)과 유사하거나 이를 복제한 것인가? 영화의 이미지뿐 아니라 사진이나 그림 혹은 광고의

---

284) Antony Easthope, *Contemporary Film Theory*, Longman, 1993, 1 - 2쪽.

285) 대표적인 리얼리즘 이론가인 G. 루카치에 따르면, 인식이란 인간의 의식과 독립해서 존재하는 객관적 실재를 인간의식 내에 반영하는 사고과정이다. 따라서 예술 역시 과학적 인식과 마찬가지로 객관현실을 있는 그대로 반영하는 하나의 인식이다. 루카치의 인식론과 리얼리즘이론은 데카르트를 보다 유물론적으로 이끌고 간 레닌의 인식론에 기반을 둔다. 1) 사물은 의식, 감각과 독립해서 우리의 외부에 존재한다. 2) 현상과 물자체는 일치하며, 단지 알려진 것과 아직 알려지지 않은 것과의 차이일 뿐이다. 3) 인식은 영원불변한 것이 아니라 무지로부터 발전하여 물자체는 우리를 위한 물이 된다. 결국 인간의 일상적 실천으로부터 이상에서 도출되는 것은 대상, 사물, 물체는 우리의 외부에 존재하며, 감각은 외부세계의 모사이다 (레닌,『유물론과 경험비판론』, 세계, 1988, 108 - 145쪽). 그러나 이후『철학노트』에서는 인식 주체의 능동성을 강조한다.

이미지들은 현실의 사물과 어떻게 해서 같아 보이는 것인가? 이것은 복제나 유사성의 문제가 아닌 것은 아닌가? 에코는 기본적으로 영화의 리얼리즘에 대한 비판, 즉 영화는 현실을 복제한 것이 아니라고 주장한다. 그런데 보드리(Jean Louis Baudry)의 현상학적 영화이론도 영화리얼리즘에 대해 에코의 영화기호학과 유사한 비판을 가한다. 물론 각자 그 비판의 지점은 다르지만, 비판의 초점은 인식론적이란 점에서 공통적이다.

따라서 앞으로 여기서는 고전영화이론의 리얼리즘이론에 대한 비판과 이에 대한 대안적인 이론으로 등장하는 에코의 기호학적 영화이론을 살펴보고, 보드리의 현상학적 영화이론과 비교할 것이다. 이들 양자의 연구는 영화가 리얼리티의 복제 혹은 재현이 아니라 사실은 실재에 대한 환영 혹은 인상에 불과할 뿐이며, 그 환영 이면에는 특정 이데올로기가 은폐되어 있음을 보여 주게 될 것이다.

영화이론 내에서의 다양한 이론들 중 정신분석학이나 마르크스주의 외 기호학이나 현상학과 같은 철학을 적용한 영화연구는 그 지적 흥미와 적절성에도 불구하고, 그들이 사용하고 있는 방법론들이나 그것이 가지고 있는 철학적인 함의는 철학사의 흐름에 대한 논구 없이는 파악하기 어렵다.[286] 그러므로 이 장에서는 영화연구에서 철학이 기여할 수 있는 부분, 즉 영화이론들에 대한 연구에서 간과되기 쉬운 철학적 논제들을 살펴봄으로써 이들이 가지고 있는 인식론적,

---

286) 보드리의 현상학적 영화이론은 주로 그가 사용하는 정신분석학적 입장을 단순히 분석하는 경우가 대부분이다(김시무, 「정신분석학적 영화이론의 전개」, 랩슬리의 경우는 보드리의 정신분석학적 면모를 알튀세의 호명 개념과 관련지음으로써 관람 주체에 대해 이해하고 있지만). 그러나 그의 정신분석학의 전유는 라캉과 후설이 만나는 지점인 반데카르트적 인식론과 관련되어 있어 그의 후설적·현상학적 방법의 의의를 모르면 보드리의 이론을 지나치게 평면화시키는 결함을 갖게 된다.

존재론적 의미와 그 타당성을 검토하고자 하는 것이다.

3.2. 비언어학적 기호학으로서의 영화언어

1) 영화 기호학

헐리웃 영화의 리얼리즘적 효과에 대해 대항하고자 했던 보드리의 경우와 달리, 애초에 에코가 영화에 관한 글을 쓰게 된 것은 파졸리니(P. P. Pasolini)가 제시하는 영화기호학에 대한 비판으로부터 출발한다.[287] 파졸리니의 경우 시네마의 언어가 가능하지만, 현실이 관습보다 앞선다고 보면서 현실의 기호론, 즉 현실이 곧 자연발생적인 영화라고 본다. 또한 메츠(C. Metz)의 구조주의 영화기호학은 영화를 주로 언어학적 틀 내에서 보려 하므로, 에코는 퍼스(C. S. Peirce)의 기호학에서 비언어학적 기호학의 가능성을 빌려 와 비언어학적 언어로서 영화언어를 체계화시키고자 한다.[288]

---

[287] 파졸리니의 「시의 영화(The cinema of Poetry)」(1965)와 「행위에서의 문자언어(La lingua scitta dell'azione')」(1966)가 나온 후, 에코는 1967년 페사로 영화페스티발에서 「영화적 약호의 분절(Articulations of the Cinematic Code)」와 이후 1968년 『부재하는 구조(La Struttura Assente)』(이후 SA)를 통해 기본적인 기호학적 이해로부터 시작해서 기존의 그림이나 광고 등과 함께 시각약호의 하나로서 영화적 약호를 체계화시키고 있다. 그리고 그의 『기호론』Trattato Di Semiotica Generale, Bompiani, 1975(이후 TSG)에서도 전체적인 기호론의 체계를 구축하면서 다시 이전의 영화관련 부분을 보완하며 서술하고 있다. 이렇게 여러 저서에 흩어져 있는 것은 그가 다른 영화학자들처럼 영화만을 중심으로 다루기보다는 기호학 체계에서 시각적 기호의 하나로서 영화를 다루었기 때문이다.

[288] 에코가 볼 때 기호학이 독립적인 학문으로 확립되려면, 기호학 특유의 범주를 구축하고 커뮤니케이션의 다양한 현상들을 형식화해야 한다. 기호학은 물론 언어학의 연구결과를 활용하고 언어학은 기호학의 하위분야 중 가장 엄격한 방법론을 발전시킨 학문임에 틀림없다. 하지만 모든 커뮤니케이션 현상들을 언어학적 범주로 환원될 수도 없으며, 우리가 커뮤니케이션을 할 때 사용하는 기호들은 규약적, 분별적인 단위의 언어기호만 사용하는 것이 아니다. 우리 주변에는 자연스러우면

무엇보다도 에코는 리얼리즘적 입장에 대한 비판, 즉 영화이미지가 현실을 있는 그대로 보여 주는 것이 아니라는 것을 보여 주고자 한다. 메츠가 주로 시각적 수사학의 기법 수준에서 혹은 내러티브 기능이나 거대한 신태그마적인 블록 차원에서 관습들과 약호들이 존재한다고 본 데 반해, 에코의 영화에 대한 관심은 주로 영화이미지(쇼트, shot) 차원에서의 약호문제이다. 따라서 그의 리얼리즘비판은 곧 이미지에 관한 논의이자 이미지에 관한 형이상학이라고 할 수 있다.

영화가 자연발생적이라거나 리얼리즘적이라는 논의에 대한 비판으로서 에코의 영화에 관한 논의는 크게 두 가지 문제로 집약된다. 첫째, 이미지언어를 과연 약호로 볼 수 있는가? 영화가 만일 리얼리즘적인 것이 아니라면, 영화는 문화에 따른 약호가 사용됨을 보여 주어야 하는데, 영화이미지가 과연 언어처럼 분절화될 수 있는가? 둘째, 관련된 문제지만, 그렇다면 과연 행위언어인 영화이미지에서 어떻게 관습화를 이끌어 낼 수 있는가?

> "이제 문제는 이미지 언어를 약호화시킬 수 있는지, 그리고 행위언어로 여겨지는 것을 규약 혹은 관습화시킬 수 있는가이다. 이것은 전통적인 도상개념 혹은 도상기호를 검토하게 할 것이다.[289]"

서도 사물과 밀접하게 관련된 연속체의 형태로 나타나는 비언어학적 표현의 의사소통체계들, 즉 후각기호, 촉각기호, 미각기호로부터 시작해서 시청각적인 기호들과 도상적인 기호들이 있다. 그런데 이들 시각적 현상들은 언어학적 특성을 지니기 어렵기 때문에 소쉬르적·언어학적 기호학 내에서는 이들을 기호학적 연관을 지닌 것으로 설명하기가 어렵다.

289) U. Eco, "Articulations of the Cinematic Code", in *Movies and Method: An Anthology*, vol.1, 1976, 593쪽 (이하 *ACC*).

에코는 영화이미지의 관습성을 설명하기 위해 영화이미지를 전통적인 도상론과 관련시켜 논의한다. 이를 위해 에코는 시각기호들을 언어학적 기호학 틀 내에 가두지 않고 설명하는 퍼스의 비언어학적 기호학에서 도상(icon)이라는 개념을 빌려 온다. 기호개념을 기호/대상/해석체라는 개념들을 통해 이해하는 퍼스는 다양한 기호분류 체계를 제시한다. 그중 시각커뮤니케이션과 관련이 있는 기호분류는 기호를 대상의 외연 혹은 기호와 대상과 맺는 관계에 따른 분류로서, 여기에는 도상, 지표, 상징이 있다. 도상은 기호와 대상이 닮거나 유사한 관계에 있으며, 지표는 대상과 실제적, 물리적 관계(화살표)에 있는 경우를 말한다.[290]

그런데 에코는 퍼스의 비언어학적 기호학을 받아들이며 기호와 대상이 서로 관련이 있다는 것을 수용하면서도, 그 관계양상에 대해서는 퍼스와 입장을 달리한다. 즉 퍼스가 도상기호들을 사물의 특징 그 자체나 유사성에 근거하여 대상을 가리키는 기호들이라고 정의[291]한 데 반해, 에코는 이러한 도상의 정의에 문제를 제기한다. 과연 퍼스가 말하듯이 하나의 초상화와 그 초상화의 주인공 사이에는 유사성이 있는가? 아니 도대체 도상기호는 어떻게 사물과 동일하게 보일 수 있는가? 이 유사성의 문제가 리얼리즘적 입장을 지지해 주는 지점이며, 논의의 핵심이다. 여기서 도상기호와 의미소들에 대한 내용들은

---

290) 혹자는 퍼스의 도상, 지표와 같은 구분만으로도 기호와 대상 간의 자연적인 연관관계가 부인되므로 영화가 현실을 복사하는 것이라는 이론에 대한 반박을 지지해 줄 수 있다고 주장하기도 한다(Antony Easthope, *Contemporary Film Theory*, 2 - 3쪽). 그러나 퍼스의 도상 개념은 에코의 기호학 입장에서 볼 때는 반박의 여지가 있고, 명확해져야 할 부분이 많다.

291) C. S. Peirce, *CP*, 2.247.

영화이미지에 대해서도 유효하다. 에코가 영화를 분석할 때 쓰는 단위는 내러티브 차원이 아니라 바로 영화이미지(쇼트) 차원으로서 그림이나 사진의 도상과 같은 단위이기 때문이다.

2) 유사성 비판: 관습적 약호로서의 도상(l'icona)

하나의 초상화나 사진 그리고 하나의 영화이미지가 과연 실제 인물이나 대상과 유사하거나 동일하다는 의미에서 도상이란 개념은 사실 다음과 같은 다양한 스펙트럼을 가지고 있는 수많은 현상들을 포함한다. 즉 도상기호는

> 1) 그 대상과 같은 성질을 갖는다.
> 2) 그 대상과 비슷하다(simili).
> 3) 그 대상과 닮은 꼴(유추적인 것)이다.
> 4) 그 대상에 의해 동기화되어 있다.[292]

첫 번째 도상기호가 그 대상과 같은 성질을 지녔다는 의미에서의 유사성을 먼저 검토해 보자. 광고 사진 속의 맥주광고는 실제의 맥주잔을 볼 때처럼 시각적 자극, 색깔, 공간적 관계, 빛의 투사를 느끼게 한다. 술잔에 서린 습기는 맥주의 시원한 느낌(성질)을 지표로서 전달한다. 그러나 에코가 볼 때 광고사진과 실제의 맥주잔을 쳐다보는 두 과정은 같은 지각적 효과를 만들어 내는 것이라기보다는 이전의 학습에 의해 두 개의 지각적 결과를 하나의, 동일한 지각적 결과로 여기게 되는 것이다.

---

292) U. Eco, *TSG* 257쪽.

나는 시각적 자극을 받고 그것들을 지각된 구조로 배열한다…….
마치 느낌이 제공하는 경험적 정보를 다루듯이…… 한마디로 나는
이런 정보들을 선별하고 기존의 경험에 근거하는 기대 및 상징체계
에 따라, 다시 말해 내가 경험을 통해 배운 기술이나 약호에 따라 그
것들을 또 다른 체계로 묶는다. 이 경우 약호 - 메시지의 관계는 도
상기호의 본질과 관련되기보다는 지각의 구조 그 자체와 밀접한 관
계를 갖는다. 그리고 경우에 따라 이런 지각의 역학은 커뮤니케이션
의 실체로 간주될 수 있으며, 이는 경험을 통해 특정한 자극들에 의
미를 부여했을 때만 생겨나는 작용이기도 하다.

즉 "세계에 대한 인간의 지각은 단순히 주어진 것이 아니라 그 자
체가 구성된 것이다."[293] 그러므로 어떤 사람을 그린 초상화는 그
초상화의 주인공과 같은 성질을 지니고 있는 것이 아니라, 부분적으
로만 그것이 외시하는 것과 유사할 뿐이다. 색칠된 화폭의 주인공은
실제 인물과 피부조직도 다르며 말과 움직임의 능력도 가지고 있지
못하다. 영화의 이미지도 그림보다는 유사하나 역시 실제 대상과 완
전히 같은 성질을 지닐 수는 없다. 단지 지각자는 초상화에서 인물
과 같은 성질을 지각하는 것이 아니라 과거경험의 기대체계에 따라
같은 성질로 인식하는 것뿐이다.

두 번째와 세 번째 문제는 퍼스가 말했던 의미에서 도상기호가 대
상과 닮았다거나 비슷하다고 말하는 경우이다. 기하학에서 2 : 5의
비례로 닮았다고 하는 두 삼각형을 예로 들어 보면, 실제로는 크기
의 차이를 무시하고(선택하고) 두 사물을 닮은 혹은 유사한 것으로

---

293) Antony Easthope, *Contemporary Film Theory*, 7쪽.

인식하기로 결정한 결과다. 즉 이것은 어떤 변수들은 적절한 것으로 선택하고, 어떤 자질들은 그렇지 않은 것으로 배제하는 규칙이나 관습에 기초한 인식이므로 자연스러운 것이라기보다는 문화적인 것이다. 그리고 이러한 종류의 결정은 훈련이나 학습을 필요로 하는 것이다.

에코는 곰브리치(E. Gombrich)가 모방 약호의 관습성을 정확히 파악하고 있다고 본다.[294] 곰브리치는 콘스타블(Constable)이 풍경화에서 광선을 그리기 위해 이전과는 전혀 다른, **새로운 기법**을 <위븐호의 공원>에 도입했는데도, 그가 그린 태양광선은 마치 실제의 태양광선을 찍은 사진처럼 보였으며, 이후로도 그의 방식은 태양광선을 **자연스럽게** 그린 것으로 간주되었음을 지적한다. 그러나 사실상 그가 그린 태양광선은 광선의 실제적 효과에 대한 일종의 모방으로서, 그는 광선지각을 약호화하는 새로운 방법을 발명한 것이며, 그것을 화폭에 옮기는 방법 또한 새롭게 발명한 것이다.[295]

그러면 우리는 어떻게 해서 새로 발견된 콘스타블의 태양광선 그림을 자연적인 재현처럼 이해하게 된 것일까? 그것은 우리들 안에 약호화된 기대체계가 이미 형성되어 있어, 그 체계가 우리로 하여금 예술가의 의미적 세계에 들어가게 해 주기 때문이다. 즉

예술가의 암호를 해석하는 일은 우리의 기대체계에 의해 좌우된다. 우리는 예술작품을 이미 동조된 수신기처럼 받아들인다. 다시 말해 우리는 특정한 표현체계와 기호들의 특정한 질서체계를 기대하며, 이 모든 것에 동조할 준비가 되어 있다.[296]

---

294) U. Eco, *SA*, 117쪽.
295) E. H. 곰브리치, 『예술과 환영』, 차미례 옮김, 열화당, 52 – 58쪽.

따라서 애초에 도상적인 기술이 처음 등장했을 때는 관습적이 아니었지만, 그것이 차츰 수신자들에게 친숙해지면서 관습적이 되어 간다. 그리고 사람들이 그것을 도상적 관습의 안경을 끼고 이미지를 보게 됨에 따라, 그 이미지는 진정한 경험보다 더 실제적인 것처럼 보이게 되는 것이다.

마지막으로 동기화의 문제, 가령 얼룩말이나 호랑이의 줄무늬의 경우처럼 대상의 특성이 동기화되어 그림이나 이미지에 나타나는 경우이다. 이 경우 문제는 우리가 볼 수 있는 특징들인가 아니면 우리가 알고 있는 특징들인가이다. 그림 속의 얼룩말 줄무늬는 우리가 알고 있는 특징들을 재현한 것이다. 따라서 도상기호가 관습적이기는 하지만, 이런 경우 도상기호가 전적으로 관습성에 의해서만 이루어질 수는 없다. 에코는 우리가 대상을 인지할 때 그 대상의 인지조건들 중 일부에 의존함을 인정한다. 아니, 얼룩말이나 호랑이의 줄무늬는 하나의 인식약호다. 이때 도상기호는 그것이 묘사한 대상의 자질 중 어떤 것을 구체화하고 있으므로 대상과 유사해 보이지만, 그렇다고 그 도상이 대상의 모든 자질과 특질들을 모방하거나 재현한 것은 아니다. 예를 들어 르네상스의 미술가는 자신이 '볼 수 있는' 특징만을 그렸고, 입체파 화가는 '자신이 알고 있는' 특징을 그렸다. 물론 대중은 보이는 것만을 인식하는 습관이 있어, 입체파 그림에서 '알고 있는 것'을 인식하지 못한다.

결국 도상기호는 사물의 특징 중에서 (우리가 볼 수 있는) 시각적 특징과 (추측할 수 있는) 존재론적 및 관습적 특징을 표현한다고 할

---

296) E. H. 곰브리치, 위의 책, 197쪽.

수 있다.

콘스타블이 그린 태양빛의 그래픽상 관습은 양자물리학인 가정에 의한 것도 파동역학적인 가정에 의한 것도 아닌 관계체계를 표현한다. 그럼에도 불구하고 태양의 도식적인 표현은 태양의 과학적 개념을 잘 묘사한 것처럼 자연스러워 보인다.[297] 이는 유사성이 퍼스가 말하는 것처럼 이미지와 그 대상 사이의 관계를 있는 그대로 다루는 것이 아니라, 이미지와 앞서 문화화(학습)된 — 볼 수 있거나, 알고 있거나 혹은 관습적으로 상상하는 — 내용 사이의 관계를 다루는 것임을 의미한다.

어떤 대상과 도상기호 간의 관계는 그래픽상의 이미지(태양광선 그림)와 물리적 대상(태양)으로서의 대상 사이에 존재하는 것이 아니라, 이미지와 과학적 실체로서의 태양에 대한 추상화된(상상적) 모형, 즉 문화화된 내용 사이에 존재하는 것이다.[298]

따라서 유사성이란 자연적인 것이 아니라 생산된 것이며 학습된 것이다. 호랑이의 옆모습을 그린 그림을 호랑이의 옆모습으로 볼 수 있는 것은 문화적 학습의 결과이자 문화적으로 훈련된 눈을 필요로 하는 것이다. 그러므로 도상기호는 현실의 복제나 현실 그 자체를 재현한 것이 아니라 관습적인 약호화의 결과인 것이다. 결과적으로 4가지 도상기호론입장들은 각각이 하나의 가정들로서 다음과 같은 가정에 의해 비판되지 않을 수 없다.

도상기호는 인위적으로 약호화된 것이다.[299]

---

297) U. Eco, *SA*, 116쪽.

298) U. Eco, *A Theory of Semiotics*, 208쪽. 에코 자신이 *TSG*를 영어로 번역하면서 부분적으로 보완첨가를 통해 SA보다 더 명료화한 부분들이 있곤 하다. 이 부분도 거기에 속한다.

3.3. 영화 이미지의 관습적 약호화

그렇다면 영화나 사진의 이미지는 어떨까? 그림이야 단지 재현한 것이라서 실제의 표현이 못 되지만, 사진과 영화의 이미지는 현미경이 미세한 사물을 우리에게 제시해 주듯이 그렇게 대상을 투명하게 가져다주는 것이라고 주장할 수가 있다. 다른 예를 보자. 1968년 베트남전이 한창이던 2월 『렉스프레스(L'express)』 잡지 표지에는 짧은 머리의 젊은 남자가 눈에 흰 붕대를 감고 있는 사진을 실었다. 11년이 지난 뒤 이 사진을 25~30세로 된 남미망명자들 집단과 18~20세의 프랑스 자연과학 전공 학생집단에게 따로 보여 주었다. 1968년 당시에도 유사한 실험을 했는데, 당시에는 사진 속의 인물이 미군이라는 사실을 모르는 사람이 없었다. 그러나 11년이 지난 후 두 집단은 모두 이 사람이 군인이라는 것은 알아보았으나, 국적을 알아맞히지는 못했다. 대신 고문이 성행했던 남미인 집단은 이 군인을 포로라고 했으며, 이들 중 많은 이들은 그를 고문당한 것이거나 처형의 순간에 붕대를 감은 것이라고 보았다. 반면, 프랑스 학생들 중에는 소수만이 이런 해석을 했다.[300]

여기서 어떤 것에 대한 지각이나 그에 대한 해석은 '거기 있었던 것'의 절대적인 드러남이 아니라, 본질적으로 과거 경험에 근거한 개연성들이거나 그러한 경험들로부터 예측할 수 있었던 것들임을 알 수 있다. 즉 무엇인가를 지각하고 해석하는 것은 직접적이고 수동적으로 있는 것을 받아들이는 것이거나 자연발생적이고 타고난

---

299) U. Eco, *TSG*, 257쪽.

300) 기 고티에, 『영상기호학』, 유지나·김혜련 옮김, 민음사, 55 - 72쪽.

것이 아니라 우리의 과거경험과 학습에 의해 조직되는 것이다. 지각 법칙이란 문화유형을 반영하며, 이미 획득된 형태들, 즉 선호도와 관습, 확신과 정서의 체계에서 오기 때문이다. 그런데 우리는 자신을 둘러싸고 있는 자연적, 사회적, 역사적 맥락에 따라 이러한 체계를 교육받게 되며,[301] 이러한 예비지식이 바로 문화적 단위체계 혹은 가치체계를 구성하면서 사진에 대한 서로 다른 해석을 낳는 것이다.

그러므로 그림이나 사진뿐 아니라 영화이미지나 광고이미지는 하나의 보편적인 언어가 아니다. 여기에서 특정한 유사성을 인식하는 경향은 인식자의 감수성이 지금껏 역사적으로 발전해 온 회화나 영화의 맥락 안에서 훈련되어 왔기 때문이다. 도상기호는 어떤 실체와 공통점을 갖고 있기도 하나, 그것은 대상 자체가 아닌 대상의 지각적 모델에 불과하다. 그런데도 이러한 훈련 덕분에 보통 사람들은 자신들이 지각하는 것의 관습성을 의식하지 못한다. 그래서 도상기호를 특정한 대상과 몇 가지 공통점을 재현하는 것이라고 단언하게 된다.

> "시각커뮤니케이션에 관한 중요한 사실이 있는데, 모든 이미지
> 는 비록 최소한의 커뮤니케이션에 관여하더라도 이미 구성된 정
> 신적 구조 속에서 흔히 받아들여진다는 점이다……. 도상기호는
> 단순히 그 지시대상과의 관계에서만 해석될 수 없다."[302]

따라서 유사성을 근거로 해서 시각기호가 현실을 있는 그대로 복사한다거나 재현한다고 주장하는 리얼리즘적 주장들은 사실상 영화

---

301) H. Cantril, *The "Why" of Man's Experience*, 76쪽.
302) 기 고티에, 『영상기호학』, 73쪽.

에서 보여 주는 세계가 단지 현실세계에 대한 부분적인 해석이라는 것, 즉 현실세계를 형식화하는 하나의 세계관으로서의 의미체계라는 사실을 은폐하는 것이다.

그러면 과연 어떻게 영화이미지는 관습적일 수 있는가? 에코는 영화이미지 차원에서의 약호화와 분절화 가능성을 몸짓기호학과 동작학에서 찾는다. 인간의 행위나 표정, 꿈, 몸짓, 회상 등은 영화의 모델로서 사물이 있는 그대로를 드러내는 것이 아니다. 예를 들어 우리 문화에서 어른에게 잘못을 저질러 혼날 경우 아랫사람은 고개를 숙이는 몸짓이 반성을 하는 태도로 간주된다. 그러나 미국의 경우는 눈을 빤히 쳐다보는 것이 예의이며, 고개를 숙이는 것은 무례함을 의미한다. 이는 인간의 몸짓이나 표정이 자연스러운 본능의 영역이나 문화 이전의 영역이 아니라, 각 문화나 사회마다 다른 규약과 관습, 그리고 문화의 산물로서 기호학적 현상임을 말해 준다. 따라서 영화이미지는 현실의 단순한 재현이 아니라 몸짓이라는 기존의 언어체계에 대해 말하는 또 다른 메타언어이자 그 자체의 관습을 가지고 있는 언어이다.

이러한 인간 몸짓이나 동작의 약호화에 근거해서 에코는 언어학적 모델을 피해 이미지의 삼중분절화 가능성을 제시한다. 그가 제시하는 영화언어의 삼중분절[303]은 첫째, 작품의 소재적인 측면으로서 동작 자체로는 의미가 없이 문맥 내에서 이해될 수 있으나 나누어질

---

303) 이미지의 분절화 가능성을 위해서는 분절이 다양하게 이루어질 수 있음을 제시하는 논의가 필요하고 실제로 에코는 이를 길게 논의하고 있다. 하지만 여기서는 하나의 이미지가 몸짓학이나 동작기호학을 통해 분절화될 수 있음을 보여 줌으로써 그것이 약호화되고 문화적 관습에 의한 것임을 제시해 있는 그대로의 재현이 아님을 제시하는 것으로 충분하므로 그 과정을 생략하고 삼중분절의 결과만을 간략하게 제시하고자 한다.

수 있는 몸짓 부분으로서의 기호(<올드보이>에서 누군가 만두 먹는 장면), 둘째, 신태그마를 구성할 수 있는 기호로서 '침대 하나만 덩그러니 있는 사설 감옥방'과 '만두 먹는 장면'이 서로 결합해서 억울하게 감방에서 썩는 쇼트를 구성하는 의미소, 셋째, 기호들의 결합을 통해 만들어져 이미지를 만들어 내는 미장센으로서 시니피에에 포함되지 않는 부분으로 분절된다.304)

에코는 이러한 영화이미지의 삼중분절을 몸짓학에 기반을 두는 '영화약호의 형이상학'305)이라고 말한다. 그런데 이러한 삼중분절의 전체적인 결합에 사운드와 대사가 덧보태짐으로써, 영화는 다른 형태의 어떤 예술형식보다 훨씬 더 강한 리얼리즘적 효과를 산출해 낸다. 결과적으로 에코가 영화의 도상적 시각언어가 삼중분절에 의한 변별적 자질을 갖고 있는 가능성을 제시하려는 이유는 영화가 이미지 차원에서 기호로서 분석될 수 있음을 제시하고자 하기 때문이다. 다시 말해서 이를 통해 에코는 영화가 있는 그대로의 현실을 옮겨놓는 것이 아니라 다른 기호들처럼 최소의 변별적 자질을 갖춘, 관습화된 약호화를 통해 이루어진 것임을 보여 주고자 하는 것이다.

3.4. 영화현상학과의 비교

보드리는 비언어학적 현상으로서의 영화언어를 택했던 에코와 달

---

304) U. Eco, *ACC*, 600 – 601쪽. 또한 에코는 이미지 차원에서의 약호와 분절가능성을 제시하면서, 동시에 이미지가 내러티브의 통합체적 조직의 수준에 종속되는 것이 아니라 지각약호, 인식약호, 도상약호 등 10가지 이상의 문화적 약호의 작용에서 비롯된다고 본다.

305) U. Eco, *ACC*, 604쪽.

리 영화장치의 언어를 선택해서 영화적 리얼리즘, 특히 헐리웃의 리얼리즘 영화를 비판하고자 한다.306) 오늘날 매체들의 영향이 점점 커지면서 그것이 생산하는 내용과 효과에 대해서는 관심이 커지는 반면, 이러한 효과들을 가져오고 이러한 효과들이 의존하고 있는 기술적 기반들과 이 기반들의 특수한 특성들은 무시되기 일쑤이다. 그러나 보드리가 볼 때 영화의 환영(illusion)적인 힘 ─ 리얼리즘효과 ─ 은 영화의 내용에서라기보다는 영화를 만들고 보여 주는 바로 이 도구들과 제도들, 영화장치를 통해서이다.

보드리의 영화장치(The Cinematic Apparatus)307)에 대한 분석은 장치가 가지고 있는 두 가지 의미, 즉 한편으로 필름제작과 영사라는 실질적인 영화기계들로서 카메라, 필름, 조명, 사운드, 리코딩 시스템, 분장, 의상, 편집기, 영사기 등과, 다른 한편 관객과 영화의 접촉이 이루어지는 과정의 심리적인 기제에 대한 분석이다. 이 두 가지 의미의 장치는 서로 다르면서도 동일한 효과를 수행하는데, 보드리는 현상학적 환원을 통해 마치 후설이 의식을 향해 들어가듯 영화적 장치에로 들어감으로써 그 장치가 지니고 있는 의미구성작용, 지향작용과 지향대상을 드러내고, 다시금 이를 통해 그 장치가 지니고 있는 이데올로기와 그 은폐기능을 폭로하고자 한다. 그런데 후자의 장치(주체)개념은 라캉의 정신분석학과 함께 분석되고 있으므로 ─ 비

---

306) D. 앤드류, 『영화이론의 개념들』, 김시무 외 옮김, 시각과 언어, 42쪽.

307) 1970년 발표한 "영화의 기본적 장치의 이데올로기적 효과"에서의 장치가 주로 문자 그대로 기본적인 영화장치로서 영화의 생산과 그것을 영사하는 데 필요한 장비들과 작업일체를 의미한다면, "장치: 영화에서 실재의 인상에 대한 메타심리학적 접근"(1975)에서의 장치는 주로 영사와 관련된 부분, 그러니까 영사를 통해 말을 거는 대상으로서의 주체, 즉 관객 주체를 다룬다. 허나 전자에는 이미 후자도 포함한다.

록 이들 연구에서 정신분석학적 측면은 보드리의 현상학과의 접점을 도외시하기도 하지만-, 여기서는 그의 영화이론에서 거의 부각이 되지 못하는 철학적 면모, 즉 그의 현상학적 측면을 여실히 보여줄 수 있는 첫째 의미에서의 장치에 초점을 둘 것이다.

1) 카메라장치에 대한 현상학적 환원

영화적 각인 혹은 기입(inscription)의 특수성은 우선, 영화카메라가 자신의 기계적 사용을 통해 일련의 이미지를 등록하는 일이다. 다음으로는 그 일련의 이미지 연속체들 간의 차이를 부정하고 연속성과 환영을 제공하는 영사과정이다. 그렇다면 보드리는 과연 영화장치에 대해 어떻게 현상학적 방법을 적용하는 것일까?

우선 그는 영화가 제작될 때 가장 중심적인 지반으로서의 영화장치인 카메라에 대해 현상학적 환원을 들이댄다. 그는 일련의 작업 중에서 카메라의 위치와 역할을 파악하기 위해 영화의 생산이나 도구, 영화내용, 그 밖의 경제적, 정치적 함의 등을 제외시켜 괄호 치고 카메라 자체의 광학적, 기계적 메커니즘을 통해 그 지향작용을 하나하나 돌아보며 카메라에 대한 현상학적 환원을 향해 간다.

"카메라 옵스큐라(camera obscura)[308]라는 모델에 근거해 제작된 카메라렌즈는 이탈리아 르네상스 기간에 개발된 원근법(perspective)적 투사들과 유사한 이미지의 구성을 가능하게 한다."[309] 그런데 르

---

308) 문자 그대로는 사진기의 어둠상자. 카메라(camera)는 원래 라틴어로 '둥근 천장'또는 '방'이란 뜻이다. 15세기경 유럽에서 '카메라 옵스큐라(camera obscura: 어두운 방)'라는 도구가 보급됐다. 어두운 방의 벽에 작은 구멍을 뚫어 반대편 벽에 외부 풍경을 투시하는 원리다.

309) J－L Baudry, "Idaological Effects of the basic Cinematic Apparatus", in *Film Theory*

네상스기의 원근법적 구성은 공간구성과 시점구성 면에서 고대와 다르다. 첫째, 고대그리스의 공간구성은 불연속적이며 이질적이다. 아리스토텔레스나 데모크리토스에게서 공간은 나눌 수 없는 무한한 원자들이 모여 있는 장소이다. 반면, 르네상스의 공간은 연속적이며 동질적이다.

> "르네상스기 니콜라스 드 쿠자(Nicholas de Cusa)의 공간은 모든 생명의 근원으로부터 동일하게 멀거나 가까운 거리에 있는 요소들 간의 관계에 의해 형성되는 공간이다."[310]

둘째, 그리스인의 회화적 구성은 시점의 다중성에 기반을 둔다. 반면 르네상스 원근법적 회화는 중심화된 공간, 즉 회화는 주어진 거리에서 고정된 중심을 가지고 일정한 조명하에서 그리는 시각적 피라미드이다. 따라서

> "르네상스 원근법에서 주요한 지점은 눈의 높이에 있어야 한다. 이 지점이 고정된 주체라고 불리는 지점이다."[311]

그리고 바로 이 고정된 단안적인(monocular) 지점이 영화를 바라보는 주체의 눈과 일치한다. 이렇게 카메라는 인간의 눈에 적합한 연속적 움직임의 공간환상을 일으키는 메커니즘으로서 주체의 지각을 둘러싸고 전개된다.[312] 그런데 단안적이고 고정된 중심을 가진

---

and Criticism, ed. by Gerald Mast, Marshall Cohen and Leo Braudy, 4th, edition., 1992, 304쪽.

310) J. L. Baudry, 앞의 책, 304쪽.

311) J. L. Baudry, 앞의 책, 304쪽.

시점과 연속적이며 동질적인 공간을 구성하는 이 원근법은 르네상스시기에 새롭게 창안된 회화법칙이다.[313]

　이러한 원근법을 따르는 카메라 역시 단안적인 시선을 가지고 세계를 반영하게 된다. 즉 카메라는 순간들이나 현실의 조각들처럼 보이는 것들을 단일 원근법적인 이미지의 통일적 실체화 속으로 담는다. 그리하여 카메라의 광학적 구성은 주체의 위치에 초점을 맞추면서 그것이 마치 실제적인 양 보이는 이미지의 반영을 이루어 내고, 이때 카메라는 마치 중립적인 위치에서 객관현실을 담은 것처럼 보인다. 이러한 르네상스 원근법은 하나의 테크닉으로서 오늘날까지 서구의 이미지를 지배하는 스타일상의 관습이기에 무엇보다도 이미지를 리얼하게 보이게 한다.[314]

2) 영화장치의 의미구성작용과 선험적 주체

　그러나 실제로 카메라의 시선이 원근법적이라는 것은 카메라가 언제나 이미 작업되고 다듬어졌으며 이미 선택된 하나의 현실을 담은 것을 의미한다. 카메라가 눈 – 주체의 위치를 중립화시킨 듯이 보이지만, 실제로 그러한 이미지의 환영적 실재는 원근법적 광학구성

---

312) Laura Mulvey, "Visual Pleasure and Narrative Cinema" in *Contemporary Film Theory*, Antony Easthope ed., London and New York, 1993, 123쪽.

313) 회화와 조각은 중세 이후로 liberal arts로서의 기능에 속하지도 못하고 vulgar art에도 속하지 못한 채 기술적 전통만을 도제하는 길드에 속해 있었다. 이에 르네상스 화가와 조각가들은 어떻게든 회화를 學藝f(ine arts)로서의 지적인 위치에로 끌어올리기 위해 자신들의 학문적인 면모를 증명해야 할 필요가 있었다. 그리하여 그들은 해부학, 원근법, 명암법이라는 과학적 방법을 발명했는데, 이것들을 통해 회화와 조각은 자연의 법칙에 대한 학문적인 탐구임을 과시했다. Wladyslaw Tatarkiewicz, *A History of Six ideas*, Martinus Nijhoff, 1980, 11 – 14쪽.

314) M. Sturken & L. Cartwright, *Practices of Looking*, O111쪽.

이 창조한 것이다. 더불어 그러한 원근법적이고 단안적인 시선은 역으로 주체의 위치를 명시해 준다. 즉 카메라 렌즈가 원근법 체계의 기초가 되는 광학적 원리를 모델로 삼는다는 것은 곧 영화가 관객을 의미의 능동적 중심이자 생산자로서 확정하도록 보증하는 것을 말한다.315)

> "영화가 이런 방식으로 제시될 때 관객은 우주의 주인이다. 추정컨대 영화의 과학적 기초는 개인들에게 그들의 눈을 가지고 세계를 지배할 영원한 권리를 보장하는 것이었다. 마치 과학 자체가 지식을 가지고 세계를 지배하듯이 그리고 부르주아 계급이 자본을 가지고 세계를 지배하듯이."316)

이때 관객보다 앞서는 우주의 주인은 바로 카메라의 시선을 만든 주체이다. 결국 이 두 주체는 동일한 주체로서, 카메라의 원근법은 묘사된 내용을 바라볼 전지적인 중심장소를 카메라를 각인하는 주체와 관객에게 동시에 제공하는 것이다. 그렇다면 과연 영화생산에 있어서 후설적인 의미에서의 의식작용 혹은 의미구성작용은 어떻게 이루어지는가? 앞서 보았듯이 카메라가 기반을 두는 원근법은 인위적인 것일 뿐만 아니라 하나의 질서화로서 보이지 않는 눈-주체를 가지고 있다. 다시 말해서, 언뜻 온갖 구속으로부터 해방된 채 주체의 가능성과 힘을 증대시키는 것처럼 보이는 자유로운 카메라의 조건은 객관현실의 환영화(phantasmatization)를 가져와 자연스러워 보이는 이미지를 낳는다. 그런데 사실은 의식에 관해 말하듯 카메라가

---

315) R, 랩슬리, & M. 웨스틀레이크, 『현대영화이론의 이해』, 시각과 언어, 112쪽.

316) D. 앤드류, 『영화이론의 개념들』, 김시무 외 옮김, 시각과 언어, 43쪽.

각인한 이미지는 **어떤 것에 대한** 이미지라고 말할 수 있다. 즉 그것은 자연스런 이미지가 아니라 의식이 심사숙고한, 의도적인 행위결과이자 특정한 입장(보이지 않는 눈 - 주체)에서 지향적으로 선택한 이미지인 것이다.

지향성이라는 말은 '의식은 무엇에 관한 의식이어야 하고, 사유작용은 그 사유대상(cogitatium)을 자신 속에 지니고 있다'는 의식의 보편적인 근본적 특성을 뜻하는 것 이외에 다름 아니다.[317]

보드리가 인용하는 후설의 이 문장을 통해 영화이미지의 작용 혹은 위상이 발견될 수 있다. 즉 하나의 영화이미지는 그것이 무엇인가의 이미지이기 위해서 이미 그것은 무엇인가를 의미로 구성해야 한다. 이미지는 세계를 있는 그대로 반영하는 것처럼 보이지만, 그 이미지 안에서 자연의 질서와 실존영역은 제2차적인 질서일 뿐이며, 자연적 존재보다 오히려 카메라의 눈 - 주체가 구성한 선험적인 영역이 앞선다.

이것은 **선험적 주체**이다……. 이것은 원근법적 생중계를 했던 카메라가 넘겨준 기능이다…… 그것은 신의 위치에서건 다른 무엇이건 환영적으로 중심의 위치를 경계 지음으로써 '주체'를 구성한다.[318]

따라서 영화의 이미지와 세계는 더 이상 결정되지 않은 열린 지평이 아니다. 세계는 이미 틀 지어지고 정렬되고, 적당한 거리에 놓이면서 의미 부여된 대상을 제공한다. 즉 **세계는 그것을 응시하는 주체의 행위**를 내포함으로써 그리고 내포하는 지향된 대상인 것이다. 동시에 이렇게 세계를 이미지로 옮기는 것은 현상학적 환원을 완수

---

317) E. Husserl, 『데카르트적 성찰』, 이종훈 옮김, 한길사, 78 - 79쪽.
318) J. L. Baudry, 앞의 책, 307 - 308쪽.

하는 것처럼 보인다.[319] 왜냐하면 카메라가 각인한 이미지에서 이미 실재 존재(자연)는 괄호 쳐짐으로써 자아(카메라)의 필증성에 대한 근거가 제공되기 때문이다. 여기서 필증성이란 개념은 냉소적으로 사용된 비판이다. 따라서 이미지와 이미지의 연속성은 카메라를 든 주체의 속성이며, 내러티브적 연속성 역시 도구적인 기반에 폭력을 가한 것이라 할 수 있다.

이렇게 보드리는 카메라에 대한 현상학적 환원을 통해 영화의 기계적 장치와 제도들이 중립적으로 정보를 전달하는 매개체가 아니라, 그 생김새와 쓰임새부터가 특정한 주체 — 주로 헐리웃 리얼리즘과 자본주의 — 의 입장이 개입되면서 근본적으로 사회통제의 이데올로기나 형식들과 연루될 수 있음을[320] 보여 주고 있다.

3) 영화적 리얼리즘론에 대한 양자의 비판과 비교

이 장을 시작하면서 영화적 리얼리즘이론 역시 다른 예술의 리얼리즘이론과 마찬가지로 데카르트적인 인식론에 기반 둠을 지적한바 있다. 그러면 에코와 보드리에게 있어 세계에 대한 인간의 인식은 어떠한 위치를 차지하는가?

바쟁의 리얼리즘이론은 실재를 투명한 유리처럼 복사한다고 주장하는 것이 아니다. 그는 영화가 현실과 도상적으로 유사하다고 보기보다는 지표적으로, 즉 영화의 사진적 이미지가 대상 그 자체일 만큼 대상을 재현(re - present)한다고 본 것이다.[321] 그런데 이렇게 영

---

319) J. L. Baudry, 앞의 책, 308쪽.

320) Vance Kepley, Jr. "Whose Apparatus? problems Of Film Exhibition and History" in *Post - Theory: Reconstucting Film Studies*, D. Bordwell an N. Carroll ed. The University of Wisconsin Press, 534쪽.

화 이미지와 대상 사이를 단순히 도상이나 지표적 관계로 보고, 영화이미지가 대상과 유사하거나 물리적 관계가 있다고 보는 것은 영화의 주요한 효과나 결과에 **인간의 개입**을 부인하거나 중립적 시점임을 확신하는 것이다.

고전적 리얼리즘 텍스트는 고찰에 있어 주체의 주도적인 위치에 대해 확신하고 있다.[322]

이에 반해 에코는 유사성이 실제로는 각각의 문화권이나 시대에 따라 학습되고 문화화된 관습이자 인위적 약호화로서 인간이 개입되고 있음을 주장한다. 한발 더 나아가 보드리의 현상학적 영화이론은 이때 인간이 어떻게 철학적, 인식론적으로 개입되고 있는가를 날카롭게 보여 준다. 후설의 현상학이 보드리에게 주체성 문제를 중심으로 전통적인 헐리웃 영화의 리얼리즘효과에 대해 비판할 수 있는 틀을 제공해 준 덕분이다. 그 결과 에코의 기호학적 영화이론이 영화이미지의 리얼리즘 효과가 학습되고 규약화된 것임을 주장한다면, 보드리의 영화현상학은 보다 구체적으로 중립적 주체를 부인하면서 리얼리즘 효과를 만드는 현상학적 주체를 폭로하고 있다.

따라서 양자는 모두 리얼리즘 이론의 인식론에 대한 철저한 반대, 반(反)데카르트적 입장에 서 있다고 할 수 있다. 에코가 볼 때 세계는 불확정성과 불연속성, 무질서로 특징지어지며, 말의 질서가 더 이상 사물의 질서와 조응하지 않는다. 세계는 언어가 제시하는 세계와 다르며, 우리가 상상하는 질서, 즉 우리 인간의 눈으로 보는 세계

---

321) Antony Easthope, *Contemporary Film Theory*, 4쪽.

322) Colin MacCabe, "From Realism and the Cinema: Notes on Some Brechtian These" in *Contemporary Film Theory*, 58쪽.

인식은 단지 하나의 그물 혹은 어떤 곳에 도달하기 위한 사다리와 같은 것에 불과하다.[323)

보드리 역시 정신분석학을 통해 관람자 주체가 영화(카메라)장치의 주체와 동일함을 제시하면서 라캉을 인용하는데,[324) 여기서 보드리가 전유하고 있는 라캉과 후설 현상학은 양자 역시 반데카르트적 지점에서 공통점을 보인다. 카메라장치가 제공하는 영화이미지들은 사실상 중립적이고 투명한 눈의 주체가 아니라 카메라를 잡은 눈의 시각, 즉 선험적 주체가 만들어 낸 세계이다. 그리고 그 주체는 세계 속의 대상들을 구성하고 지배하는 카메라에 의해 위치 지어진 선험적 주체로서 특정한 이데올로기를 실어 나르게 된다. 따라서 모든 영화는 정치적이라는 주장을 지지해 주기라도 하듯이 영화장치는 소위 (특정한) 주체의 세계이해를 형성하는 이데올로기적 국가장치일 수가 있다.[325)

일반적으로 기호학적 방법의 폭로적 기능은 이미 많이 알려져 있다. 문제가 되고 있는 체제나 제도가 특정 집단의 문화적·사회적 관습이나 규칙임을 보여 줌으로써 임의적이고 자의적임을 드러내 줄 수 있기 때문이다. 이에 반해 현상학적 방법은 현상학적 환원에

323) U. Eco, *The Name of the Rose* t 599 - 600쪽. "리얼리즘적 세계는 모든 것이 확실하고 확신에 차 있는 세계로서 그의 기교 역시 그러한 세계를 독자에게 확인시켜 준다. 그러나 삶은 불안정하고 변할 수 있으며 모호하고 불연속적이다."(R. Griellet, The Korea Times, 1997, 10월 15일, 13쪽, interview) 에코는 아방가르드예술을 지지한다는 면에서 로브 그리예의 이러한 입장을 공유한다.

324) 영화에서 정신분석학은 인물의 심리분석이나 내용에 대한 정신분석이었던 것을 감안하면 보드리의 경우 이와는 전혀 다른 각도에서 정신분석학을 적용하여 영사와 관객 주체 간의 관계를 읽어 냄으로써 영화가 주는 객관적 실재에 대한 환영의 근거를 밝히고 있다는 점에서 그의 작업은 독창적이고 신선하다.

325) L. Comolli & J. Narboni, "Cinema/Ideology/ Criticism(1)", *Film Theory and Criticism*, 4th. edition, G. Mast, M. Cohen, L. Braudy, Oxford Univ. Press, 1992, 684 - 685쪽.

이르기 전에 현실을 괄호 치는 판단중지 때문에 현실을 배제하게 되어 현실을 옹호하거나 적어도 회피하는 철학으로 알려져 있다. 그러나 그가 자연적 태도의 세계를 괄호 치고 지향작용을 지니고 있는 의식에로 환원하는 것은 단순히 의미부여 작용으로서의 선험적 의식에로 귀환하는 것이 목적이라기보다는 그러한 의식, 즉 인간의 의식을 통해서만 세계가 의미가 확립되며 따라서 우리가 세계와 얼마나 깊숙이 얽혀 있는가 하는 모습을 알기 위해 이것을 바라볼 수 있도록 취하는 조치라고 볼 수 있다.

보드리의 영화이론은 후설 전기현상학의 이러한 측면을 탁월하게 부각시키며 응용하고 있는 점에서 철학적으로도 중요한 의의를 갖는다. 보드리가 영화적 장치에 가하는 현상학적 환원은 영화적 장치가 그 존재론적, 인식론적 위치와 기능상 이데올로기적임을 폭로하면서, 동시에 그로 하여금 리얼리티의 인상을 주는 영화적 장치의 지형도를 그 어떤 이론보다도 예리하게 제시하게 해 준다.

이상에서 보건대, 기호학적 방법과 현상학적 방법을 사용하는 에코와 보드리의 영화적 리얼리즘에 대한 비판은 각각 사용하는 방법과 지점이 다름에도 불구하고 양자 모두 자연화와 신화화를 벗겨 버리는 (기호학 본래의) 폭로적인 역할을 하고 있다. 즉 한편에서 영화 언어에 대한 기호학적 가능성의 시도를 통해 영화언어로서의 이미지가 사회적·문화적 관습의 체제라고 주장하며, 다른 한편에서 영화적 장치로서의 카메라가 특정한 이데올로기를 전달하기에 적합한 형식이라고 주장한다. 그리하여 영화가 보여 주는 현실이 진정한 리얼리티가 아니라 특정 사회나 문화의 관습이자 규칙이며, 특정의 주체 혹은 특정한 기술적 장치가 생산하는 결과이므로 그것은 자연이 아니라 의사자연임을 폭로한다.

그런데 흥미로운 것은 보드리가 명시적으로 후설의 현상학적 환원이라는 방법을 사용하고 있는 데 반해, 에코의 기호학적 방법 역시 다분히 현상학적이라는 점이다. 즉 에코가 영화이미지 차원 외에 모든 것을 차단, 괄호 치고 이미지만을 분석하는 방법이 그러하다. 평생 인식론적 문제를 마음에 품었던 에코 스스로도 이를 때때로 의식하고 있는 것으로 보인다.

> "하나의 그림이나 사진과 같은 재현에 대해 **현상학적인** 검토를 하게 되면, 이미지는 대상의 특성 어느 것도 가지고 있지 않음을 알게 된다."326)

에코의 이러한 현상학적 방법의 사용은 단지 여기서만 보이는 것은 아니고, 그의 기호학과 이데올로기연구에서도 쓰이고 있어327) 그의 현상학적 친밀성은 단지 우연이 아닌 것으로 보인다. 에코의 다른 분야에 대한 관심사도 인식론적 성향이 강하지만,328) 특히 그의 기호학은 기호학의 인식론이라고 할 만큼, 기호생산과정을 인식론적으로 해명하고 있다. 만일 현상학적 환원을 인간의 의식을 통해서만

---

326) U. Eco, *ACC*, 594쪽.

327) 연희원, 「사회적 실천으로서의 U. Eco기호학 ─ 현상학적 방법을 통한 이데올로기연구」, 철학과 현상학 연구, 24집, 2004, 참조.

328) 에코는 자신이 평생 품었던 근본적인 물음들은 존재론적·인식론적임을 밝히고 있다. 예를 들어 세계는 존재하는가, 우리는 지금 왜 이곳에 있는가? 그리고 궁극적으로 앎이란 무엇인가라는 물음을 계속해서 스스로에게 던지고 있다고 말한다. 그렇다고 그가 이런 물음을 전형적으로 철학적인 문제에만 적용한 것은 아니고, 그가 관심을 기울였던 중세미학, 기호학, 매스 커뮤니케이션 등에도 이런 물음을 적용하였으며, 영화와 광고에 관한 그의 기호학은 바로 에코 자신의 이러한 특성을 여실히 보여 준다.

세계가 의미 확립됨을 보여 주며, 나아가 인간과 세계의 관계를 파악하기 위한 방법적 환원이라 한다면, 이 지점에서 에코의 기호학과 보드리가 사용하는 후설 현상학은 서로 공유점을 갖는다.

따라서 논란의 여지는 있지만 양자의 차이점은 다음과 같이 말할 수 있다. 1) 양자는 인간이 세계의 의미를 구성한다는 현상학적 측면에서 일치하나, 보드리의 영화현상학이 그 의미를 구성하는 현상학적 '주체'의 의미구성작용에 초점이 맞춰진다면, 에코의 영화기호학은 의미를 구성하는 각 사회나 문화를 강조하며, 각각의 사회나 문화가 약호화하는 결과가 의미를 구성한다고 보는 점에서 ─ 따라서 주체는 암묵적으로 사회나 문화 배후로 밀려난다 ─ 차이를 보인다. 2) 에코의 영화기호학이 기호의 생산과 해석의 인식론적 과정의 주체를 각 사회나 문화단위로 보면서 의미의 '사회'구성적인 특성을 강조한다면, 보드리의 영화현상학은 후설 현상학에서 '보편적인' 인간의식의 의미구성작용을 사회학적으로 전유해서 특정 지배집단(선험적 주체)의 의미구성으로 재배치함으로써 현상학을 일정부분 탈형이상학화 시켰다고 할 수 있다. 그리하여 이들 양자는 세계와의 관계나 맥락 속에서 인간(의식이나 인식)의 위치를 반성함으로써, 명석판명한 인식 주체를 제시하면서 현실의 리얼리티를 복제할 수 있다고 보는 리얼리즘이론을 전복할 수 있는 인식론적 근거를 획득하게 된다.

영화적 리얼리티가 실재에 대한 환영 혹은 인상에 불과할 뿐이며, 그 환영 이면에는 지배 이데올로기가 숨겨져 있는 것이라면, 역으로 자본주의 이데올로기투성이인 헐리웃 리얼리즘에 저항하는 대항영화의 가능성도 바로 이들의 영화이론 속에서 찾아질 수 있을 것이다.

4. 예술과 미의 보편성에 대한 탐구

칸트를 비롯한 철학적 전통의 미학자들은 전통적인 미학원리들이 보편적이며, 예술은 계급과 성 그리고 인종과 나이 그리고 문화권 간의 차이를 넘어서거나 혹은 그것과 상관이 없는 것이라고 주장한다.[329] 과연 전통적인 미학에서 제기하고 논의해 온 용어들과 이슈들은 모든 예술생산이나 예술 감상에 적용가능할까?[330] 다시 말해서 하나의 그림이나 음악 등 예술에서의 미나 자연 속에서 발견하는 미가 주관적인 감정과 관련된 판단이면서 동시에 다른 모든 사람들에게도 호소할 수 있는가? 과연 수많은 형태의 역사적 형태의 미들이 과연 시대와 문화권, 계급과 인종 그리고 남녀에게 공히 호소하는 것이 가능한 것일까? 예를 들어 수많은 역사적 명작이라 일컬어져 온 미술작품 중에서는 정장을 하거나 의복을 제대로 갖추어 입은 남성들 사이에서 유독 여성은 나체가 되어 남성들의 시선 속에 갇혀 있는 그림들이 많다. 물론 칸트는 도덕적 이념과 결합된 미적 예술이나 자연미만을 가치 있게 보고 있어 논란의 여지가 있지만 고갱의 <망고를 든 타히티[331]의 두 여인>을 보자.

---

329) Maryiln French, "Is There Feminist Aesthetic?", *Aesthetics in Feminist Perspective,* Hilde Hein and Carolyn Korsmeyer, 1993, 68쪽.

330) 지금껏 미학, 예술학, 예술사 등등을 통해 전해져 온 가장 큰 미적 이데올로기는 두 가지이다. 첫째, 예술의 가치가 문화의 차이를 초월하며, 또한 시간을 초월하는 영원한 가치의 원천이라는 주장이다. 둘째, 예술의 수용과 관련하여 유능한 예술 비평의 미적 판단이 절대적으로 가능하므로 보편적인 미적 판단이 있다는 주장이다. Cornelia Klinger, "미학", 『여성주의 철학』, 한국여성철학회 옮김, 31 – 33쪽.

331) 1767년 영국 해군의 새뮤얼 월리스 대령이 타히티(오타헤이테)를 발견하고, 이 섬의 이름을 조지 3세 섬으로 명명했다. 그 뒤 루이 앙투안 드 부갱빌은 1768년에 이 섬에 대한 프랑스의 권리를 주장했다. 1769년 영국의 항해가 제임스 쿡이 이 섬을 다녀갔고, 1788년에는 윌리엄 블라이가 영국 군함 '바운티호'를 타고 다녀갔

　이 그림은 프랑스가 1880년 타히티 섬의 원주민을 식민지화한 후
그린 그림이다. 이 그림에 대한 평가를 들어보자.

　　"원시주의의 영향은 고조되었다. 고갱은 검은 피부의 원주민 여
　인들을 모델로 한없이 열린 하늘이 있는 풍경을 그렸다. 열대의 원
　색 꽃들을 빛나게 재현했고, …… 유럽의 낭만주의가 그의 작품에
　서 재현되었다. 그는 과거에 소홀히 여긴 고대 그리스 미술을 재발
　견했으며 그리스인의 창조적 상상력에 새삼 존경을 표했다. '동물
　적 요소가 아직 우리에게 남아 있다'고 하면서 그리스인이 그러했

　　다. 이 섬에 영구 정착한 최초의 유럽인들은 런던 개신교선교회(1797)의 회원들이
　었는데, 그들은 포마레가(家)가 섬 전체의 지배권을 차지하도록 도와주었다. 포마
　레 2세(1803~24)는 그리스도교를 받아들이고 다른 타히티 족장들을 물리쳤으며,
　성서에 입각한 법전을 만들고 '선교'왕국을 설립했다. 1836년 포마레 4세 여왕이
　2명의 프랑스인 로마 가톨릭 선교사를 추방하자, 프랑스 정부는 이에 대한 보상을
　요구했다. 그 뒤 1842년 타히티는 프랑스 보호령이 되었고, 1880년에 식민지가 되
　었다. 지금은 프랑스령 폴리네시아의 해외자치령에 속한 방 제도 행정구역에 포함
　된다. 그러니까 고갱은 식민지 상황의 타히티 섬에서 원주민 여인들을 그린 것이
　며, 10대의 그녀들과 살기도 했다고 한다.

고, 타히티의 원주민 여인들의 모습에서 자연과 동물적 우아함을 발견할 수 있다고 했다. 그는 부끄러움을 모르는 섬의 이브들을 주제로 여러 점을 그렸다……. 오렌지 빛, 노랑, 그리고 청록의 밝은 치마에서 차츰 어두운 암녹색 검정의 머리칼과 치마 색까지 차분한 하모니를 이루고, 화면은 풍부하고 투명한 아름다움으로 가득 찼다……. 고갱 만년의 걸작이라고 보기에 충분하다."[332]

이러한 평가를 가만히 들여다보면, 사실상 고갱의 이 작품이 걸작으로 성공할 수 있었던 것은 그 구조와 조형미가 아니다. 오히려 고갱과 서양인들은 소재적인 측면, 즉 서양인들에게 낯선 이국적인 모습, 그것도 자신들의 오리엔탈리즘적인 사고와 맞먹게 성적인 낙원에 살고 있는 듯한, 꿈꾸는 듯한 모습에 반한 것으로 보인다. 특히나 여인들은 싱싱한 현실로서의 육체로 부각되어 있다.

그런데 과연 사람들은 무관심적이기만 하다면, 이 그림을 보고 모두 동일하게 아름다움을 느낄 수 있을까? 식민지를 당했던 원주민들도 그런 말에 동의할까? 그리고 이 그림을 바라보는 여성들은 과연 노출하고 있는 여인의 모습에 흡족할 수 있을까? 과연 여기서 생산자나 수용자가 무관심적이라 할 수 있을까? 물론 이 그림은 소유할 수 없는 신체이다. 그러나 과연 이 그림을 보며, 식민지 상황의 여인들과 지배국에서 온 화가의 입장, 그리고 여인과 남자라는 것을 배제하고 구도와 형식에 대해서만 논하는 것이 무관심적 태도인가? 만일 동의한다면, 그 보편타당성의 근거는 무엇인가?

논자는 이러한 문제제기로 시작해 소위 보편적인 미적 판단이라는 이름으로 특정계급과 성에 국한된 미적 시선을 유일하게 가능한

---

332) 김광우, 『성난 고갱과 슬픈 고흐』, 미술문화, 236.

것으로 정당화하며 신화화시키는 미학이론의 최고봉으로서 칸트의
미적 무관심성이론을 에코의 기호학과 미학이론을 통해 탈신화화시
키고자 한다. 더불어 칸트가 말하는 무관심성이론과 취미판단의 보
편타당성, 그 인식론적 근거로서의 공통감에 대해 비판을 하면서 그
특정계급과 성에서 제외된 여타의 다양한 '관심성' 있는 예술과 미
의 가능성을 되찾고자 한다.[333]

4.1. 칸트의 무관심성과 보편타당성(전달가능성) 문제 검토

1) 취미판단의 보편적 전달가능성

칸트미학은 그 이전의 객관주의 미학을 뛰어넘어 예술작품에 대
한 감상이 대상 자체가 지닌 성질에 의존하는 것만이 아니라 "대상
의 성질을 쾌·불쾌의 감정과 결부시키는…… 판단"[334]으로서 대상
과 일정한 관계를 갖기는 하지만 그 판단이 주로 인간의 주관에 달
려 있음을 밝힘으로써 현대적인 주관주의 미학의 출발을 의미한다.
그에게 있어서 취미판단은 사적인 것으로서 감각의 쾌락만을 표현
하는 감각판단[335]과는 달리 공적이며 따라서 주관적이다. 그러나 다
른 한편 취미판단은 이렇게 주관적인 쾌·불쾌에 대한 판단이면서

---

333) 이 글은 주로 에코의 기호학을 이용해서 칸트의 무관심성과 공통감을 해체하고자
   한다. 그럼에도 불구하고, 그리고 유감스럽게도, 정작 에코의 미학이론서인 『미의
   역사』는 거의 인용하지 못했다. 왜냐하면 에코는 칸트와 동일한 서양인이라서이
   고, 남성이라서인지 그의 저서에는 칸트의 이론에 대한 의심이 전혀 들어 있지 않
   은 채 칸트의 이론을 서술하고 있기 때문이다.

334) I. Kant, *The Critique of Judgement*, Oxford University Press, §5, 210.

335) 칸트가 드는 예는 다음과 같은 것들이다. 예를 들어 바이올렛의 색깔이라든가 카
   나리아 포도주 등은 어떤 사람에게는 유쾌한 것이지만 다른 사람들에게는 그렇지
   않을 수도 있다.

동시에 보편적 타당성을 요구한다. 우리는 비록 판단에 있어 오류를 저지를 수도 있기는 하나 모든 사람은 미적 판단의 기본 능력을 똑같이 가지고 있으므로 취미판단에 있어서 다른 사람의 동의를 요구하는 것이다. 때로는 예술적인 훈련이나 재능이 필수적이며 편견과 선입견을 몰아냄으로써 모든 사람의 동의를 구할 수 있다. 감각에 있어서도 물론 다른 사람의 동의를 기대할 수는 있으나 그것은 어디까지나 기대일 뿐 요구가 아니나, 취미에 있어서는 동의를 기대하기보다는 요구하는 것이다.[336]

여기서 칸트미학은 전통적인 형이상학적 미학 전통에 따라 미의 본질이 무엇인가 밝히는 것이라기보다는 오히려 미를 판정하는 능력, 즉 취미판단을 다루는 데 그 주된 관심을 두고 있다. 그리하여 마음의 능력과 관련하여 그의 무관심성 개념은 주로 예술의 창조와 향유에 관한 문제를 제기하게 된다.[337] 그것은 예술에 대한 심리학적, 인식론적 접근 방식 중 하나로서 예술의 기원보다는 그 예술의 효과를 감상하는 주체의 주관적인 감정과 체험이 어떻게 이루어지며, 어떻게 보편성을 띠는가에 관해 연구하는 것을 말한다.

'이 꽃은 빨간색이다'라는 사실 판단과 달리 '이 꽃은 아름답다'는 주관적 가치를 판단하는 취미판단은 어떻게, 어디서 그 보편적 타당성을 획득할 수 있는가? 특정인의 미적 판단은 어떻게 타인에게도 전달가능한가? 칸트에게 있어 이것을 가능하게 해 주는 것이 바로 모든 사람이 가지고 있는 오성과 구상력의 자유로운 유희이다. 다행히도 그에게 있어 취미란 미적 판정능력으로서 간주관적이며

336) F. X. J. Coleman, *The Harmony of Reason: A Study in Kant's Aesthetics*, 43쪽.
337) 먼로 C. 비어즐리, 『미학사』, 이성훈, 안원현 옮김, 이론과 실천, 203 – 204쪽.

비인격적인 것이다. 단 조건이 있다면, 개념적 인식이나 욕망을 배제하고 무관심적으로 대상을 바라보는 태도를 취해야 한다. 이때야 비로소 오성과 구상력이라는 두 계기가 조화되고, 이 경우 취미판단은 보편적으로 전달가능해진다. 여기서 보듯이 칸트는 미적 판단능력인 취미를

> "개념의 매개 없이 특정의 표현에 대한 우리의 느낌을 보편적으로 전달가능하게 하는 판정능력"338)

이라고 말하고 있다. 이는 그가 예술작품이나 아름다움에 대한 감상은 어떠한 경우에든 의사소통 혹은 전달의 문제를 안고 있음을 인식하고 있음을 말해 준다. 이를 다른 말로 하면 그에게 있어 미적 판단의 보편성 문제는 사실상 보편적 전달가능성(universal communicability)339) 문제인 셈이다.

나아가 칸트에게 있어 이러한 보편성문제와 밀접하게 관련된 것이 취미판단의 필연성문제이다. 칸트는 이러한 보편적인 취미판단이 그 필연성을 가지고 있음을 취미판단의 4계기에서 보여 준다. 미적 판단은 범례적 필연성을 지니고 있는바, "이 필연성은 우리가 형식화시킬 수 없는 어떤 보편적인 규칙을 나타내는 것으로 간주되는 특정한 판단에 대하여 모든 사람이 동의한다고 하는 필연성"340)이다. 즉 조용히 비판적으로 대상의 형식을 경험하는 누구나 동일한 무관심적 쾌

---

338) I. Kant, *CJ*, § 40, 229.

339) I. Kant, *CJ*, §9, 217.

340) Kant, *CJ*, §18 237.

를 느껴야만 한다는 것이 그가 말하는 미적 판단의 필연성이다.

그런데 미적 필연성은 사실 이처럼 명시적인 보편적 개념에 포섭되는 판단의 필연성이 아니기 때문에 객관적 필연성을 갖고 있지 못하며 논증을 통해 의심할 여지가 없는 필연성을 지니고 있지도 못하다. 또한 경험의 누적에 의한 일반성도 아니다. 왜냐하면 그러한 판단을 내리기 위한 증거를 충분히 열거하는 것이 불가능할 뿐만 아니라 경험적 판단 위에 취미판단의 필연성을 정초시킬 수는 없기 때문이다. 그리하여 그가 미적 판단에 있어 필연성을 정초하기 위해 찾은 근거가 공통감이다.

2) 예술과 미의 생산과 수용에서 있어 보편적 전달근거로서 공통감

예술과 미의 생산과 수용은 다양한 해석체들 중에서 어느 하나를 선택하는 활동이다. 예를 들어 예술가가 '장미'라는 예술적, 미적 기호를 말하거나 그려 놓고 '소녀의 청순하고 연약함'을 말하고자 했어도, 수용자는 각자의 경험과 상황에 따라 이를 '잔인함'이나 '섹시함'으로 해석할 수도 있다. 여기서 예술과 미적 기호는 그 기호의 생산자와 수용자의 관계이자 다른 사람과 의사소통하는 문제가 된다.

앞서 언급했듯이 칸트가 말하는 주관적인 취미판단의 보편타당성이란 실제로는 타인에게로의 전달가능성 문제로서, 그는 특정한 '이 장미는 아름답다' 판단은 무관심적이기만 하다면 누구나 동의할 수밖에 없다고 말하고 있는 것이다. 다시 말해 칸트는 무관심적이란 태도를 취하면 이러한 다양한 수용과 해석의 가능성 없이 누구나 동일한 보편타당한 수용을 하리라고 가정하고 있다.

칸트는 이를 가능하게 하는 다른 근거로서 선험적 능력인 공통감을 내세우고 있다. 즉 칸트는 이러한 타인과의 소통의 문제, 즉 간주관(間主觀)적이고 사회적인 문제를 개별인간의 인식능력에 대한 내재적인 탐구방법에서 찾는다. 그는 인간 사이의 소통 문제를 보편적인 인간능력으로서 선험적인 미적 인식능력으로만 환원시켜 해결하고자 하고 있음을 알 수 있다.

그런데 칸트가 말하는 공통감(sensus, communis(Gemeinsinn))이란 상식(common sense(gemein Verstand))과는 구별되는 것으로서, 용어의 연원은 영국 경험주의자들로부터 온 것이지만 칸트의 텍스트 내에서는 경험적인 것이 아닌 선험적인 것이다. 사실상 그에게 있어서는 공통감뿐만 아니라 취미조차도 개념의 매개 없이

"특정한 표현들과 관련된 감정들의 전달가능성을 판정하는 능력으로서 선험적인 것[341]"

이다. 따라서 공통감은 개념적인 것이 아닌 어디까지나 감정에 속하는 것으로서 미적 경험을 가능하게 해 준다는 면에서 미적인 의미를 갖는다. 그리고 이러한 공통감은 감정에 관한 것이라는 면에서는 경험적인 차원의 것이기는 하지만, 모든 사람은 하나의 이념으로서 이러한 공통감을 가지고 있음이 어디까지나 필연적으로 가정된다.[342]

가이어(P. Guyer)는 칸트가 공통감이란 용어를 세 가지 서로 다른 방식[343]으로 사용하고 있음을 지적한다. 그러나 어떠한 쓰임새이든

---

341) Kant, *CJ*, §40, 296.

342) 칸트는 공통감이 규제적인가 혹은 구성적인가, 즉 미적 판정 능력을 적용하는 것이 인위적이며 획득되어야 하는 이상적 규준인가 아니면 본래적이며 자연적인 능력인가에 관해 논하면서 양자의 가능성을 동시에 이야기하고 있다. 논자는 칸트가 후자에 더 비중을 두고 있다고 보는 입장이다.

우리가 공통감을 가지고 있다는 것은 우리의 미적 판단이 다른 사람에게도 정당한 것임을 증명하고 있음을 말한다.[344]

결과적으로 칸트의 주장을 요약해 보자면, 오성과 구상력의 자유로운 유희의 결과로서의 무관심적 쾌, 즉 특정한 '이 작품 혹은 이 꽃의 아름다움'에 대한 판단은 모든 사람이 선험적으로 지니고 있는 공통감에 근거하며, 사회의 관습이나 제도, 개인적 변덕 등에 영향받지 않으며 어느 시대, 어느 지역, 어느 문화권에서나 아름답다고 판단 내려지는 것이다.

3) 무관심성에 관한 논점 — 최고선이라는 지고한 관심을 위한 무관심성

이처럼 취미판단의 특성들을 다루는 취미판단의 네 계기들은 서로가 상호 보완적인데, 앞서 언급했듯이 취미판단에 대한 칸트논증의 출발점인 1계기에 따르면 미감적인 취미판단을 규정하는 만족은 감각적인 쾌나 도덕적 만족감과는 다른 것으로 일체의 관심과 무관하다. 이때 칸트가 말하는 무관심성 혹은 무관심적이란 근본적으로

---

343) 우선 첫째로 『판단력 비판』 §20에서 칸트는 미적 판단이 특정한 종류의 원리를 갖고 있지 않다면 그것이 어떤 필연성도 지니고 있지 못하다고 생각할 것이며, 사실 미를 어떤 논리적인 보편규칙에 의해 대상의 특성과 관련시키는 명확한 객관원리를 지니고 있지도 않다. 그러나 개념이 아닌 감정을 통해 보편적 타당성을 가지고 쾌·불쾌를 결정하게 하는 주관적인 원리가 존재한다는 의미에서 칸트는 이 원리를 공통감이라고 본다. 즉 감정적인 것이기는 하지만 대상에 대한 반응을 보편적이며 필연적인 것으로 간주하게 해 주는 원리가 공통감이라는 것이다. 두 번째로 공통감이란 원리라기보다는 감정과 관련된 것으로서 취미판단은 공통감이 존재한다는 전제 위에 성립하는 것으로서 인식능력의 자유로운 유희의 결과, 그 어떤 감정이 공통감이라고 본다. §40에서 칸트는 세 번째로 공통감이 취미판단을 하게 하는 능력 그 자체를 의미한다고 보고 있다. P. Guyer, *Kant and The Claims of Taste*, Cambridge University Press, 1997, 251쪽.

344) P. Guyer, 위의 책, 251쪽.

'관심'에 반대되는 뜻으로 사용되며, '관심'이란 필요를 전제로 하거나 그렇지 않으면 필요를 불러일으키는 것이라고 할 때 관심은 찬동(Beifall)을 규정하는 근거가 되므로 대상에 대한 판단을 자유롭게 하지 못하게 하는 것이라 볼 수 있다.345)

이를 볼 때 칸트가 취미판단에서 '관심'의 배제를 중요시하는 이유는 취미판단이 편파적이지 않고 자유로운 판단이 되게 하려는 것이라고 할 수 있다. 그러나 보다 근본적인 이유는 역시 네 계기들이 순환적으로 서로 꼬리에 꼬리를 물고 있는 문제, 즉 권정임 교수가 지적하듯이 취미판단의 보편적 전달가능성이라고 할 수 있다.

> "칸트가 취미판단에서 관심의 배제를…… 하기 위한 보다 근본적인 이유는 — 제1계기에서는 직접적으로 언급하고 있지 않지만 — 취미판단이 주관적(미감적) 판단임에도 이 판단에 있어서 쾌·불쾌 감정의 '보편적 전달가능성'의 근거를 확보하기 위한 것이라고 볼 수 있다."346)

그런데 과연 무관심성이 보편적 전달가능성의 근거로서 적합한 것인지 어떻게 알 수 있는가? 크로포드(D. W. Crawford)도 논박하듯이 칸트는 관심과 관련된 쾌가 쾌적함과 선함에 대한 만족만을 구분할 뿐 그 외 다른 종류의 관심의 부재에 대해서는 아무런 논증도 하

---

345) Kant, *CJ*, §5, 15f.

346) 권정임, "'무관심성'이론의 문화철학적 의미 — 칸트와 헤겔을 중심으로", 『칸트미학의 현대적 의의』, 한국미학예술학회, 2006년 가을 정기학술대회, 홍익대학교, 128쪽. 그 외 크로포드(D. W. Crawford, *Kant's Aesthetic Theory*, The University of Winsconsin Press, 1974)나 R. K. Elliot("The Unity of Kant's Critique of Judgment", in British Journal of Aesthetics 8, 1968, 244 – 259쪽), P. Guyer(앞의 책), 그리고 공병혜 교수도 이와 동일한 입장이다.

고 있지 않다. 또한 칸트가 감각적 쾌나 도덕적 선에 기초하지 않은 미에 대한 관심이 있음을 말하지만, 미에 대한 관심은 미 자체에만 본질적으로 관련된 것이 아니라 우리의 사회적 본성에 기초한 것이기 때문에 사회 속에서 우리가 미적인 대상을 대할 때 그 관심 자체가 어떤 종류의 관심인지 알 수가 없다. 즉 "사회 속에서 미가 일으키는 사회적 관심을 감각적 · 도덕적 · 타산적 관심들로부터 구별할 수 있는 수단"이 없다.347)

그러므로 이러한 논박을 통해 권정임 교수와 크로포드는 칸트가 필연적으로 미를 도덕성과 연관해서 논의해 나갈 수밖에 없다고 본다. 『판단력 비판』에서 제1부 '미감적 판단력 비판'과 제2부인 '목적론적 판단력 비판'을 서로 별개의 것으로 이해하려는 입장348)과 달리 제2부는 제1부 논증을 완성시키는 것으로 보고 1부에서 다루어지는 '미감적 판단력 비판'의 참된 의미와 목적을 포함하고 있다고 보는 것이다. 349) 제2부인 '목적론적 판단력 비판'과 관련하여 제1부를 보는 것이 칸트가 의도한 논증방향이 아니겠냐는 것이다. 그러니까 미감적 판단력의 연역은 목적론적 판단력 비판을 통해 비로소 완성되며, 그 본래의 의미가 밝혀진다는 것이다. 그러므로 미감적 판단의 '순수성', '무관심성'은 칸트가 말하는 자연의 궁극적인 목적의 실현을 위한 요건으로 이해350)될 수 있다.

---

347) D. W. Crawford, *Kant's Aesthetic Theory*, 38 – 41쪽.

348) C. Fiedler의 조형예술론, Eduard Hanslick의 형식주의 음악미학, C. Greenberg 형식주의적 모더니즘 비평론 들이 칸트의 취미판단을 도덕적 선 등의 일체 내용을 배제한 순수한 미감적 판단임을 강조하며 칸트미학을 형식주의 미학으로 규정하려는 관점이 바로 이 입장에 기초한다.

349) 권정임, 위의 글, 123 – 138쪽, Klaus Düsing, *Teleologie Kants Weltbegriff*, Bonn: Bouvier, 1986, 참조.

칸트미학에 대한 이러한 해석입장을 받아들여 보자. 그러면 칸트가 말하는 공통감과 무관심성이 전혀 아무런 관심도 없는 판단이거나 단지 순수 형식적인 미감을 얻기 위한 것이 아니라 도덕적 선을 내용으로 하는 이념의 객관적 실재성을 올바로 파악하기 위한, 즉 여타의 사적인 관심에 방해받지 않고 파악하기 위한 것으로서 볼 수 있는 것이다. 다시 말해서 칸트의 공통감에 기반을 둔 무관심적 취미판단이란 절대적인 무관심성이 아닌 도덕적 선에 대한 관심에 기초하고 있는 미적 무관심성으로 규정될 수 있는 것이다. 이럴 경우 '무관심성'은 최고선에 대한 '지고한 관심성'을 내포하는 것으로서, 이러한 소위 '지고한 관심'은 절대적인 무관심성으로서 인류의 모든 사람들에게 해당되는 표준이라기보다는 칸트처럼 인간을 도덕성의 주체로 보고 도덕적 법칙에 따르는 인간을 창조의 궁극목적으로 보는 특정지역, 특정계층의 '관심'방식이라고 할 수 있다는 것이다. 이러한 칸트식의 무관심적 미학이 오늘날에도 미적 태도론과 같은 입장으로 견지되고 있으므로 이에 대해 사회문화적 측면을 기호학적으로 비판해 볼 수 있을 것이다. 그러므로 앞으로 Ⅰ장과 Ⅱ장에서 본 에코의 기호학적 논의를 통해 칸트미학에 대한 비판을 하면서 예술과 미의 보편적 전달가능성에 대한 기호학적 답변이 이루어질 것이다.

---

350) 공병혜 교수는 "칸트미학에서의 미의 근원과 현대적 의미"(칸트 미학의 현대적 의의, 2006, 43 - 59쪽)에서 자연미뿐 아니라 미적 이념이 표현된 예술미 역시 인간의 지연과 인간의 정신이 서로 조화를 이루는 통일된 미적인 세계상의 표현이며, 전체 자연의 체계 속에서 인간만이 자연의 최종목적으로서 문화를 지니며 스스로 설정한 현존재의 궁극목적인 도덕적 목적을 행해 자신이 자연을 도야하는 존재임을 지적하면서 자연미에 대한 직접적 관심이 선한 영혼의 상징으로서 이것이 다른 여타의 관심과 거리를 두는 것임을 지적하고 있다.

4.2. 미학적 메시지의 인식론적, 심리학적, 의사소통적 특성

1) 1 : 1에서 1 : 多의 의사소통으로서 미적 판단

앞서 언급했듯이 칸트는 미적 판단능력인 취미를 "개념의 매개 없이 특정의 표현에 대한 우리의 느낌을 보편적으로 전달가능하게 하는 판정능력"이라고 말하고 있다. 이는 칸트 역시 자연미나 예술 미에 대한 감상은 어떠한 경우에든 의사소통 혹은 전달 문제임을 파악하고 있음을 뜻한다. 부르디외도 예술작품에 대한 독해는 의사소통과정의 한 단계, 즉 판독 또는 해독행위라고 본다.[351] 이는 다시 말하자면 예술이나 미에 대한 수용문제의 경우(사실상 생산의 문제도 마찬가지이지만), 그것은 바로 의사소통의 문제임을 말한다. 그렇다면 예술이나 미(미학적 메시지)가 의사소통 혹은 전달의 문제를 지닌다는 것은 무엇을 말하는 것인가?

에코는 미학적인 의사소통을 우선적으로 정보이론과의 비교에서부터 출발한다. 정보이론에서 하나의 메시지가 전달된다는 것은 어떤 정보를 선택해서 의미의 복합체를 조직하는 것을 뜻한다. 기계의 예를 들어 보자. 정보의 수신자나 송신자 모두 기계일 경우, 수신기계는 받아들인 신호를 특정한 약호로 정확하게 지시할 수 있는 메시지로 옮기도록 프로그램화되어 있어 모든 신호가 하나의 유일한 것만을 의미하게 된다. A라는 메시지는 하나의 유일한 의미만을 지녔거나 아니면 자동적으로 소음과 동일시된다. 그러므로 거칠게 말하자면, 여기서 정보이론의 통상적인 의미작용은 단일한 1 : 1 대응으로

---

351) P. 부르디외, 『구별짓기: 문화와 취향의 사회학 상』, 최종철 옮김, 새물결, 21쪽.

서, 정보원이 되는 메시지이든 여과된 메시지이든 그 메시지의 정보 전달력은 정확하게 양화(量化)될 수 있다.

그러나 만일 수신자가 사람이어서 그것이 사람들 간의 메시지 전달이라면 상황은 이와는 크게 달라진다. 이 경우 모든 신호는 단일한 의미로 정확한 약호를 지시하기는커녕 온갖 다양한 함의를 갖게 되므로 하나의 기표가 특정한 기의와 조응할 수 있도록 해 주는 단순한 지시적 약호만으로는 더 이상 충분하지 않게 된다. 인간들 사이의 정보전달일 경우, 여과된 정보나 정보원이 되는 정보 전달력 모두 양화될 수 없기에 이 지점에서 정보이론은 의사소통이론이 되어 버린다. 즉 이 경우

정보이론의 기본적인 범주적 틀은 보존하지만 연산체계는 잃어버린다. 다시 말해 정보이론은 가능한 관계(질서 - 무질서, 정보 - 의미작용, 이항적 분절 등)의 도식을 하나만 제공해 줄 뿐이기 때문에 한층 포괄적인 맥락에 삽입되는 이 도식은…… 일단 인간이 신호를 수신하게 되면 정보이론은 추가할 내용이 아무것도 없어지며, 이후부터 문제는 의미작용, 즉 의미론의 주제로 다루어지며, 정보이론의 주제인 통속적인 의미작용과는 완전히 다른 의미작용의 문제가 되기 때문에 기호학에 자리를 내주게 된다.[352]

이에 대해 다음과 같은 반론이 있을 수 있다. 초기 기독교 카타콤브 그림들의 상징들을 보면, 닻은 희망을, 비둘기는 영혼을, 종려나무 가지는 승리를, 포도넝쿨과 배는 예수를, 공작새는 불멸성을 상징했다. 이런 예술이나 미도 가능하지 않는가라고.

---

352) U. Eco, *Opera Aperta*, Bompiani, 127 - 128쪽.

중세의 작품은 분명 이처럼 엄밀한 약호에 따라 구성되고 관습적인 가치에 기반을 두고 있는 기호의 전달로서 수용자의 별다른 해석 없이 충분히 전달가능했다. 다음의 단테 13번째 서한을 보자.

"In exitu Israel de egypto, domns jacob de populo barbro, facta est Judea sactificatio eins, Israel potesras eins." 이를 문자적 의미로 보면, 모세 시대에 이스라엘 백성들이 이집트를 떠나가는 정경을 묘사하고 있는 것으로 볼 수 있다. 이를 다시 알레고리로 보면, 그리스도를 통한 인간의 구원이 그려지고 있으며, 도덕적 의미로 보면 영혼이 고통과 번민에서 벗어나 은총을 입은 상태를 그리고 있으며, 마지막으로 성령적 의미로 보면 영혼이 죄로 가득 찬 이 세상의 끈에서 풀려나와 영원한 자유로 풀려나는 장면을 그리고 있는 것으로 볼 수 있다.

이를 보면 중세의 독자들은 사전에 미리 확실하게 규정되어 있고 절차까지 정해져 있는 해석방법을 따라야 했음을 알 수 있다. 왜냐하면 당대 독자들은 알레고리적 수사법과 상징의 의미를 당대의 백과사전과 동물우화집 그리고 보석 세공술에 의해 이미 익히고 있었던 덕분이다. 그렇다면 칸트시대나 오늘날에도 이런 예술이나 미가 가능하지 않을까?

오늘날은 분명 중세와 다른 세계이므로 불가능하다. 왜냐하면 모든 상징들이 객관적으로 규정되어 있으며, 특정한 체계 속에 통합되어 있는 이러한 필연성과 단일한 의미의 시학 기저에는 중세라는 질서 잡힌 우주, 본질과 법칙들의 위계질서가 자리 잡고 있었기 때문이다. 이에 따라 텍스트나 메시지의 해석을 지배하는 법칙은 각 개인의 행동을 규제하며 그의 삶의 목표나 그에 도달하기 위한 수단마저 제공하는 그러한 권위적인 제도의 법칙과 동일했다. 그리고 질서 있는 우주, 법칙의 위계질서가 고정되어 있는 완결된 세계로서의 중세시대에는 예술도 마찬가지로 질서 잡히고 단일한 관점을 지니게 된다. 이러한 중세예술에 대한 평가는 에코에게만 특수한 것이 아니라 대체로 받아들여지고 있는 평가이다.

"중세의 문화, 그 예술과 미학은 당대의 정치, 사회적 구조를
반영한다."[353]

물론 이러한 예술과 시대의 정치, 사회적 조응은 중세시대에만 해당되는 것은 아니다. 사실상 모든 시대 예술적, 미적 형태가 형성되는 방식은 과학이나 당대의 문화가 현실을 바라보는 관점을 반영하지 않을 수 없으며, 결국 중세 시대 예술작품의 질서와 상징은 제국과 신정일치 사회의 거울인 셈이다.[354]

이러한 중세와 달리 현대의 세계는 불확정적이고 질서가 없는 세계라고 할 수 있다. 우리의 세계는 언어가 제시하는 질서 정연하고 수미일관한 세계와는 전혀 다르다. 이 경우 인간들 사이의 정보전달은 단일한 1 : 1의 대응의 의미작용이 아니라 이와는 전혀 다른 의미작용으로서 1 : 多의 의사소통이 일어나게 된다.

"이 경우 주어진 기표가 특정의 기의에 대응하는 단순 지시적
약호로는 더 이상 충분하지 못하다."[355]

---

353) W. Tartarkiewiez, *History of Aesthetics,* Vol2, Medieval Aesthetics, 110쪽.

354) H. Gilbert and Kuhn, *A History of Aesthetics*, 130쪽 참조.

355) U. Eco, *OA,* 126쪽.

더욱이 여러 가지 메시지 중에서 미학적 메시지는 약호의 구성법칙과 구성요소의 체계를 파괴하기 위해 가능하면 의도적으로 메시지를 모호한 방식으로 조직화하려고 한다. 왜냐하면 일반적으로 의사소통은 약호화를 필요로 하지만, 예술에서는 약호화가 상습적이 되면 매너리즘에 빠지게 되기 때문이다. 이에 따라 미학적 메시지는 기존의 약호화를 탈피하려고 하기도 한다. 그리하여 통상적으로 기호가 갖는 기표와 기의의 관계를 해체시키고, 기표와 기의의 관계를 새로운 질서 위에서 재조립하고자 한다. 에코는 이러한 '약호의 의도적인 무질서화의 결과'가 바로 미학적 메시지의 모호함이라고 본다.

그러므로 미적 판단이자 취미 판단은 그것이 전달가능성의 문제인 한, 하나의 특정한 미학적 메시지에 대해 프로그램화되어 있는 기계처럼 대응하는 것이거나 중세의 고정된 질서로 위계 지어진 상징들처럼 1：1 대응하는 정보이론 형태가 아니다. 즉 그것은 하나의 미적 대상 A를 누구나가 동의하는 방식으로 대응하는 보편성에 멈추는 것이 아니다. 오히려 그것은 수신자의 상황에 따라 다양한 해석이나 독해가 내려지는 1：多의 의사소통 형태를 띠는 판단인 것이다.

2) 미학적 메시지의 심리학적 특성 ― 자극과 지각의 상호작용

그렇다면 미학적 메시지는 어떤 면에서 사람들마다 다르게 1：多의 형태로 소통될 수밖에 없는 것일까? 다시 말하자면, 미학적 의사소통에 있어서 수신자의 태도와 정신구조는 어떻게 그리고 왜 그토록 다양하고 다를 수밖에 없는가?

이를 설명하기 위해 앞으로 세 가지 차원의 기호학적인 설명이 필요하다. 우선 자극과 지각의 상호작용을 살펴봄으로써 어떻게 하나의 자극에 대해 사람들마다 무한하게 다른 반응 혹은 지각을 하는가를 제시하고, 다음으로 이러한 지각 혹은 반응의 무한성에도 불구하고 어떻게 일정한 집단들은 서로 유사한 지각 혹은 해석을 하는가, 즉 어떻게 일정집단 내에서는 보편적인 전달가능성을 가질 수 있는가를 보여 주어야 한다. 그리고 마지막으로 칸트가 말했던 자연에 대한 무관심적 관조(취미판단)는 고대 그리스 이래 귀족계급에서 유래한 개념으로서 그 사회적, 경제적, 계급적 측면을 드러냄으로써 칸트가 제시하는 무관심적 미학이라는 것이 특정계급 남성들만이 공유하는 미학적 판단이나 감수성임을 드러내고자 한다. 그럼으로써 칸트가 특정계급의 특수한 감수성이나 미적 판단을 무관심성이나 공통감 같은 내재적이고 선험적인 특성으로 이론화하고 그것을 일반화시키고 정당화시키고 나아가 우월한 능력으로 정당화시킴으로써 다른 계급, 인종, 성의 미학적 감수성이나 미적 판단은 배제시키거나 열등화시키고 있음을 폭로하고자 한다.

그럼 우선 첫 번째, 특정한 자극과 수용자 간에 이루어지는 지적이고 감각적인 차원에서 이미 확립되어 있는 상호작용관계를 살펴보자. 에코는 우선 수행심리학을 빌려 이러한 자극과 수용자 간의 상호작용을 설명하기 위한 의사소통에 대한 분석을 하고 있다.

게슈탈트 심리학은 지각이란 이미 객관적 구조를 가지고 있는 자극의 형태를 파악함으로써 이루어진다고 보는 데 반해, 수행심리학(Transactional Psychology)은 이에 반발하면서 모든 지각과정과 지적 과정이란 기본적으로 열려 있다고 본다. 에코는 바로 이러한 수행심리학에 힘입어 예술작품을 받아들이는 수신자(수용자)의 태도를 이론적으로 뒷받침하고자 한다.

수행심리학에서 지각은 조건적 연상이론에서 주장하는 대로 심리적 자극의 지각은 아니지만 그럼에도 불구하고 나의 기억과 무의식적인 확신 그리고 내가 동화되어 온 문화(이제까지 획득해 온 나의 경험)가 외부의 자극과 뒤섞여 외부의 자극에 대해 내가 추구하는 목표에 따라 일정한 형태와 가치를 부여하는 관계를 대변한다.

> "인간 존재로서 우리는 우리에게 중요한 전체성만을 감지할 수 있을 뿐이다. 우리가 전혀 알지 못하는 전체성도 무한히 많다. 모든 요소의 가능한 상호작용들을 다 경험하기란 불가능하다. 하물며 모든 요소의 가능한 모든 상호작용은 두말할 필요도 없다…… 주어진 망막유형과 관련될 수 있는 무한한 가능성들 중 하나를 선택할 수밖에 없는 유기체는 이전의 경험들을 소환해서 과거에 가장 그럴듯했던 것이 현재에도 가장 그럴듯하다고 가정하게 된다."[356]

그렇기 때문에 우리는 지각을 형성하는 행위자로서 우리 경험에 의존하게 된다. 결과적으로 얻게 되는 지각들은 '거기 있었던 것'의 절대적인 드러남이 아니라, 본질적으로 과거 경험에 근거한 개연성들이거나 그러한 경험들로부터 예측할 수 있었던 것들인 셈이다. 결국 인식과정은 열려 있는 과정으로서 경험에 의해 인도되는 주체는 가설과 실험, 시행착오를 통해 앞으로 나아가며, 게슈탈트 심리학에서 주장하는 대로 이미 다 구성되어 있는 정태적인 형태가 아닌 가역적이고 변형가능한 구조를 찾아내는 구성활동적인 주체인 것이다. 또한 에코는 후설을 인용하면서 현상학과 밀접한 인식론[357]을 지닌

---

356) J. P. Kilpatrick, "The nature of Perception", in *Transactional Psychology*, 41 - 49쪽.
357) 간단하게 양자를 비교해 보자면, 기호학과 현상학은 인간이 세계의 의미를 구성한다고 본다는 면에서 일치한다. 그러나 후설의 현상학이 의미를 구성하는 현상학적

기호학적 측면을 초기에 이미 보여 주고 있다.

　　"각각의 체험은 그 의식의 상관관계가 변화하는 가운데 그리고
그 체험에 고유한 흐름의 국면이 변화되는 가운데 변화하는 지평
을 갖는다…… 각각의 외적 지각에는 지각대상이 본래 지각된 측
면에서부터 함께 사념된 측면, 즉 아직 지각되지는 않았지만 단지
기대에 적합한 것이어서 우선은 비직관적인 공허함속에서 예측된
측면을 지시하는 것이 포함되어 있다. 게다가 지각은 그와 다른
지각 자체의 가능성의 지평도 갖고 있다. 그것은 우리가 지각의
진행을 활동적으로 다른 곳으로 이끈다면, 가령 눈을 이쪽 대신
저쪽으로 움직인다면 혹은 우리가 앞으로나 옆으로 걸어가게 되
는 등등의 경우, 우리가 가질 수 있는 지평이다."[358]

　　그리하여 에코는 메를로 퐁띠(Merleau Ponty)의 현상학이 철학자와
심리학자뿐만 아니라 예술가의 창조적 활동을 위한 자극을 주고 있
다고 본다. 퐁띠는 심리학자들의 지각에 대한 공정한 연구가 1) 지각
된 세계란 대상들― 과학에서 사용하고 있는 의미의 대상들- 의 총
체가 아니며, 2) 세계에 대한 우리의 관계는 사유의 대상에 대한 사
유하는 자의 관계도 아니며, 3) 지각된 존재가 관념적 존재에 비교될
수 없는 것처럼, 수많은 의식들에 의해 지각될 때의 지각된 사물의
통일은 여러 사상가들에 의해 이해된 바 있는 명제들의 통일에 비교
될 수 없음을 밝혀 주고 있음을 인정하고 있다. 따라서 지각에 있어
서 전체가 부분들에 선행하기 때문에 지각을 분해해서 그것을 감각

　　주체의 의미구성작용에 초점이 맞춰진다면, 에코의 기호학은 의미를 구성하는 각
　　사회나 문화를 강조하며 각각의 사회나 문화가 약호화하는 결과가 의미를 구성한
　　다고 보는 점에서― 따라서 주체는 암묵적으로 사회나 문화 배후로 밀려난다― 차
　　이를 보인다.
358) E. 후설 "오이겐 핑크", 『데카르트적 성찰』, 이종훈 옮김, 92-93쪽.

들의 집합인 것으로 해 놓을 수 없다. 오히려 지각적 종합은 대상에 있어서 원근법에 의해 주어진 측면들 — 말하자면 실제상 주어지고 있는 유일한 측면들 — 의 범위를 한정시켜 놓음과 동시에 그들 측면들을 넘어서는 어떤 주관에 의해 수행되는 것임에 틀림이 없다. 다시 말해서 지각된 사물은 예컨대 기하학적 개념과 같이 지성을 소유하고 있는 관념적인 통일체가 아니라 오히려 대상을 한정시켜 놓고 있는 어떤 일정한 양식에 따라 서로 뒤섞여 있는 무수한 전망, 원근법적 시선들의 지평에 대해 열려 있는 하나의 총체성이다.[359]

세계를 바라보는 여러 전망의 속성상 종합은 이루어질 수 없다. 왜냐하면 각각의 전망은 자체의 지평을 통해 서로 다른 지평을 가리키므로 어디까지나 열려 있을 수밖에 없는 것이다. 따라서 미학적 메시지는 무한하게 그 해석이 열려 있게 된다. 따라서

"지각 법칙은 천성적이거나 생래적인 것이 아니다."[360]

오히려 지각법칙은 문화유형을 반영하며, 수행심리학자인 캔트릴 (H. Cantril)의 말을 빌리면 획득된 형태, 즉 선호도와 관습, 확신과 정서의 체계로써 사람들은 자신을 둘러싸고 있는 자연적 – 사회적 – 역사적 맥락에 따라 이러한 체계를 교육받게 된다.[361] 따라서 하나의 예술적 메시지는(예를 들어 음악) — 음악뿐만 아니라 여타의 예술형식들도 — 하나의 보편적 언어가 아니며, 우리가 특정한 해결책을

---

359) Merleau Ponty, "지각의 기본성과 그 철학적 귀결", 현상학과 예술, 55 – 61쪽.
360) U. Eco, OA, 141쪽.
361) H. Cantril, The "Why" of Man's Expeience, 1950, 76쪽.

선호하는 경향은 우리의 감수성이 이제까지 역사적으로 발전해 온 음악문화의 맥락 안에서 훈련되어 왔기 때문이다. 그러므로 특정한 음악문화에서는 전혀 예기치 못한 것으로 간주되는 음도 다른 문화에서는 진부하리만큼 너무나 당연해 보일 수도 있다. 결국 하나의 음조체계 혹은 미술사조의 수용은 사회적인 맥락 속에서 학습될 수밖에 없는 하나의 조직 행위이다.

3) 보편적 미적 판단에 대한 인식론적 근거: 프레임과 스크립트

미학적 메시지가 하나의 보편적 언어가 아니라 각자가 경험해 오거나 이전에 획득한 선견들과 원근법과 관점에 따라 무한하게 다른 것이라면, 과연 미학적 메시지의 보편적 전달가능성은 전혀 없는 것일까? 앞서 예로 들었던 고갱의 <망고를 든 타히티의 두 여인>에 대해서 지구 위 모든 사람들이 전혀 다른 해석을 내리는 것은 아니지만, 분명히 그 그림의 아름다움에 백퍼센트 찬동하는 수많은 서구인들이 있었고, 특히 우리나라의 일부 수용자들도 그러하다.

그렇다면 자극에 대한 지각법칙으로 볼 때 무한하게 다를 수밖에 없음에도 불구하고 특정집단 내에서의 보편성은 어떻게 가능한가? 이러한 보편성을 설명하기 가장 적절한 예가 바로 에코의 백과사전 개념을 이루는 한 요소들로서 프레임과 스크립트이론이다. 다음의 문장을 보자.

a) 존은 갑자기 (잠에서) 깨어났을 때 자고 있었다. 누군가가 베개를 찢고 있었다.

사전적인 체제로 이루어진 컴퓨터는 /잠을 자다/와 /베개/가 의미하는 것을 이해는 하겠지만, 존과 베개 사이의 관계를 확립하기란 쉽지 않다. 이럴 경우 이러한 관계를 확립시켜 줌으로써 문맥적 선택과 토픽을 보충하는 것이 바로 인공지능이 정교화한 프레임이론이다. 프레임이론은 1974년 Marvin Minsky가 설명한 이론으로서 이전에 본 어떤 특별한 재현들을 통일시키는 데 쓰이는 일반화로서 프레임이론의 본질적 성격을 보면 다음과 같다.

인공지능의 성과에 의하면, 우리는 새로운 상황에 접하게 되면 우리는 실재를 인식하기 위해 상황의 세부사항은 필요에 따라 바뀌지만 프레임(frame)이라고 불리는 하나의 구조를 우리의 기억으로부터 추출 혹은 선택한다. 프레임이란 어떤 집의 거실을 떠올릴 때 통상적으로 생각할 수 있는 스테레오타입과 여러 특징들 혹은 상황들을 제시해 주는 하나의 자료구조(data – structure)이다.[362] 여기엔 여러 가지 종류의 정보들이 각각의 프레임에 딸려 있다.

예를 들어 방이라는 프레임(room frame)에는 방(room)이라고 부를 때 갖추고 있는 특징들이 곧 여러 가지 정보들이 되고(예를 들어 벽이 있고 사람이 거주하고 등등), 그 방이라는 정보들 중에는 거실, 부엌, 침실…… 등의 형태가 있다. 그중 거실을 선택하게 되면 거실은 룸 프레임(room frame) 중에서 거실이란 타입에 속하므로 이를 외형적으로 보면, 왼쪽 벽, 오른쪽 벽, 앞과 뒷벽, 천장 그리고 바닥이 있다. 각각의 벽은 다시 벽 프레임(wall frame)을 공유하게 되고 벽에는 여러 가지 타입이 있고, 다시 벽 프레임에는 창문이 있고 벽돌로 되어 있으며…… 등등의 정보를 갖고 있다. 그리하여 이 정보들 중 어떤 것은 그 방이라는 프레임이 어떠한 용도로 쓰이는가를

---

362) Patrick H. Winston, *Artificial Intelligence*, 180쪽.

나타내 주고, 어떤 정보는 그 프레임 내에서 무엇이 행해지는가 또는 이 모든 것이 분명치 않을 때는 어떠한 정보들이 무엇을 하는 것인가를 나타내 준다.

이러한 프레임이론은 우리 주위의 세계가 우리로 하여금 이 세계의 분석에 사용하지 않을 수 없게 하는 기본적인 개념으로서의 아리스토텔레스의 범주와 같은 것으로서 우리가 실제 현실을 살아가면서 세부사항을 그때그때 바꾸면서 현실을 적절하게 인식하기 위한 틀들이다.

우리가 세상을 살아가기 위해서 이러한 프레임이론과 함께 스크립트들(scripts)[363]이란 인식 틀이 또한 필요한데, 스크립트란 어떤 특정한 상황에 적절한 행동을 하게 하는 지식체계들을 말한다. 우리가 뭔가를 이해하기 위해서는 알고 있는 지식들을 어떻게 조직해서 어떤 특정한 상황에 적절한 행동을 할 줄 알게 되는가? 예를 들어 식당에 들어가게 되면 우리는 음식을 시키고 식당의 종업원이 우리에게 음식을 가져다주는 것처럼 우리가 살고 있는 세계에 관한 지식을 알고 있기 때문에 어떻게 행동하고 반응할 줄 안다. 이렇게 우리가 살아가기 위해 자신이 속한 사회세계에 대한 지식의 본성과 그 형태들이 어떻게 조직되고, 또 어떠한 상황하에서 그러한 지식이 사용되는가를 알 수 있게 해 주는 것이 스크립트이다. 따라서 하나의 스크립트에는 하나의 특정한 관점을 가진 역할의 입장이 들어 있다. 고객의 입장에서의 식당에 관한 스크립트가 따로 있고, 요리사가 그에 대해 가지고 있는 스크립트, 그리고 또 종업원의 것, 식당주인의 것 등등이 있다. 따라서 이러한 프레임과 스크립트는 선험적이거나

---

363) R. Schank, & R. Abelson, *Scripts Plans Goals and Understanding: An Inquiry into Human Knowledge Structures*, 36 – 43쪽.

타고나는 인식능력이 아니라 태어나고 성장하면서 학습되거나 의식적으로 교육받으면서 획득되는 방식들이다.

뿐만 아니라 현실의 공적 세계와 사적인 가정생활에서는 지위나 계급, 서로 다른 지역이나 연령대에 따라 그리고 여성이냐 남성이냐에 따라 각각의 스크립트가 있고 그에 따라 프레임도 다르게 인식하게 된다. 즉 특권층 남성이 이 세상에 존재하기 위해 그리고 존재하면서 세상과 우주를 인식하는 틀인 프레임들과 스크립트는 그 안주인인 여성이나 하인이나 하녀 혹은 일반서민과는 거의 언제나 다르기 마련이다. 즉 행동하는 틀들이 다르기 마련이다.

아침부터 저녁까지 가정 내에서 그리고 밖에서 설사 함께 있다 해도 각자가 행동하는 방식이나 틀은 다르기 마련이다. 이것은 곧 그들의 세계관과 세계인식의 틀이 다른 것을 의미한다. 특권층 남성에게 가정 내의 일상과 관련된, **관심적(interested)** 일들은 무관심해도 그만인 일들이다. 그들이 흥미를 느끼는 취미의 문제는 다른 곳에 있기 때문이며, 어떤 그림을 보며 그 그림 속의 아이의 동작과 표정에 관심을 갖지 않고, 무관심적으로 그저 선과 색채의 형식에만 주목을 하면서 상상력과 오성의 자유로운 유희를 즐긴다는 것은 실제로 그들의 일상 중 일부가 그런 식으로 구성되어 있기 때문이다. 그러나 하인이나 여성의 경우는 비록 그림일지라도 아이의 표정이 어떠하냐에 따라 도움을 요청하는 것인지 어쩐지에 대한 관심을 피할 수가 없다. 그들의 삶의 주 방식이기 때문이다.

이러한 프레임이론과 함께 다시 문장 a)로 돌아가 보면, 이 문장을 수신하는 해석자는 한 세트의 프레임이나 스크립트들을 지니고 있는 ─ 그중에는 '잠자다'와 '침실'과 같은 프레임도 있다 ─ 백과사전적 능력을 부여받고 있어 인간이 보통 침실에서 잠을 자고, 침실엔 침대가 있고, 침대에는 베개가 있다는 것 등등을 안다. 그리하여 수신자는 하나의 프레임 혹은 그 이상의 프레임들을 합쳐 지금 언급된 베개가 존이 베고 있었던 것임을 안다.

에코에 의하면 이렇게 서로 다른 무수한 프레임과 스크립트들의 망 — 인공지능이 체계화한 인식론 — 으로 이루어진 세계가 바로 우리 문화세계이며 기호작용의 우주를 구성한다. 자연언어들의 우주는 바로 이러한 기호작용(semiosis)의 우주이다. 우주에는 질서가 없다. 그러므로 본질적이고 항상적인 정수로서의 무관심적인 쾌로서의 미적 판단이란 존재할 수 없다. 오히려 서로 다른 기후와 자연풍토에 따라, 그리고 같은 문화권 내에서도 지역마다 더 작은 사회마다 그리고 남성이냐 여성이냐에 따라 각 가정과 각 개인마다 끝없이 다른 미적 판단과 개념과 해석을 형성하는 것이다.

다시 말해 공통감이라는 것은 존재할 수 없다. 왜냐하면 이렇게 세상을 바라보는 시각과 감각은 자신의 계급, 지위, 성, 인종, 연령에 따라 필연적으로 무한하게 다르기 때문에 어느 계급이나 성 혹은 인종의 시각이 다른 계급, 성, 인종보다 우월하거나 우선할 수 없으며, 그 계급과 성, 인종을 관통해서 일치하는 시선 혹은 인식능력의 공통감이란 없다. 만일 있다면 그것은 어디까지나 동일한 혹은 유사한 계급, 인종, 성 내에서이다. 그들은 유사하거나 동일한 삶의 방식을 공유하고 있기 때문이다.

이를 통해 칸트의 공통감에 기반을 둔 무관심성의 보편타당성을 검토해 보자면 — 앞서 언급했듯이 미감적 판단력 비판의 연역이 목적론적 판단력 비판을 통해 완성되며 그 의미가 밝혀진다고 볼 때 — 미감적 판단의 무관심성과 공통감은 '**칸트가 말하는**' **자연의 궁극적 목적의 실현(최고선)을 위한 요건으로서** 그것은 특정의 종교나 계층 혹은 집단에 속하는 사람들의 지고한 '관심'을 위해 편파적이지 않은 판단을 할 수 있는 (무)관심성과 공통감에서 비롯되는 것이라고 할 수 있다. 그러니까 그것은 절대적이고 무조건인 무관심성이 아닌 것이다.

4.3. 사회학적 논거

물론 칸트의 무관심적 취미판단을 이렇게 기호학적으로 당대의 일반적이고 보편적인 취미판단이 아니라 특수계급의 입장에 불과함을 증명한다 해도 사회학적으로도 타당해야 한다. 사회학적으로 당대의 무관심적인 입장을 취했던 그룹들을 조사하기란 거의 불가능하지만, 적어도 무관심성의 계급적 토대를 추리할 수 있는 중요한 근거가 있다.

칸트의 '무관심성'을 최고선에 대한 지고한 관심성이 포함되어 있다고 언급하기도 했지만, 사실상 자연의 아름다움과 도덕적 선과의 연관에 대해 계속되는 칸트의 논의는 취미판단 자체가 '도덕적 목적론'에 기초함을 보여 준다.[364] 그런데 이러한 칸트의 무관심성 개념은 샤프츠베리로부터 유래하며, 이렇게 선과 미를 분리하지 않는 입장은 고대 그리스시기의 미개념으로부터 비롯된 것으로서 그리스에서 선량하고 아름다운 사람들이란 본래 '상류의' 고귀한 몸으로부터

---

364) 김봉규, "『판단력 비판』에서의 도덕 인식과 도덕성", 『칸트연구: 칸트와 미학』, 한국칸트학회, 민음사, 제3집, 1997, 157 – 198.

태어난 사람들을 말한다. 그들의 고귀성은 방종에 대한 절제와 우수한 육체 및 정신적 발달을 위한 훈련과 정의를 통해 나타나는 것이었으며, 또한 도덕 자체가 도덕적인 것으로서만 도달되고, 도덕적인 것을 도덕 자체를 위하여 수행하는 때에 비로소 그들은 善美子가 될 수 있었다. 그러므로 도덕적인 존재의 절대적 가치는 모든 한낱 유용한 것과 요구되는 것, 상대적인 것 등과는 엄밀히 구별된 완전한 존재인 동시에 미인 것이다. 여기서 善美개념(칼로카가디아)과 무관심성 개념이 고스란히 샤프츠베리에게서 나타난다.

이렇게 선미한 행위의 무관심성은 귀족계급에서 비롯되는 것으로서, 당시 선미개념은 귀족들이 자기 확립을 위해 내세웠던 윤리관이었던 것이다.[365] 그리고 샤프츠베리는 늘 이러한 그리스 귀족들의 윤리관을 염두에 두고 있었으며, 칸트의 무관심성이론은 이러한 샤프츠베리의 개념을 고스란히 이어받아 인식론적으로 보다 체계화시킨 것이다. 따라서 그가 말하는 무관심적 인식능력이란 미에 대해서든 선에 대해서든 사실상 일상 삶에서 경제적 필요라는 구속으로부터 해방되어 있던 특권계급의 관조적 형식인 것이다. 하우저 역시 예술의 향유는 철저하게 계급적임을 지적한다. 왜냐하면 교육 정도는 계급에 따르며, 19세기까지는 더더욱 그러하기 때문이다.[366]

대상의 예술형식(미적 기호)은 바로 그 생산자나 수용자 모두에게 이미 알려진 약호일 경우에만 그 의미를 전달하거나 전달받을 수 있

---

365) 김문환,『근대미학연구Ⅰ』, 서울대출판부, 2쪽. 종족, 혈통, 전통에 근거하고 신체적인 우수성과 군인다운 기율을 중시하는 아레테(덕)이나 극기와 자제 및 절도를 이상으로 하는 절제, 특히 육체적인 요소와 정신적인 요소의 균형을 추구하는 이념이었다는 것이다

366) 아놀드 하우저,『예술사의 철학』, 황지우 옮김, 돌베개, 284 − 285쪽.

으므로, 기호해석자들에게 알려져 있거나 익숙한 기호여야만이 보편적인 전달가능성을 지니게 된다. 즉 공통감에 기반 둔 무관심적 쾌라는 것은 대상의 내용은 배제하고 외적인 형식에만 주목을 하는 방식인데, 이러한 의미전달방식은 바로 그러한 기호전달방식을 공유하는 부류의 특권계급 남성의 삶의 방식에서 나오는 보편적 전달가능 기호해석방식인 것이다.

에코는 현대 부르주아 문명의 위기가 부분적으로는 보통 사람이 현실을 스스로 탐색함으로써 스스로의 경험과 교양을 쌓을 수 없는 채, 획일주의, 집단주의가 정치, 윤리, 패션과 식사 및 교육, 그리고 심지어 취향의 문제까지 영향을 미치면서 '정확한' 이라는 의미와 동일시되는 **표준적인 이해기준과 판단기준**을 수동적으로 습득하기 때문이라고 본다. 이 지점에서 현대 예술이 수용자들로 하여금 특정의 유형과 도식을 끊임없이 파괴함으로써, 이것이 단지 취향이나 미학적 구조를 넘어서 감각과 사고 차원에서 잃어버린 자율성을 재획득해 가는 과정일 거라고 기대한다.[367]

이 글에서 칸트의 공통감과 무관심적 미학이 특정계급과 성의 미학적 감수성임을 비판하는 의도도 에코와 마찬가지로, 칸트류의 미학이 스스로를 표준적이며 정확한 기준임을 정당화하면서 배제하거나 주변화 혹은 열등시하는, 일상의 삶에 연루된 관심 있는 영역의 예술과 미, 즉 특정계급과 성을 벗어난 다양한 계급과 성과 인종의 관심적인 예술과 미에 대한 가능성의 근거를 제시하고자 하는 기대 때문이라고 할 수 있다.

---

367) U. Eco, *OA*, 151쪽.

맺음말

최근 '브리튼스 갓 탤런트'와 같은 공개 오디션을 통해 폴 포츠나 수잔 보일 그리고 우리 사회에선 '슈퍼스타K'의 허각과 존박이 대중적 호응을 얻으며 부각되고 있다. 그런데 푸치니의 오페라 <투란도트>의 3막에서 왕자 칼라프가 부르는 아리아 '공주는 잠 못 이루고(Nessun Dorma)'를 부른 폴 포츠나 무려 유투브 5억 건의 조회 수를 기록한 'I dreamed A Dream<레미제라블>'의 수잔 보일의 경우 일부 클래식 전문가라는 사람들에 의해 혹독한 평가와 비난을 받기도 했다. 대중적 인기에 영합하며 흉내만 낸 음악일 뿐 진정한 오페라 가수일 수는 없다는 것이다. 과연 대중이 그렇게 우매할까? 파바로티가 부른 동일 곡에 대해서 느끼는 김빠진 느낌이 과연 클래식의 정석이자 표준인 것일까?

신기하게도 이러한 우열의 구분이나 구별의 논리가 겉으로 내세우는 이유는 전문적·음악적인 이유인 듯 말하지만 사실상 그 이면에는 대중문화, 대중예술이 등장하기 이전에 소위 일부 귀족층만이 향유했던 음악 장르에 대한 귀족적·엘리트주의적인 배타성이라고 할 수 있다. 전문적인 것은 아무나(대중) 이해할 수도 따라할 수도 없다는 식이다. 그러나 이것은 음악이나 미술 혹은 소위 전통적으로 예술이라 불려 온 장르들이 지니고 있는 예술성이라는 것을 신비화시키는 것에 지나지 않는 것 아닐까?

우리나라는 아직도 세종문화회관이 소위 클래식 문화예술공연의 장소라는 울타리를 치고 있다. 즉, 소수를 위한 문화공간으로서 구분 짓고 있는 것이다. 이러한 공간이해는 소위 예술과 대중문화예술의 이분법과 우열화·서열화로 인한 것인데, 프랑스의 퐁피두 센터가 위계적이고 수직적인 문화 이분법에 맞서 엘리트주의의 폐쇄성에서 벗어나 최대한 대중의 욕구를 반영하는 것과는 상반된다. 아마도 인간이 만드는 예술을 지나치게 높게 보거나 자신들의 영역을 대중의 그것과 구별함으로써 어떠한 권력이나 명예를 배타적으로 지키고 싶은 건지도 모르겠다.

예술의 외연은 역사적으로나 공간적으로 변화해 왔다. 시대의 기술진보나 문화적 배경에 따라 새롭고 서로 다른 매체들이 생겨나면서 그 시각적, 청각적 매체를 통해 사람들과 소통하는 방식이 새롭게 발견되고 변화될 수밖에 없기 때문이다. 시대가 변화할수록 정치, 사회, 경제적 민주화와 함께 예술을 향유하는 계층이 없어짐에 따라 그 생산의 매체와 외연도 확대되기 마련이다. 이것은 음악, 미술, 무용의 다양한 양식들을 포함하게 되고 그만큼 우리가 일용할 예술적 양식이 풍요로워졌다고 할 수 있을 것이다.

또한 대체로 고급예술과 저급예술을 나누었던 기준들은 실제로 서로 다른 장르들 간의 비교이므로, 그 자체들 간의 우열을 비교할 수 없는 한 실제로는 계급적이거나 서로 다른 문화권인 경우에 대한 권력지형의 문제라고 할 수 있다. 칸트가 대변하는 어떤 관조적인 무관심성의 미학과 예술철학은 예술이나 미가 보편적인 전달력을 가진다고 주장하지만 실제로 보편성이란 계급적으로 보편적이거나 문화적(인종적)으로 보편적이거나 남성적 보편성인 경우가 대부분인 것이다. 우리가 쓰는 예술기호들은 그것이 음악적이건 미술적이건 신체적이건 간에 하나의 기호로서 그 기호를 소통하는 특정 집단 내에서 통용되는 것이지 결코 인간의 보편적이며 본질적인 내적 감각을 통해 누구나에게 통용되는 것은 아니다.

아마도 앞으로도 인간의 다양한 삶과 경험 그리고 상상력이 변화하고 확장하는 만큼 예술의 영역도 점점 더 확대될 것이다. 그럼으로써 보다 더 다양한 사람들의 살아있는 삶을 지키며 삶을 노래하며 삶에 절망하는 목소리와 색채, 몸짓들은 우리를 보다 더 풍요롭게 해줄 것이다. 에코의 기호학은 필자에게 있어 칸트의 미학이 야기하는 어떤 예술적 경험(수용)의 표준방식에 대한 미학적, 인식론적, 사회학적 비판을 하며 폭넓게 예술과 미를 즐길 수 있게 해주는 유용한 도구였다. 우리 삶의 다양한 예술 방식들을 사랑하는 모든 이들에게도 이러한 도움이 전해지기를 바란다. 여기서 다루지 않은 소위 클래식이 아닌 오늘날 온갖 예술형식들을 포함할 수 있는 예술의 외연과 내연의 확장을 제시하고 있으므로…….

참고문헌

Eco U., The Aesthetics of T. Aqinas, Harvard univ. Press, 1988.

_____, Trattato Di Semiotica Generale, Gruppo Editoriale Fabbri, Bompiani, 1975.

_____, Semiotics and the Philosophy of Language, Indiana Univ. press, 1988.

_____, The Role of the Reader, Indiana Univ. Press, 1979.

_____, The Limits of Interpretation, Indiana Univ. Press, 1994.

_____, The Name of the Rose, trans. by W. Weaver, A Time Warner.

_____, The Open Work, Harvard Univ. Press, 1989.

_____, Opera Aperta, Bompiani, 1968.

_____, The Sign of Three, Indiana Univ. Press, 1988.

_____, Meaning and Mental Representation, Indiana Univ. Press, 1988.

_____, Interpretation and Overonterpretation, with R. Roty and J. Culler, Cambridge Univ. press, 1992.

_____, Foundations of Semiotics, with C. Marmo, John Benjamin Publishing Company, 1988.

_____, The Aesthetics of Chaosmos: the Middle Ages of James, Joyce, trans. by Ellen Esrock, Harvard Univ. Press, 1989.

_____, Travels in Hyperreality, trans. by William Weaver, Harcourt Brace & Company, 1976.

_____, "Apocalyptic and Integrated intellectuals: Mass Communications the Theories of Mass Culture", in Apocalypse Postpone, Indiana Univ. Press, 1994.

_____, "Innovation and Repetition: Between Modern and Post－Modern Aesthetics", in Reading Eco, Indiana Univ. Press, 1997.

_____, "Articulations of the Cinematic Code", in Movies and Method: An Anthology, vol.1, ed. by, Bill Nichos Univ. of California Press. 1976.

_____, La Struttura Assente, Gruppo Editoriale Fabbri, Bompiani, 1968.

Peirce, C. S. Collected Papers, Vol 1 – 8, Harvard Univ. Press, 1931 – 58.

_____. Semiotics and Significs, Indiana Univ. Press, 1977.

Arens E., The Logic of Pragmatic Thinking: From Peirce to Habermas, trans. by D. Smith, Humanities Press International, Inc, Atlantic Highlands, New Jersey, 1994, The Problem of the Logic of Scientific Research,.

Aristotle, Posterior Anaytics, trans. by J. Barnes, Clarendon Press, 1994.

_____, Poetics in Aristotle, trans. by Wheelwright, The Odyssey Press, 1935.

Barthes, R. Mtyhologies, trans. by Annette Lavers, Hill and Wang, A division of Farrar, Straus and Giroux, 1972.

_____. S/Z, trans. by Richard Miller, The Noonday Press, New York, 1974.

Buchler J., C. Peirce's Empiricism, Kagan Paul, Trench, Trubner Co. LTD. Broadway House, 1939.

Christen, E. O. The History Of Aesthetics, Thames and Hudson, 1956.

Coleman F. X. J., The Harmony of Reason, Univ. of Pittsburgh, 1974.

Colin MacCabe, "From Realism and the Cinema: Notes on Some Brechtian These", in Contemporary Film Theory, ed. by Antony Easthope, Longman, 1993.

Copleston F., A History of Phi;osophy, vol.8, The Newman Press, Westminster, Maryland, 1966.

Deleuze, G. Kant's Critical Philosophy, trans. by H. Tomlinson, Athlone Press, 1984.

_____, The Deleuze Reader, ed. by C. V. Boudas, Columbia University Press, New York, 1993.

Derrida, J. De La Grammatology, Les Editions De Minuit, 1967.

_____, Marges de la Philosophy, Les Editions De Minuit, 1972.

Dines Johansen, J. Dialogic Semiosis: An Essay on Signs and Meaning, Indiana University Press, Bloominton & Indianapolis, 1993.

Eagleton, T. Walter Benjamin, Verso, London, 1981.

Ferrais M., History of Heurmenitics, trans. by Luca Somigli from Italian, ed. by H. J. Silverman and G. Nicholson, Humanities Press, New Jersey, 1996.

Fiordo R. A, C. Morris and The Criticism of Discourse, Indiana Univ. Press, 1977.

Fitzgerald J, Peirce's Theory of Signs as Foundation for Pragmatism, Moution & Co,

1966.

Gallie W. B., Peirce and Pragmatism, A pelican book, Harmondsworth Middlesex, 1952.

Gilbert, H. and Kuhn. A History Of Christen. E. O, The History Of Western Art, New American Library, 1959.

Guiraud, P. Semiology, trands. by George Gross, Routledge & Kegan Paul, London and Boston, 1975.

Guyer, P. Kant and The Claims of Taste, Cambridge Univ. Press, 1997.

Habermas, Knowledge and Human Interests, Heinemann, Educational Books Ltd., 1972.

Hjelmslev, L. Prolegomena to a Theory of Language, trans. by F. J. Whitfield, The Univ. of Winsconsin Press, Madison, 1961.

H. Cantril, The "Why" of Man's Experience, New York: Macmillan, 1950.

Holland, Holyoak, Nisbett, and Thagard, Induction: Process of Inference, learning, and Discovery, The MIT Press, Cambridge, Massachusetts, 1987.

Jackson, L. The Poverty of structuralism: Literature and Structuralist Theory, Longman, London and New York, 1992.

Jakobson, R. and Halle, M. Fundamentals of Language, Mouton Publishers, Paris, New York, 1980.

J－L Baudry, "Idaological Effects of the basic Cinematic Apparatus", in Film Theory and Criticism, ed. by Gerald Mast, Marshall Cohen and Leo Braudy, 4th edition., 1992.

Johansen J. D., Dialogic Semiosis: An Essay on Signs and Meaning, Indian University Press, Bloominton & Indianapolis, 1993.

Kant, I. The Critique of Judgement, Oxford Univ. Press, 1980.

Kenny A., Descartes, a random house Study in the History Of Philosophy, New York, 1968 Lechte, J. Julia Kristeva, Routledge, 1991.

Laura Mulvey, "Visual Pleasure and Narrative Cinema" in Contemporary Film Theory, Antony Easthope ed., London and New York, 1993.

L. Comolli & J. Narboni, "Cinema/Ideology/ Criticism(1)", Film Theory and Criticism, 4th. edition, G. Mast, M. Cohen, L. Braudy, Oxford Univ. Press, 1992.

Levi I., J. W. Dauben, Peirce and Contemporary Though: Philosophical Inquiries, ed. by K. L. Ketner, Fordham University Press, New York, 1995.

Levi－Strauss, C., Le Cru et Le Cuit, Librairie Plon, 1964.

_____, Structural Anthropology, trans. by Claire Jacbson and Brooke Schoepf. G, Basic Books, Inc., 1963.

Mark Jonhnson. Philosophical Perspectives on Metaphor, University of Minnesota Press, Minneapolis, 1981.

Marita Sturken & Lisa Cartwright, Practices of Looking, Oxford University Press, 2001.

Martinich, A. P. The Philosophy of Language, Oxford Univ Press, 1996.

Mcluhan, M. Understanding Media: The Extensions of Man, The New american library. New York, 1966.

M. Sturken and L. Cartwright, Practices Of Looking, Oxford Univ. Press, 2001.

Newton I., Mathematical Principles of Natural Philosophy, Henry Regnery Co., Chicago.

P. Perron & P. Debbèche,: "On Truth and Lying: U. Eco and A. J. Greimas" in Reading Eco: An anthology, Indiana Univ. Press, 1997.

Rescher J. N., Peirce's Philosophy of Science: Critical Studies in His Induction and Scientific method, University of Notre Dame Press, Notre Dame – London,1978.

R. Lymley, "Introduction" in Apocalypse Postpone, Indiana Univ. Press, 1994.

Robbe Griellt, A interview with The Korean Times, 1997년 10월 15일.

Robey, "Umberto Eco", in Writers & Society in Contemporary Italy, ed. by M. Caesar and P. Hainsworth, St. Martin's Press, New York, 1984.

Schank. R. and Abelson, R. P. Scripts Plans Goals and Understanding: An Inquiry into Human Knowledge Structures, Laerence Earbaum Associates, Inc., 1977.

Skidmore, "Peirce and semiotics" in Semiotic themes, ed. by R. T. De George, Lawrence: University of Kansas Publications, 1981.

Susan Petrilli, "Towards Interpretation Semiotics", in Reading Eco: An Anthology, ed. by Rocco Capozzi, Indiana Univ. Press, 1997.

Sydney, M. Lamb. "Relating culture and Language" in The Semiotics and Language, Frances Pinter, London and dover N. H., 1984.

Tartarkiewiez, W. History of Aesthetics, Vol.12, PWN – Polish Scientific Publishers, 1974.

Timothy W. Luke, "Aesthetic Production and Cultural Politics: Baudrillard and Contemporary Art", in Baudrillard: A Critical Reader, Basil Blackwell Ltd, 1994.

Wagstaff, C. "The Neo – Avanggarde" in Writers & Society in Contemporary Italy, ST. Martin's Press, 1984.

Vance Kepley, Jr. "Whose Apparatus? problems Of Film Exibition and History", in Post – Theory: Reconstucting Film Studies, D. Bordwell an N. Carroll ed. The University of Wisconsin Press, 1996.

Wladyslaw Tatarkiewicz, A History of Six ideas, Martinus Nijhoff, 1980.

Wells R. S., "Criteria for Semiosis" in A Perfusion of Signs, ed. by T. A. Sebeok, Indiana University press, Bloomington, 1977.

Winston, P. H. Artificial Intelligence, Addison – Wesley Publishing Company, 1979.

Wittgenstein, L. Philosophical Investigation, The Macmillan Company, 1961.

Bourdieu, P. 『구별짓기: 문화와 취향의 사회사 上』, 최종필 옮김, 새물결, 1995.

Jeffferson, A. "러시아 형식주의", 『현대문학이론』, 김정신 옮김, 문예출판사, 1991.

Ponty, M. 『현상학과 예술』, 오병남 옮김, 서광사, 1983.

제임스 카니, 리처드 쉬어, 『논리학: Fundamentals of Logic』, 전영삼 옮김, 자작나무, 1995.

김경용, 『기호학이란 무엇인가』, 민음사, 1994.

N. 레셔, 『귀납: 과학방법론에 대한 정당화』, 우정규 옮김, 서광사, 1992.

김성도, 『현대기호학 강의』, 민음사, 1998.

소흥렬, 『논리와 사고』, 이화여자대학교 출판부 1986.

이광래 편저, 『이탈리아 철학』, 지성의 샘.

정병훈, "흄의 귀납 문제에 대한 칸트의 답변", 『귀납 논리와 과학 철학』, 이초식 외 지음, 고려대학교 철학과 이초식 교수 회갑기념집.

김상환, 매체와 공간의 형이상학, 『매체의 철학』, 나남출판.

D. 켈너, 『미디어문화』, 김수정, 정종희 옮김, 새물결.

G. 터너, 『문화연구입문』, 김연종 옮김, 새물결.

J. 보드리야르, 『소비와 사회』, 이상률 옮김, 문예출판사.

M. 포스터, 『뉴미디어의 철학』, 김성기 옮김, 민음사.

기 고티에, 『영상기호학』, 유지나 · 김혜련 옮김, 민음사.

레닌, 『유물론과 경험비판론』, 세계.

D. 앤드류, 『영화이론의 개념들』, 김시무 외 옮김, 시각과 언어.

E. H. 곰브리치, 『예술과 환영』, 차미례 옮김, 열화당.

E. Husserl, 『데카르트적 성찰』, 이종훈 옮김, 한길사.

R, 랩슬리, & M. 웨스틀레이크, 『현대영화이론의 이해』, 시각과 언어.

연희원

이화여자대학교 영문과를 졸업하고 고려대학교 철학과에서 석사·박사학위를 받았으며, 고려대학교, 강원대학교에서 강의한 바 있고, 현재는 세종대학교에서 강의 중이다.

역서로는 『사회주의 리얼리즘 그 이론과 역사』, 『마르쿠제』, 『반철학으로서의 철학』(공역), 『유혹자의 일기』, 『맑스주의 강의』 등이 있다. 저서로는 『유혹하는 페미니즘』이 있다.

에코의 기호학

- 미학과 대중문화로 풀어내다 -

초 판 인 쇄 | 2011년 2월 25일
초 판 발 행 | 2011년 2월 25일

지 은 이 | 연희원
펴 낸 이 | 채종준
펴 낸 곳 | 한국학술정보㈜
주   소 | 경기도 파주시 교하읍 문발리 파주출판문화정보산업단지 513-5
전   화 | 031) 908-3181(대표)
팩   스 | 031) 908-3189
홈 페 이 지 | http://ebook.kstudy.com
E - m a i l | 출판사업부 publish@kstudy.com
등   록 | 제일산-115호(2000. 6. 19)

ISBN   978-89-268-1976-0 93160 (Paper Book)
          978-89-268-1977-7 98160 (e-Book)

내일을여는지식 은 시대와 시대의 지식을 이어 갑니다.